中華人民共和國史十五講

王丹◎著

自序

二〇〇九年秋季的那個學期，我在台灣國立清華大學人社學院給學士班的學生開了一門「中華人民共和國史」的課程。開這門課的目的很明確，就是因爲兩岸交流愈來愈多，但是兩岸彼此之間的了解並不充分，對彼此的歷史的掌握更是匱乏，我認爲作爲大學教育的一環，有必要補足這個方面的缺憾。同時，過去不論是台灣的學生還是大陸來的交換生，對於中國一九四九年以後的歷史的了解，我覺得是先天不足的，這當然是跟中共方面對很多重大歷史問題進行隱瞞甚至歪曲有關。作爲一個老師，我希望學生們能看到更多歷史的眞相和不同側面。

然而，如何講這門課，如何讓學生既掌握基本知識，又能從中了解一些與其他同類課程的內容不同的歷史，對我來說，是一個具有挑戰性的問題。

簡單講，我是希望給學生上一門與眾不同的中華人民共和國史。這個不同，體現在兩方面：

首先，我希望盡量挖掘與過去主流的論述面目不同的歷史。作爲已經發生的事情，歷史本身是無法改變的。但是由於歷史涵蓋了龐雜紛繁的內容，而我們能處理的，只能是其中的一小部分。所以，同樣的歷史，可以呈現出不同的面向。這正是歷史吸引人的地方。而我們作爲教師，只有讓學生盡可能地從最多元的側面去認知周圍的世界，當然也包括歷史，才能有效地幫助學生提高思考能力。

以這門中華人民共和國史爲例：六十一年的歷史中曾經發生過太多太多的事情，但是很多都遺失在記憶之外。遠的如「文化大革命」，近的如「六四」天安門事件，在大陸都是禁忌。即使是在海外，因爲資料的有限，對大陸的當代歷史的認識也大多是霧裡看花。我希望能盡量多提供一些以前不是那麼爲外界所知的事情，爲那一段歷史勾勒出一個比較清晰的側面。或者說，我希望給聽眾和讀者一些中國官方史學中沒有說，或者不能說的內容。

其次，我將盡量讓這段歷史，更加人性化，更加個人化，更加生活化，更加具有故事性。我們過去的歷史陳述，有時會被認爲枯燥，是因爲充斥了太多的時間，事件與原因的分析，甚至數據。即使是對人物的呈現，也是依託在事件的基礎之上。在這樣的歷史中，我們其實看不到眞正的「個人」。我們看到的人，都是某一個種類的人中間的一個，或許是比較有代表性的一個，但是，那並不是他／她那個個人本身。而我一向認爲，具體的個人性的東西，比如個性，心理狀態，身體狀況，甚至是性生活的部分，都在形塑歷史上發揮了很大的作用，只是我們過去不屑於處理這個部分，因爲被過於忽視了。我們要用近乎「八卦」的方式去挖掘和審視這些個體性的東西，歷史才會鮮活，才會有趣。

舉一個小例子：過去我們認識毛澤東，都是從政治出發，從而確立一個政治強人或者領袖的形象。但是從一些接近他的當事人的回憶中，我們又可以看到另一面的毛澤東：這個明確倡導以「殺人」治理國家，整肅自己的戰友面不改色的暴君，其實對身邊的女人往往無可奈何，晚年在他身邊服侍的張玉鳳，可以對他大喊大叫。長期服侍他的衛士長離開他，他也會不能自已地抱住對方不捨得分手。他晚年最愛讀庾信的〈枯樹賦〉，反覆讀，並能大段背誦，而每每讀到「昔年移柳，依依漢南，今看搖落，淒愴江潭。樹猶如此，人何以堪。」的句子便老淚縱橫。這樣複雜的個性和幾乎是淒涼的晚年心境，也許就可以提供我們一個另外的角度，來理解他做出的影響歷史的政治決策。

那個學期很快就結束了。對於自己的授課是否給學生們帶來很大的收穫我不得而知，但是期末學生的教師評鑑結果出爐，我的得分在學校教師中名列前茅，還得到清華大學教務長來信感謝，這對於剛剛進入大學教書的我來說算是很大的鼓勵。同時我也認識到，不論是台灣的學生，還是在台灣交流的大陸學生，對於中國過去六十多年發生的事情的了解，不僅是相當不夠的，而且是有很大的求知需求的。這促使我想到，如果把我授課的講義編排整理出來，加以補充和完善，也許會有一些讀者有興趣，更可以在台灣的環境下，促進對中國當代歷史的了解。這樣的想法，得到了聯經出版公司林載爵先生的鼓勵，這是本書得以完成的主要原因。

關於本書，我要特別說明的是：由於課程安排和時間，以及本人才學上的限制，雖然內容涵蓋一九四九年以後中華人民共和國的歷史，但是我無法針對這一段歷史上的每一個議題一一進行深入討論。事實上，考慮到這是一門開給大學部同學的通識課程，我著眼的不是學生的研究深度，而是希望同學們能對一些重大的事件有一些基本的了解。因此，本書著重的僅僅是大致的介紹，而更加深入的分析與討論，以及更加學術性的鋪陳的部分，難免會有讓讀者失望的地方。而即使是重大事件，有一些也因爲時間的關係，無法全部納入。尤其是一九八九年以後的歷史發展，因爲很多本身還在不斷的演變過程中，還無法進行整體呈現，因此就難免暫時擱置不表。這些，都要請讀者給予諒解。我也會勉勵自己在未來的研究中，予以彌補。

本書的出版，除了要感謝林載爵先生和聯經出版公司的編輯的努力之外，也要感謝清華大學人社學院的李丁讚等老師，給我提供了講授這門課程的機會，謝謝政治大學台灣史研究所的薛化元老師和民間友人陳宏正先生，對我出版本書的幫助和鼓勵，同時還要感謝我那些可愛的學生們，是他們給了我更大的熱情完成這樣的工作。

最後我要特別感謝設立在美國波士頓的「夏星自然與人文基金會」(Summer Star Foundation For Nature and Humanity)對我的研究計畫提供的支持，因爲這樣的支持，我的很多理想得以逐步實現。

王丹

目次

1◎

第一講 中華人民共和國的成立

一、三大戰役，奠定中共江山

八年抗日戰爭結束之後，中國共產黨的軍事實力和政治聲勢都大爲增長，而蔣介石的國民政府面臨重整河山的嚴峻挑戰。儘管有來自民主黨派和全社會渴望和平穩定的強大壓力，但是國共雙方的矛盾日益加深。一九四六年七月，內戰全面爆發。

當時國民黨政府有軍隊四百三十萬，接收了日本侵華軍隊一百萬人的全部裝備，並獲得美國的大量援助，擁有了三億以上人口的地區；而人民解放軍只有一百二十多萬人，裝備很差，沒有外援，解放區人口只有一億三千萬。雙方實力對比相當懸殊，因此蔣介石曾經極爲樂觀地宣布，要在三個月內消滅中共軍隊。極爲諷刺的是，三年之後，卻是國民黨的力量土崩瓦解。

一九四七年七月：中共軍隊由戰略防禦階段進入戰略進攻階段，劉伯承和鄧小平指揮的部隊挺進大別山。隨後，東北大部分國土被林彪指揮的人民解放軍攻克，使得原先分割的解放區連成一片。雙方軍事決戰的態勢已經形成。

一九四八年下半年到一九四九年初，國共之間進行了三大戰役。

一九四八年九月十二日開始的遼瀋戰役，進行到十一月二日結束，林彪率領的中共第四野戰軍占領了東北的絕大部分地區。一九四八年十一月六日到一九四九年一月十日，中共一鼓作氣，再次發動淮海戰役，以六十萬正規軍，在從農村動員起來的五百二十四萬「民工」的支持下[1]，重創蔣介石的黃伯韜、黃維和杜聿明三個兵團，占領了中原地區。一九四八年十二月到一九四九年一月三十一日，中共嚴令有待休整的東北大軍提前入關，與從中原北上的部隊合力展開平津戰役，攻克天津，和平解放北平[2]。經此三大戰役，國民黨在軍事上已經徹底失敗，兩黨對決，至此大局底定。

一九四九年四月二十日，中國人民解放軍橫渡長江，二十三日進入中華民國的首都南京；國民政府從南京遷到廣州，以後又從廣州遷到台北。國民黨的統治以驚人的速度土崩瓦解，在全世界都沒有做好準備的情況下，突然要開始面對一個紅色的中國了[3]。

---

1 容若，〈軍事秘密有時極易折解〉，香港：《明報月刊》二〇一一．三，頁四三。

2 在解放戰爭中，中共軍隊大體劃分為四個野戰軍，軍隊內部的勢力劃分也以此為基礎，這個劃分一直延續到今天，形成軍隊內部的派系格局。它們分別是：彭德懷，賀龍，習仲勛，張宗遜等為首的第一野戰軍，簡稱「一野」；以劉伯承，鄧小平，張際春為首的第二野戰軍，簡稱「二野」；以陳毅，饒漱石，粟裕，譚震林為首的第三野戰軍，簡稱「三野」，以及以林彪，羅榮桓，鄧子恢，譚政為首的第四野戰軍，簡稱「四野」。

3 即使作為中共盟友的史達林，都沒有預料到中共的勝利會這麼快到來。蘇聯曾經建議中共與國民黨沿著長江

二、中共爲什麼打敗了國民黨？

從僅剩下幾萬人馬，被圍困在陝北，處境艱難，到軍隊發展壯大，得到知識分子和民主黨派廣泛支持，最後一舉擊敗國民黨的百萬大軍，取得最終的勝利。中共的建國之路，得益於以下一些因素：

首先，當然是國民黨的腐敗和專制，使得他們的統治失去了民心；其次，中共強大的統戰宣傳，使得各界，甚至包括美國，都認爲中共一旦執政，將帶領中國建設一個清廉，民主，統一的強大國家，結束動亂不定的政治局面，而人民對此有強烈的需求；第三，中共採取的從農村包圍城市的策略成功。尤其是土地革命，通過給予農民土地的方式進行大範圍政治和軍事動員，這是中共實力快速增長的主要原因；第四，抗日戰爭在某種程度上，緩和了中共在延安時期面臨的危機，也給了中共在後方戰場壯大自己實力的機會；同時，國民黨正面作戰，損耗了精銳部隊，這是後來在軍事作戰上連連失利的主要原因之一。歷史有必然也有偶然，如果說以上三條是歷史的必然因素的話，日本侵華給中共帶來了喘息之後再起的機會，就是歷史偶然因素。

以上是學界經常會討論到的一些原因，我就不再贅述。我要特別拿來討論一下的，就是第五個原因，那就是國民黨內部的四分五裂。

在國共內戰時期，當時國民黨的主要將領都心懷鬼胎，一些高級將領的身邊還有嚴重的被中共間

（續）劃江而治，反映了他們的判斷過於保守。

諜滲透的情況。典型的例子就是平津戰役中傅作義的選擇：根據後人的研究，當時國民黨在華北共五十多萬部隊，無論如何抵擋不了中共東北和華北一百多萬野戰軍的夾擊。如果此時將華北國民黨數十萬主力撤退到南方，「退可挽救一支機動大軍，進或可以支持淮海戰場，將杜聿明集團從羅網中解救，或可以直接拱衛南京，強化長江防線，伺機捲土重來。」但是傅作義堅守北平不過是幌子，避免去江南才是最深層的目的。因爲「他起家於綏遠，部下也都是綏遠人，一旦脫離根本，不但以後控制部隊是個大問題，最終結果也只能是被蔣介石吞併。」[4]當時的「傅作義其實只有兩種命運——撤向江南，被蔣介石奪取兵權；或者逃亡綏遠，最終也免不了被消滅。但傅作義的最終選擇自有他的理由，當時他就試圖在堅守平津的過程中，暗自與共產黨展開和談。」[5]「但他的政治思維和白崇禧大體是一個問題，即在自己擁有相當軍事實力和底盤的前提下議和，力爭成立聯合政府，繼續擁兵一方，保全實力。」[6]這完全還是軍閥時代的舊思維，是中共和毛絕對不會接受的。但是傅作義的自私和錯誤判斷終結了華北戰場。另一方面，他的女兒就是共產黨員。而被稱爲他的左膀右臂的上校秘書閻又文也是共產黨情報人員，「專門負責起草傅作義的各種重要電報，文件及講稿。」[7]「一九四八年十月林彪大軍入關前，閻又文在一個多星期內就把傅作義堅守北平的部署詳情傳給了中央軍委。遼瀋戰役結束後，共產黨中央再次接到閻又文的情報，得知李世傑爲傅作義制定的作戰計畫中，可能西

4 蔡偉，〈謀定而後動：平津戰役的謀略交鋒〉，北京：《三聯生活周刊》二〇〇九．三〇，頁五二。

5 蔡偉，〈謀定而後動：平津戰役的謀略交鋒〉，北京：《三聯生活周刊》二〇〇九．三〇，頁五三—五四。

6 蔡偉，〈謀定而後動：平津戰役的謀略交鋒〉，北京：《三聯生活周刊》二〇〇九．三〇，頁五四。

7 蔡偉，〈謀定而後動：平津戰役的謀略交鋒〉，北京：《三聯生活周刊》二〇〇九．三〇，頁五五。

撤綏遠，或由天津，塘沽南下。」後來的研究者認爲，「從平津戰局中毛澤東的決策看，閻又文的情報成爲毛澤東對平津戰役一系列決策中的關鍵。在得知傅作義仍可能逃跑後，毛澤東最終決心讓四野結束整補，提前入關，發動平津戰役。」[8]高級將領的私心和共產黨情報人員的滲透，是國民黨丟掉華北的重要原因之一。

另一個有名的例子，是一九四二年加入中共情報系統的國民黨高級軍官韓練成，在淮海戰役的時候擅自離開隊伍，使得他率領的四十六師失去指揮，未能及時採取支持行動，造成國民黨精銳的七十四軍被共產黨軍隊擊潰，軍長李仙洲被俘，李部五、六萬人被殲滅。事後韓練成僞造藉口，重新回到南京的蔣介石身邊，居然還被蔣介石任命爲國民政府參軍處參軍，參加了他召集的大小軍事會議，並把情報送往上海交中共地下黨接頭人員，誤導國民黨的戰爭部署[9]。在共產黨情報人員的滲透下，國民黨很多軍事部署毫無秘密可言，而共產黨方面，經過延安整風時期的政治清洗，國民黨情報部門很難有所斬獲。敵對雙方，幾乎是一明一暗，勝負自然就很清楚了。

關於國民黨內部的四分五裂，還有一個聽起來有點可笑的案例。根據鮑爾汗對新疆和平解放的回憶，當時駐守新疆的國民黨軍隊中，新疆警備司令陶峙岳已經準備向中共和平移交政權，但是葉成等一批忠於蔣介石的高級軍官卻主張進行武裝抵抗，然而這樣的計畫最後被放棄，起因居然只是因爲葉成的老婆反對！鮑爾汗回憶說：「九月十九日，葉成等人在開會時討論了要殺以我爲首的四百人，然

8　蔡偉，〈謀定而後動：平津戰役的謀略交鋒〉，北京：《三聯生活周刊》二〇〇九．三〇，頁五五。

9　高華，〈六十年後再論國民黨大陸失敗之原因〉，《革命年代》（廣州：廣東人民出版社，二〇一〇），頁三六七—三六八。

後把陶峙岳將軍逮捕並帶領著一起逃走。但是，葉成是個很怕老婆的人。在葉成等開會討論的時候，葉的老婆插進來說，你們都是軍人，你們的事我管不了，不過我是葉成的老婆，我不讓葉成參加你們搞的事。在這種情況下，葉成表現出左右爲難的樣子，最後表示不能參加他們的行動。其他在場的反動將領們對葉成的這一舉動表示不滿，但是因爲軍權和武器都掌握在葉成的手裡，也無可奈何，最後都表示既然意見不能一致，就一起和平撤退好了。」[10] 結果，九月二十五日，陶峙岳通電起義，宣布脫離國民黨政府。次日，新疆省主席包爾汗也通電起義。十月十二日：解放軍不費一槍一彈藥，進駐新疆。高級將領居然因爲怕老婆而做出撤退的重大決策，這樣的軍隊，怎麼可能有戰鬥力呢？

蔣介石退守台灣以後，總結國民黨爲什麼會丟失江山，第一個提出的原因，就是國民黨內部紀律鬆弛，同時對於所謂「匪諜」在台灣的活動可謂風聲鶴唳，導致一九五〇年代的台灣，特務統治導致的白色恐怖籠罩社會，這應當說也是蔣介石反思爲何丟掉政權之後的結論導致的。

三、開國大典

早在一九四九年三月在河北西柏坡召開的中共七屆二中全會，就開始爲建國做準備。其中一個主要的考量，就是建國大典舉辦的日期。根據一九四九年時擔任中共北平第八區工作委員會幹部的馬句的回憶：「一九四九年中共中央很大的精力還在集中解決華南各省的問題，關於建國的籌備，最初的

10 見包爾汗，新疆和平解放的回憶：http://www.hoplite.cn/Templates/hpzc2nz0078.html(二〇一〇・五・二二)。

打算是要到一九五〇年元月納入計畫。但蘇聯方面當時提醒中央為防止潰敗的國民黨政府向西方求援，利用所謂無政府狀態進行干涉。這樣，建國的籌備和開國大典的準備工作才提前了。」[11]這樣的時間點，就提前到了一九四九年的十月一日，這是中華人民共和國建國的紀念日。中共奪取政權的每個步驟，幾乎都可以看到蘇聯的影子，就連開國的時間點都是遵照蘇聯的指示確定的。

中華人民共和國的建國大典，於一九四九年十月一日在北京的天安門廣場舉行，詳細情形已經有很多記載。但是一個比較不為外人所知的有趣細節是：開國大典的閱兵儀式預計會有空軍參加，而中共當時的飛機很少，本來預計只有九架戰鬥機參加，但是聶榮臻決定再增加兩架轟炸機，三架運輸機，一架通訊機甚至兩架教練機。即使這樣也不很好看，於是聶與周恩來決定，「領隊的戰鬥機飛行速度較快，所以通過了天安門之後，這九架飛機又轉回去，接到飛得較慢的教練機和通訊機後面再飛。結果，開國大典當天，外國記者在發出的報導中聲稱『一共有二十六架飛機參加了編隊飛行』，並驚呼『中共一夜之間有了自己的空軍。』」[12]可見中共欺騙的個性是從一開始就形成的，而且西方媒體是多麼容易被中共欺騙。

中共建國伊始，名義上的最高政治權力機構是中國人民政治協商會議。一九四九年九月二十九日，由中共和各民主黨派，人民團體，人民解放軍，各地區，各民族和海外華僑等各方面的六三五名代表組成的中國人民政治協商會議第一屆全體會議一致同意，「新民主主

11　朱文軼，〈從北平圍城到開國大典〉，北京：《三聯生活周刊》二〇〇九・三〇，頁四五—四六。
12　李菁，〈科技元帥聶榮臻的非常之路〉，北京：《三聯生活周刊》二〇〇九・三〇，頁六六。

義即人民民主主義為中華人民共和國建國的政治基礎」，並通過了〈中國人民政治協商會議共同綱領〉。值得注意的是，此時〈共同綱領〉確立的國體是「新民主主義」，而不是「社會主義」。具體的說法是「中國人民政治協商會議一致同意，以新民主主義即人民民主主義，為中華人民共和國建國的政治基礎。」「實行工人階級領導的，以工農聯盟為基礎的，團結各民主階級和國內各民族的人民民主專政。」

在經濟制度的安排方面，〈共同綱領〉提出「公私兼顧，勞資兩利，城鄉互動，內外交流。」的原則[13]。這是中共對民主黨派和全國各界做出的讓步式承諾。主要的讓步，是沒有把中共一向主張的「社會主義」寫進〈共同綱領〉，這是早在中共建國前黨內就有的共識。一九四七年中共中央召開「十二月會議」的時候，當時有人提出要把社會主義前途寫進會議檔案，毛澤東就說過：「這也是急性病，人家一九一七年十月革命搞了十五、六年，到一九三二年才正式搞社會主義，今天我們還在消滅封建，社會主義還早著哩！何必提社會主義[14]！」當然，歷史後來見證，六年以後，毛澤東自己也犯了他所謂的「急性病」，這是後話。

〈共同綱領〉此時等於是臨時憲法，一直到一九五四年中國才制定第一部憲法（應史達林要求）。一九五四年九月十五日召開第一屆全國人民代表大會，「政治協商會議」從類似國會的權力機構變成

13 〈中國人民政治協商會議共同綱領〉（節錄），林蘊暉等編，《人民共和國春秋實錄》（北京：中國人民大學出版社，一九九二），頁六。

14 胡喬木，〈〈共同綱領〉的制定〉，陳一然編著，《親歷共和國六十年——歷史進程中的重大事件與決策》（北京：人民出版社，二〇〇九），頁一四。

了諮商機構，民主黨派被安排到名義上的「最高權力機關」全國人大，國務院取代政務院，國務院總理，副總理中一個民主黨派也沒有了，民主黨派等於退出了歷史舞台。其內心之不滿是可以想像的。這埋下了日後「反右」運動的種子。事實上，建國之後一系列的政治運動，很多是針對民主黨派的，這也爲逐漸逼迫民主黨派退出歷史舞台打下了基礎。

在建國之初的政府高層人事安排上，中共一開始還是仍舊遵循與各民主黨派組建聯合政府的承諾。當時的中央人民政府委員會的組成是：主席：毛澤東；副主席：劉少奇、宋慶齡、李濟深、張瀾、高崗；五個副主席中民主黨派有三名；政務院方面，總理是周恩來，副總理是董必武、陳雲、郭沫若、黃炎培。十五名政務委員中，黨外人士九人，分別是譚平山、謝覺哉、羅瑞卿、薄一波、滕代遠、章伯鈞、李立三、馬敘倫、陳劭先、王昆侖、羅隆基、章乃器、劭力子和黃紹竑。而中央人民政府五十六名委員中，黨外人士占二十七人。此外，在一些關鍵職務的分配上，周恩來爲政務院總理兼外交部長，毛澤東爲人民革命軍事委員會主席，朱德爲人民解放軍總司令，沈鈞儒爲最高人民法院院長，羅榮桓爲最高人民檢察署檢察長。儘管在一些關鍵性的黨政軍部門，中共是不可能讓民主黨派人士染指的，但是至少在表面上看來，民主黨派還是可以沾沾自喜地認爲與中共共同執政。

而在地方政府方面，按照四個野戰軍這樣的勢力劃分，設立了五個大的行政區，各大區實行的，是黨政軍一體化的領導體系。五大區分別是：東北人民政府，以高崗爲主席，李富春、林楓、高崇民爲副主席，屬於「四野」（第四野戰軍）的勢力範圍；華東軍政委員會，以饒漱石爲主席，曾山、粟裕、馬寅初、顏惠慶爲副主席，是「三野」的勢力範圍；中南軍政委員會，以林彪爲主席，鄧子恢、葉劍英、程潛、張難先爲副主席，是個派系混合的一個結構；西北軍事委員會，以彭德懷爲主席，習仲勛、張治中、包爾汗爲副主席，是「一野」的勢力範圍；西南軍政委員會，以劉伯承爲主席，是「二野」的勢力範圍。另外，首都北京爲特別行政單位，以聶榮臻爲市長，張友漁、吳晗爲副市長。同時，對應政務院的權力分配格局，地方各級政府的副手，都安排了一些民主黨派人士擔任。

中共建國，確定首都是北平，改名爲北京；確定國旗爲五星紅旗；國歌爲〈義勇軍進行曲〉。

四、新政權的鞏固

建國之後，當時在華南和西南還有白崇禧和胡宗南指揮的國民黨正規部隊，各地也有大量國民黨殘留下來的武裝力量。當局首先在軍事上繼續進行全面消滅國民黨軍事力量的行動。一九四九年冬天—一九五〇年初開展了湖粵，廣西，西南三次戰役，桂系部隊被消滅。一九四九年十二月初，雲南龍漢，四川鄧錫侯，西康（青海）劉文輝分別宣布和平起義；新疆的包爾汗，陶峙岳早在九月二十五日就已經宣布接受改編；而西藏要到一九五一年五月才完成解放軍進駐的工作。這一階段的軍事行動，因爲國民黨大勢已去，很多地方上的原國民黨實力派紛紛放棄抵抗，換取在新政權中能有一席之地，因此中共在軍事上沒有付出太大代價。

在經濟方面，在當時的政務院副總理兼財經委員會主任陳雲的主導下，當局採取了及時的穩定財政的政策。「一九五〇年三月三日，政務院通過並頒布〈關於統一全國財政經濟工作的決定〉，主要有三條：「成立全國編制委員會，統一規定各級軍政機關人員，馬匹，車輛的編制；成立全國倉庫物資清理調配委員會，清查所有倉庫存貨，由中財委統一調度；全國各地所收公糧，所有關稅、鹽稅、工商稅等一切收入，全部歸中財委統一調度使用。」「集中財力物力，加以統一使用。」以後又規定：「一切公營企業，機關，部隊及合作社的現金，票據，除准予保留規定的限額外，必須存入中國人民銀行，不得存入私人銀行。」這些政策的實施，迅速穩定了動盪的金融和財政秩序。

當然，經濟上的穩定很大程度上也是依靠政治上的支持，尤其是國家機器行使的鎮壓功能。比如，一九四九年十月下旬才解放的廣州市，金融不穩定的一個很重要的原因，是長期以來廣州市民的一切交易，都是以港幣爲本位幣，而操縱這些貨幣交易的是分布在十三行一帶的大批已經形成行幫的金融投機客和地下錢莊。爲了建立和穩定人民幣的地位，並進而穩定物價，一九四九年十二月五日，大批軍警出動，一天之內就關掉了一百多家錢莊[15]。

儘管如此，新中國建立伊始，面臨的經濟形勢仍然十分嚴峻，主要表現爲經濟不穩定的狀況持續惡化。一九五〇年初開始，工商業蕭條，商品滯銷。據統計，一至四月，在十四個城市中，有二千九百四十五家工廠關門，在十六個城市中，有九千三百四十七家商店歇業。工商資產階級普遍持觀望態度，叫做：「望國旗五星不定，扭秧歌進退兩難。」[16]在這種情況下，如何穩定工商資產階級的情緒，使得他們能夠致力於恢復生產，就成了中共執政的重要課題。

---

15 李菁，〈葉劍英：慰祝蒼生樂大同〉，《三聯生活周刊》，二〇〇九・二七，頁四〇。

16 林蘊暉，〈「不要四面出擊」是個戰略方針〉，《國史劄記・事件篇》（北京：東方出版中心，二〇〇八），頁二七。

五、在如何對待工商資產階級的問題上，毛澤東與劉少奇開始出現分歧

如何對待工商資產階級，關係到中共統治國家之初是否能夠穩定形勢。在當時百廢待興的情況下，〈共同綱領〉曾明確指出：「中華人民共和國經濟建設的根本方針，是以公私兼顧，勞資兩得，城鄉互助，內外交流的政策，達到發展生產，繁榮經濟的目的。」關於這個政策的陳述，最著名的就是劉少奇的「天津講話」：一九四九年四月，劉少奇受毛澤東委託，到天津與資本家座談，提出了後來所稱的「剝削有功論」。他說，失業工人要求你們資本家復工，就是要求你們剝削他們一下。現在的工人是有人剝削比沒人剝削好，沒人剝削他更痛苦，有人剝削他雖然痛苦，但總比較好一點，不會失業，有飯吃等等[17]。這明顯是安撫資本家的政策，主要目的還是希望能夠恢復資本家的信心，從而恢復生產。不過值得注意的是，儘管劉少奇講話的基本精神得到了毛澤東的同意，但是這篇講話對於民族資產階級過於肯定的立場，是毛不能接受的。根據反對劉少奇講話的另一位地方大員，東北人民政府主席高崗的回憶，當他把劉少奇的講話給毛澤東看的時候，「毛主席氣得發抖，臉色都變了[18]。」高崗的回憶也許有些添油加醋，但是毛澤東的不滿是顯而易見的。

17　林蘊暉，〈劉少奇「天津講話」引起的風波〉，《國史劄記・事件篇》（北京：東方出版中心，二〇〇八），頁九。

18　林蘊暉，〈劉少奇「天津講話」引起的風波〉，《國史劄記・事件篇》（北京：東方出版中心，二〇〇八），

其實，劉少奇的講話，依據的也是毛澤東公開的說法，只是他沒有想到，第一，毛澤東的說法與他內心的眞實想法之間是有距離的，第二，毛澤東自己的想法也是在不斷變化的。對於資本主義工商業的政策，劉少奇和毛澤東的主張是一致的，但是劉少奇是眞心的，而毛澤東是假意的；劉少奇的主張是政策性的，而毛澤東的主張是策略性的。

在毛澤東的心目中，對於民族資產階級他始終是心懷警惕的，儘管嘴上不說，但是他自有一個棋局在心中，那就是早晚還是要逐漸消滅資產階級，這不僅是意識型態的需要，也是現實統治的需要，因爲毛對他們是不放心的。根據黃克誠的回憶，早在一九四九年五月，有一次毛澤東曾經問他「今後的主要任務是什麼？」黃克誠說「是搞經濟建設」，毛說，不對，是階級鬥爭，要解決資產階級的問題[19]。可見，毛澤東表面上雖然說要寬容與團結民族資產階級，但是心中的目標是非常明確的。這樣的策略性，在毛澤東一九五〇年六月在中共七屆三中全會上的講話中表露得十分清楚。他用「不要四面出擊」來概括對於資本主義工商業的路線和方針。我們以後會看到資產階級改造，針對民族資產階級的政治運動，乃至號稱要清除黨內資產階級的「文化大革命」，這些都可以從毛澤東一九四九年吐露的心聲中看出端倪。因此，我們不能說以後那些運動都是因應形勢而發動的。事實上，這些運動都是早有規劃的，只是沒有人能完全了解到毛的內心想法而已。

這種情況下，劉少奇上述那些對於民族資產階級過於親熱的言論，當然會令毛不滿意。雖然後來

（續）

頁一四。

19　林蘊暉，〈劉少奇「天津講話」引起的風波〉，《國史箚記‧事件篇》（北京：東方出版中心，二〇〇八），頁二二。

在毛澤東的一再要求下，劉少奇做了多次的檢討，但是這件事影響了毛澤東對劉少奇的看法，毛是一個能夠把對別人的看法深深埋在心中，等待時機發作的人。一九五三年八月十二日，毛澤東在中央財經會議上發言的時候，說了一段話：「在路線問題上反映出來的資產階級思想並沒有解決。」而且問題「首先在中央」。這矛頭顯然對準的就是劉少奇[20]，而且證明毛對天津講話是耿耿於懷的。以後他發動文革，第一個打倒的就是劉少奇，而這個「天津講話」就是主要的罪證之一。

此外，在一九五四年召開的中共七屆四中全會上，劉少奇根據毛澤東的指示，再次就天津講話做自我批評，這時只有鄧小平出來講話，爲劉少奇辯解，認爲劉少奇那個講話是根據中央的精神說的，而且在當時起了很好的作用。作爲政府事務主要負責人之一的鄧小平，響應黨的主要負責人劉少奇，在毛澤東的心中會形成什麼印象，是不難想像的。後來在「文革」發動初期提出的所謂「劉鄧聯盟」，恐怕不是毛澤東心血來潮的產物。

還值得一提的是，根據薄一波的回憶：一九四八年八月三日，中央在給華北局的指示中，談到過對於企業的舊制度要如何認識的問題。表示：「現時資本主義的工廠，企業管理制度是資本主義生產長期發展的結果，資本主義不僅爲我們準備了科學技術，同時又爲我們準備了一套管理制度；資本主義的管理制度，不僅有適應高度剝削需要的一個方面，也還有適應高度技術需要的一個方面……我們的任務是批判地接受資本主義管理制度，發揚其合理性和進步性，去掉其不合理性和反動性[21]。」現

20 林蘊暉，〈劉少奇「天津講話」引起的風波〉，《國事箚記・事件篇》（上海：東方出版社，二〇〇八），頁一五。

21 薄一波，〈若干重大決策與事件的回顧〉（北京：中共黨史出版社，二〇〇八），頁九—一〇。

在回頭看，這樣的認識後來是中國一九八〇年代改革開放的理論基礎，可是其實建國的時候就已經是指導思想了。這表明：第一，中共的意識型態的轉變不是線性的，不是逐漸進步調整的，鄧小平的改革路線也不是新的發明；第二，研究國史，要有全局意識，建國的分析要結合以後的轉變，這是歷史研究的基本態度。

一九五〇年六月，中共七屆三中全會進行了建國工作的總結，毛澤東提出國民經濟好轉的三個條件：土地改革的完成；工商業的調整；國家機構所需經費的大量節儉。這成爲建國以後一九五〇年代中共的工作重點，也是接下來的各章節會涉及到的內容。

五、高崗事件

關於毛澤東接班人的選定，外界一向認爲分別是劉少奇，林彪，王洪文和華國鋒。其實在建國之初，毛澤東曾經考慮過另一個人選，那就是高崗。

高崗是共產黨西北地區根據地的開創人。一九四一年中共成立中共中央西北局的時候，高崗就是書記。一九四九年起，高崗分別擔任中共中央東北局書記，東北人民政府主席，東北軍區司令員兼政治委員，可以說是集黨政軍大權於一身，被看作是「東北王」。建國以後，他擔任中央人民政府副主席，人民革命軍事委員會副主席，在黨內位高權重。

建國不久，毛澤東著手收回各大區相對獨立的軍事權力。彭德懷受命擔任中國人民志願軍司令員，離開了西北地區；劉伯承則主動要求去籌建陸軍大學（即後來的軍事學院），離開了西南地區。林彪將「四野」主力交給彭德懷帶去了朝鮮，自己以治病爲理由去了蘇聯；聶榮臻被任命爲代總參謀長，入住中南海，協助軍委處理全軍軍事作戰任務，也不再管華北軍區的工作。有學者指稱「熟讀古書的毛澤東深知新國初立削藩之必要，上演了一場現代版的『杯酒釋兵權』[22]。」

地方的行政權力也被逐漸回收。從一九五二年八月到一九五三年初，西南局第一書記鄧小平，東北局書記高崗，華東局第一書記饒漱石，中南局第二書記鄧子恢，西北局第二書記習仲勛先後奉調進京，擔任黨和國家機關的領導職務，實際上解除他們在地方上的大權，以免實力坐大。其中鄧小平爲國務院副總理，饒漱石爲中共中央組織部部長，鄧子恢爲中共中央農村工作部部長，習仲勛爲中共中央宣傳部部長。而高崗爲單位國家計畫委員會主席。按照當時擔任高崗秘書的趙家梁的看法，毛澤東此舉有三個目的：「第一，各路諸侯進京，群英聚集，加強了中央的領導力量；第二，計畫委員會成立，在職能方面平分了中央政府的『半邊天下』，改變了周總理一切國家事務的局面，同時也挖了劉主管的財經委員會的牆角，形成劉（黨務），高（經濟），周（外事與統戰）三足鼎立的格局；第三，把各大區首領調到自己身邊來，這是砍山頭，削弱諸侯大權的第一步，不失爲調虎離山，防患於未然之舉[23]。」按照這種說法，毛澤東在建國之初，是想在中央高層權力結構中建立一些制衡關係的。

國家計委直屬中央人民政府領導，與政務院平行，高崗之下的副主席包括了陳雲、鄧小平、彭德

22 楊奎松，〈建國初期中共幹部任用政策考察——兼談一九五〇年代反「地方主義」的由來〉，華東師範大學中國當代史研究中心編，《中國當代史研究》（第一輯）（北京：九州出版社，二〇〇九），頁九。

23 楊奎松，〈建國初期中共幹部任用政策考察——兼談一九五〇年代反「地方主義」的由來〉，華東師範大學中國當代史研究中心編，《中國當代史研究》（第一輯）（北京：九州出版社，二〇〇九），頁一〇。

懷、林彪、彭眞等中共重要幹部。因此，高崗已經幾乎是毛澤東一人之下的地位了。所以，當時也有「五馬進京，一馬當先」之說。高崗的接班人地位呼之欲出。據曾經擔任毛澤東秘書的李銳後來回憶：「習仲勛跟我說過，一九四九年進城後誰接班？就是高（崗）。那已經很明顯了嘛。高是國家副主席，又是國家計委主任。國家計委與政務院平行，實際是經濟內閣[24]。」

高崗能夠受到毛澤東這樣的重視，首先是因爲當年毛澤東率領中央紅軍進行所謂的「長征」，到達陝北的時候紅軍只剩下一萬多人，實力大減。這時候高崗，劉志丹等在陝北已經開拓了自己的地盤，他對毛澤東的支持，使得毛能夠穩住在黨內的權威和地位，這是高崗忠誠的表現。其次，高崗後來調派到東北開拓根據地，與蘇聯關係密切。中共建國之初，迫切需要蘇聯的支持，重用高崗也有與蘇聯搞好關係的用意。

導致毛澤東決定放棄高崗的原因，第一是因爲高崗自恃功勞顯赫，對當時黨內的第二把手劉少奇不看在眼裡。這裡與中共內部長期以來一直有「白區黨」（劉少奇爲代表）和「根據地黨」（以高崗爲代表）的派別分歧有關。但是此時的毛澤東也需要劉少奇輔助他穩定城市的工作，當然不希望黨內的主要高級幹部之間出現太大的爭執，以免影響到政權穩固。而劉少奇個性沉穩，不像高崗一貫高調張揚，這使得毛澤東心目中的天平逐漸倒向劉少奇一邊；第二，建國之初，開國元勛們意向未明，毛澤東借打擊高崗，其實有一點殺雞儆猴，在各大軍區前立威，以確立中央權威的意思。第三也是因爲高

24　林蘊暉，〈建國後毛澤東心目中的接班人〉，《國史劄記・事件篇》（上海：東方出版社，二〇〇八），頁八六。

崗調到中央以後，有些忘乎所以，在重大人事任命等敏感的政治議題上開始試圖左右決策，這是毛最爲忌諱的。

一九五三年夏天召開的財經會議上，高崗公開指責劉少奇，說：劉少奇在七大被抬得太高了，幾年來的實踐證明他並不成熟。他只搞過白區工作，沒有軍事工作和根據地建設的經驗。他還曾經在訪問蘇聯回來之後對別人說：史達林不喜歡劉少奇，也不重視周恩來，而最賞識他高崗[25]。一九五三年十月到十一月間，高崗到南方度假，據後來召開的高崗問題座談會所揭發，高崗在一個月的休假期間，向那裡的黨政軍高級領導幹部捏造散布所謂「軍黨論」，說中國共產黨裡有「根據地和軍隊的黨」以及「白區的黨」兩個部分，高崗以「根據地和軍隊的黨」的代表自居；還說現在黨中央和國家機關都落在「白區的黨」的人手裡，應徹底改組，由他擔任黨中央副主席或總書記，並擔任部長會議副主席[26]。」這樣的言論傳到毛澤東的耳朵裡，使得他開始警覺。根據鄧小平自己的說法，高崗曾經找他和陳雲談話，試圖拉攏他們，但是他們「覺得問題嚴重，立即向毛澤東同志反映，引起他的注意[27]。」

這時，中國國內形勢穩定以後，毛澤東對蘇聯的態度也逐漸發生變化，壓抑很久的對史達林的不滿開始發酵，而跟蘇聯關係密切的高崗正好成爲替罪羊。高崗可謂是「成也蘇聯，敗也蘇聯」。

25 薄一波，《若干重大決策與事件的回顧》（北京：中共黨史出版社，二〇〇八），頁二一九。

26 〈高崗的一九五三年〉，《中國新聞周刊》，http://focus.news.163.com/11/0401/10/7011H4U00001SM9.html（二〇一一．七．一九）。

27 薄一波，《若干重大決策與事件的回顧》（北京：中共黨史出版社，二〇〇八），頁二二二—二二三。

一九五四年二月，在北京召開中共七屆四中全會，通過了〈關於增強黨的團結的決議〉。劉少奇受政治局委託主持了會議，這就等於向外界和高崗宣布，劉少奇已經正式被確定爲毛澤東的接班人，高崗已經出局。會上，高崗，饒漱石等受到嚴厲批評。事後，高崗試圖自殺未果。後來終於在一九五四年八月十七日再次服安眠藥，自殺身亡。一九五五年三月二十一日至三月三十日，中共的全國代表大會上，鄧小平代表中央委員會作了〈關於高崗，饒漱石反黨聯盟的報告〉，兩個人被開除出黨，撤銷黨內外一切職務。耐人尋味的是，隨後召開的政治局擴大會議，立即宣布撤銷大區一級黨政機關，各大區行政委員會隨同各中央局，分局一併撤銷[28]。這是中國建國之後第一次比較嚴重的黨內權力鬥爭。

28　楊奎松，〈建國初期中共幹部任用政策考察——兼談一九五〇年代反「地方主義」的由來〉，華東師範大學中國當代史研究中心編，《中國當代史研究》（第一輯）（北京：九州出版社，二〇〇九），頁一〇。

第二講

軍事：朝鮮戰爭

一、官方說法和新的研究

根據一九八九年版本的《辭海》關於「抗美援朝戰爭」的解釋：

「一九五〇年六月二十五日朝鮮內戰爆發。二十七日美國總統杜魯門公然宣布美國軍隊入侵朝鮮，並侵占中國領土台灣。九月十五日，美國糾集十五個國家的軍隊，打著『聯合國軍』的旗號，在朝鮮仁川登陸，並把戰火引向中國邊境，轟炸中國安東（今丹東境內）。十月八日中共中央做出抗美援朝，保家衛國的戰略決策，任命彭德懷爲志願軍司令員兼政委。十九日志願軍開赴朝鮮前線和朝鮮人民軍並肩作戰，抗擊美國侵略軍。十一月四日中國共產黨和各民主黨派發表聯合宣言，在全國範圍內開展抗美援朝，保家衛國的群眾運動，並成立了抗美援朝總會。大批青年工人，農民和學生踴躍報名參加志願軍，全國人民紛紛推行愛國公約，並積極開展增產節約運動，支持前線作戰。在朝中軍隊的沉重打擊下，美帝國主義連遭失敗。一九五三年七月二十七日被迫在朝鮮停戰協定上簽字。至此，朝中人民軍隊取得抗美戰爭的偉大勝利，中國人民的抗美援朝運動也勝利結束。」（頁七六三）

中國官方長期以來拒絕使用「朝鮮戰爭」的提法，而使用「抗美援朝戰爭」，間接迴避了在朝鮮戰爭中，中國受到聯合國決議的譴責，並組織以美國爲首的聯合國軍進行武力干涉的事實。同時，在官方的解釋中，相當大的篇幅注重抗美援朝運動，可見國內的政治運動被視爲這一歷史事件的主要組成部分，這與國際上的主流解讀有很大的區別，但是也可以看出國內政治因素，在中共進入朝鮮戰場的決策上具有的意義。

在前蘇聯解體之後，俄國政府解密了俄羅斯總統檔案館和俄羅斯外交政策檔案館中的大批重要檔案，這爲朝鮮戰爭的研究者提供了很大的便利。中國的研究者迅速利用了這些材料，開始提出一些與官方陳述不同的見解。其中比較有代表性的就是楊奎松、沈志華和齊德學編譯的《關於朝鮮戰爭研究的新材料和新觀點》（北京：軍科院，一九九六），其中收錄美、韓、俄等國學者二十七篇論文。還有沈志華寫的《毛澤東，史達林與朝鮮戰爭》（廣州：廣東人民，二〇〇五）以及《中蘇同盟與朝鮮戰爭研究》（桂林：廣西師大，一九九九）。目前在中國國內的研究中，沈志華具有代表性。

二、朝鮮戰爭是如何發動的？

一九四八年五月，在美國的支持下，南韓出現了李承晚政權；四個月以後，金日成在蘇聯和中共的支持下，在北韓成立了自己的政權——「朝鮮民主主義人民共和國」，即北韓。朝鮮半島出現了兩個政權對峙的局面。對於金日成來說，統一朝鮮成了他要面對的最急迫和最重要的任務。

一九四九年五月，金日成派特使去北京，表達了希望早日統一朝鮮半島的願望，並希望得到中共的支持。此時的中國百廢待興，對於毛澤東來說，面臨的不僅僅是鞏固政權，恢復國民經濟的嚴峻挑戰，還有攻克台灣，完成中國統一的更爲艱巨的任務。毛澤東此時並不希望因爲朝鮮半島的局勢變化，而影響到自己在國內的政治布局。因此，他一方面承諾一旦北韓受到進攻，就予以支持，並把中國軍隊的三個朝鮮師及裝備交給北韓，但是另一方面，也勸金日成暫時不要進攻南韓。此時史達林也不同意金的計畫，他的主要考量是不希望美國的軍事力量因此而介入，從而提早引發第三次世界大戰。

史達林和毛澤東的消極，使金日成十分失望和沮喪，但是他從未放棄努力，去爭取中蘇的支持。隨後事情發生了戲劇性的轉折。按照沈志華二〇〇九年五月十二日在美國加州大學洛杉磯分校(UCLA)中國研究中心的講座上的說法：一九五〇年一月十七日在朝鮮駐華大使的歡送會上，金日成酒醉，結果又哭又鬧，再三要求蘇方的官員支持他完成朝鮮統一的計畫。蘇聯駐朝大使感到很爲難，就於十九日打電報給史達林匯報了情況。一月三十日史達林回電說同意金的計畫，但是叮囑金不要告訴中國。此時毛澤東還在莫斯科。二月十七日毛回到中國後，三月十日史達林邀請金日成來莫斯科。四月十日開始雙方就朝鮮半島的局勢談了半個月，金日成二十五日才離開。此時蘇聯已經決定支持金日成的計畫，但是史達林堅持要金日成一定要徵得毛澤東的同意。爲什麼會有這樣的轉折，我們在後面會專門分析。

五月十三日，金日成到了北京，告知毛澤東，史達林已經同意他的計畫，在外交政策「一邊倒」

的前提下，毛無奈，只好接受，但是內心是很不滿的。按照沈志華的說法：金日成到了北京，跟毛一見面就吵了起來。夜裡十一點半周恩來緊急召見羅申，要求蘇聯立即答覆。十四日上午史達林回電說：「由於國際局勢變化我同意了，但是如果你們不同意，朝鮮的統一和人民的解放就要推遲，到底怎麼辦，你們決定。」毛十四日晚上一夜未眠，第二天就改變了態度。毛為什麼會改變態度？他到底基於什麼考量，決定接受金日成的計畫，這個我們在最後也會討論到。

三、朝鮮戰爭的爆發

一九五〇年六月二十五日，金日成的軍隊首先向南韓軍隊開火，朝鮮戰爭正式爆發。當時金日成的計畫是四天內結束戰鬥，讓美軍來不及介入。但是沒有想到二十七日，美國就宣布出兵，同時派第七艦隊進入台灣海峽。中共原定一九五一年春拿下台灣的計畫，被迫中止。七月七日，聯合國安理會通過決議，組織聯合國軍，任命麥克阿瑟爲總司令，準備武力干涉朝鮮半島局勢。七月十日，中共中央軍委通過了〈關於保衛東北邊防的決定〉，隨後，中央軍委將戰略預備隊中的第四野戰軍第十三兵團，從中南地區北調至遼寧安東一線集結，將第四十二軍從齊齊哈爾調至吉林通化等地集結，加上特種部隊，共五十二萬人組成了邊防軍[1]。

1 曉田，〈出兵朝鮮內幕〉，陳先義、陳瑞躍主編，《往事——一九五〇—一九五三寫眞(之一)》(南昌：百花洲文藝出版社，二〇〇〇)，頁六五。

八月中旬，朝鮮人民軍打到釜山附近就再無進展。九月十五日，美軍一萬八千人在仁川登陸，二十七日就占領了漢城，越過了北緯三八度線。朝鮮人民軍已經幾乎全軍覆沒。金一再向史達林求援，但是史達林就是不回應。根據沈志華的說法，二十九日金日成寫了一封很「悲壯」的信給史達林，說實在挺不住了。史達林卻在十月一日回信說：我正在療養，不清楚情況，不過中國可以提供支持，我來幫你講。

十月一日，朝鮮外相朴憲永帶著金日成的信飛到北京，當面向毛澤東和周恩來懇請出兵支持，同日史達林也發電報北京要求出兵，還具體建議「中國師可以以志願者的身分出現」。在這種情況下，毛澤東只能同意出兵，但是要求蘇軍支持武器。二日的政治局會議上，出兵朝鮮的決定，幾乎遭到包括林彪在內的所有政治局委員一致反對。但是四日彭德懷到北京，在政治局會議上表態支持出兵朝鮮，他的理由是：「出兵朝鮮是必要的，打爛了，等於解放戰爭晚勝利幾年，如美軍擺在鴨綠江和台灣，它要發動侵略戰爭，隨時都可以找到藉口。」此時毛澤東再次表態：「現在是美國人逼著我們打這一仗的，猶豫退縮，擔心害怕都沒有用，這些心理和情緒正是敵人所希望的。現在我們只有一條路，就是在敵人進占平壤之前，不管有多大風險，有多大困難，必須立即出兵朝鮮[2]。」在毛澤東的堅持和彭德懷的相應下，考慮到史達林也再三表示，美國不會希望爆發第三次世界大戰，所以不會投入太大兵力，而且蘇聯一定會提供軍事援助，最後政治局才同意出兵。

十月八日中央軍委發布命令，由人民解放軍的第十三兵團及所屬的三十八軍，三十九軍，四十

2　王炳林等著，《抉擇——共和國重大思想決策論爭紀實》（北京：人民出版社，二〇一〇），頁八六。

軍，四十二軍，及邊防炮兵司令部與所屬的炮兵一師，二師，八師組成中國人民志願軍。同一天，周恩來，林彪率領中國代表團到莫斯科，與蘇方談軍援的事情，結果史達林改口，表示要兩個月之後才能提供。周恩來表示沒有軍事援助，中方不能出兵，雙方陷入僵持。十月十一日，中蘇雙方代表團決定放棄北韓，讓金退到中國東北，到瀋陽組織臨時政府。但是此時在北京的毛澤東卻有了自己的想法，他十三日召開會議，決定即使暫時得不到蘇聯的軍事援助，也要出兵。毛澤東公開表述的理由，主要是因爲不希望看到美軍大軍壓境，引起國內反彈，因此決心單幹。據此，後來的學者——例如沈志華——認爲，不能說是史達林逼迫毛澤東出兵朝鮮的，毛自有他自己的打算。

四、朝鮮戰爭的進展

十月十九日，四十萬志願軍度過鴨綠江，二十五日與美軍開戰。中方所稱的「抗美援朝戰爭」正式爆發。十月二十五日，中央軍委下達命令，組成中國人民志願軍領導機關，彭德懷爲司令員兼政委，鄧華爲副司令員兼人副政委，洪學智、韓先楚爲副司令員，解方任參謀長，杜平任政治部主任。開戰不久，蘇聯還是派了空軍進入朝鮮上空，爲志願軍提供空中掩護。

整個朝鮮戰爭期間，一共進行了五次比較大的戰役：

戰爭一開始，志願軍總部採取「積極防禦，陣地戰與運動戰相結合，以反擊、襲擊、伏擊來殲滅與消耗敵人力量」的作戰方針[3]。鑑於聯合國軍隊炮火猛烈，志願軍採取的是人海戰術和近身作戰的打法。根據一個當年參戰的老兵回憶：「第三次戰役就是三八度線，敵人炮火兵力都比咱強，咱有啥說啥。但咱會近戰。敵人就怕近戰，靠近了，敵人的導彈，遠程炮火都用不上了，所以當時咱們部隊採取近戰，趁夜黑一下子就摸到敵人跟前，敵人打炮，飛機炸，我們也不動[4]……」

美國軍隊對於這樣的打法一開始不適應，因此節節敗退。第一次戰役中國的軍隊把聯合國軍擋回平壤，第二次戰役更進一步把戰線拉回到三八度線。聯合國軍敗退二百公里，北韓的局勢穩住了，這使得毛的信心大增。

一九五〇年十二月三十一日到一九五一年一月八日，志願軍發動第三次戰役，占領了漢城。此時停火其實對中韓有利，但是信心增長之後的毛澤東拒絕了停火協議。二月美軍開始反攻，是爲第四次戰役，結果志願軍損失五萬多人，防線後退一百公里，回到了三十八度線。隨後的第五次戰役（四—五月）志願軍再次大敗，一萬七千人被俘。一九五二年二月，毛澤東提出進行持久戰，長期相持於三八度線的戰略，中國軍隊用半年多的時間，在幾百里戰線上修築起坑道。雙方進入僵持階段。

經過第五次戰役，本來中共已經處於明顯劣勢，沒想到美國這時也覺得打不下去了，因爲朝鮮戰場傷亡十萬人，美國國內的政治壓力很大。七月十日，雙方開始進行停戰談判。一九五三年七月二十

3　蘇丹，〈抗美援朝第一戰〉，陳先義、陳瑞躍主編，《往事——一九五〇—一九五三寫眞（之一）》（南昌：百花洲文藝出版社，二〇〇〇），頁七七。

4　〈志願軍老兵自述〉，韓少功、蔣子丹主編，《民間檔案：民間語文卷》（昆明：雲南人民出版社，二〇〇三），頁一三四。

七日：雙方正式簽訂朝鮮停戰協定，中方傷亡五十萬人，耗費軍費二十億美元。

五、毛澤東和史達林各自的算盤

新中國建立伊始，可以說是內外交困，毛澤東在蘇聯沒有明確承諾及時提供軍事援助的情況下，面對黨內高級幹部的反對意見，一意孤行，堅持發動抗美援朝戰爭，是有他更深層次的政治考量的。這分為對外和對內兩個部分。

對外，朝鮮戰爭的結果，美國為首的聯合國軍雖然沒有失敗，但是傷亡慘重，中國雖然付出了更大的傷亡代價，但是敢於在國際上對抗勢力正如日中天的美國和西方盟國，一舉奠立了中國的大國地位，尤其是軍事上，建立了軍事強權的形象。這對剛剛走上國際舞台的新中國來說，不啻於是一次精彩的亮相。據後人回憶，一九五〇年十二月，中國經濟學家馬寅初在華沙參加世界保衛和平大會，會場上傳來中國人民志願軍擊敗美軍，收復平壤的消息，會場頓時沸騰，各國代表三千多人起立高呼：「毛澤東萬歲」，鼓掌達十五分鐘之久[5]。當然，這個亮相是以中國人民的生命作為代價。但是顯然，中國人的性命，從來不在毛澤東的顧慮範疇之中。

更大的收益，其實是在對內的部分。中共取得內戰的勝利，旗幟之一就是只有中共才能領導中國

5 朱光偉，〈中國人民為抗美援朝大捐款〉，陳先義、陳瑞躍主編，《往事——一九五〇—一九五三寫眞（之一）》（南昌：百花洲文藝出版社，二〇〇〇），頁七一。

人民抵抗外辱，恢復中華民族的自尊。民族主義從來都是中共得到中國各階層支持的主要的意識型態。

朝鮮戰爭爆發後不久，中共就在全國開展了一場名爲「抗美援朝保家衛國」的群眾運動，主要方式包括文藝宣傳，動員入伍，聯署抗議，發動寄送慰問品，到前線慰問，捐款購買飛機等。根據彭真在一九五一年十月二十四日代表中國人民抗美援朝總會所做的報告：「全國已經有百分之七十到八十的人口，參加了抗美援朝愛國運動……僅僅四個半月的時間，捐獻了相當於兩千六百一十八架戰鬥機的金錢……全國已經有五十八萬青年學生和青年工人，支持報名參加各種軍事幹部學校。」一九五三年十月，第三屆中國人民赴朝慰問團前往朝鮮演出，在志願軍總部表演的戲碼是：程硯秋、沈金波的〈三擊掌〉，周信芳、齊英才的〈徐策跑城〉，馬連良的〈四進士〉，壓軸的是梅蘭芳的〈貴妃醉酒〉[6]。這個陣容可以說代表了當時中國京劇界的最高水準，可謂盛況空前。當局這樣的宣傳手法極大地鼓動了人民和士兵的熱情。

其中尤爲創舉的，是訂立所謂「愛國公約」。根據彭真的說法：「人民群眾和人民政府之間的關係更加親密無間了[7]。」有統計說，當時五億中國人中，參加遊行聲援志願軍的達到二億人以上。一位在華的外國評論家指出：「中國人從來沒有表現出如此狂熱的情感，他們在朝鮮戰場上認識了

6 中央新聞記錄電影製片廠影視資料部編，《新聞簡報中國：百姓（一九六一—一九七九）》（上海：上海科學技術文獻出版社，二〇〇九），頁三五。

7 彭真，〈關於抗美援朝保家衛國運動的報告〉（節錄）（原載一九五一年十月二十五日《人民日報》），林蘊暉等編，《人民共和國春秋實錄》（北京：中國人民大學出版社，一九九二），頁五四。

自己[8]。」

通過發動對外戰爭，一方面可以動員和組織全國人力，有利於新政權重新規劃國家資源；另一方面激發人民的民族主義熱情，在一致對外的心態下減輕對於新政權的牴觸。這恐怕是毛澤東堅持發動朝鮮戰爭的深思熟慮的一部分。以「愛國主義」爲口號的民族主義情緒，是當時中共與中國社會各階層最能形成共識的一點，因此，激發愛國主義熱情，就成爲中共建立統治的合法性的重要手段。而戰爭，是最能激發社會各階層的愛國主義熱情的。總之，經過朝鮮戰爭一役，更加樹立了中共敢於對抗西方列強的形象，這有利於在建國之初迅速凝聚國人的向心力，樹立中共和毛澤東在人民心中的威望。

當然，朝鮮戰爭對於中共來說也有一些負面的結果。第一，就是與蘇聯的關係開始發生變化。這一次關於支持金日成發動統一朝鮮半島的計畫，史達林態度反覆，把一切義務都推到中共身上。儘管後來蘇方還是出動了大量的軍事後勤支持，但是毛澤東和中共高級領導人之間對於蘇方態度的不滿已經形成，這爲以後中蘇兩黨分裂埋下了伏筆。

第二，因爲朝鮮戰爭的爆發，美國軍隊進入台灣海峽。原本美國對於台灣已經保持觀望的態度，並未繼續進行大量軍事援助，但是朝鮮戰爭的爆發，在美國看來是蘇聯以及共產國家集團向西方挑戰和擴張的開始，這使得美國對全球戰略格局重新進行思考，而台灣作爲遏制中國勢力增長的戰略意義

8 朱光偉，〈中國人民爲抗美援朝大捐款〉，陳先義、陳瑞躍主編，《往事——一九五〇—一九五三寫眞（之一）》（南昌：百花洲文藝出版社，二〇〇〇），頁七一。

得以凸顯。一九五〇年六月二十七日，美國總統杜魯門發表聲明表示：「對朝鮮的攻擊已無可懷疑地說明，共產主義已不限於使用顛覆手段來征服獨立國家，現在要使用武裝的侵犯與戰爭。它違抗了聯合國安理會爲了保持國際和平與安全而發出的命令。在這種情況下，共產黨部隊占領福爾摩沙（台灣），將直接威脅太平洋地區的安全，及在該地區執行合法與必要職務的美國部隊[9]。」這番話清楚地表達了美國維護台灣不被中共收復的戰略意圖。因爲美國的軍事介入，毛澤東解放全中國的計畫徹底破滅，台灣成了中共心中永遠的痛。

第三，因爲介入朝鮮半島局勢，中國在國際上受到一致的譴責，被完全孤立。中共無法從國際貿易中得到恢復經濟的支持，向世界開放的可能性也不復存在了。長期的閉關鎖國，不僅使人民生活水平無法提高，也阻礙了從科學到教育等諸多方面的發展。一場戰爭，帶給統治者的好處，也許同時就是帶給人民的惡果。

那麼史達林爲什麼從原來對金日成的計畫不感興趣，到後來積極支持，還一再要求中共援助呢？從戰爭的結果看，中國與聯合國軍、美國對抗，最後只能全面倒向蘇聯，這才是史達林最希望看到的結果。

中蘇兩黨的關係發展表面上看是中共聽命於蘇共，也尊重蘇共關於中國革命的指示，但是無論是黨內高級幹部還是毛澤東本人，其實對於蘇共的指手畫腳早就不滿，但是礙於史達林的崇高威望，和過去蘇共支持中共的歷史而只能隱忍於心。早在延安時期，毛澤東就曾經多次對美國示好。一九四四

9　王炳林等著，《抉擇——共和國重大思想決策論爭紀實》（北京：人民出版社，二〇一〇），頁七九—八〇。

年七月，毛澤東與訪問延安的美國外交官謝偉思等人談話的時候就說：「我們並不害怕民主的美國的影響，我們歡迎它；美國人發揮影響的其他方式是多談美國的理想；在中國或美國，每一個美國官員見任何中國官員時，都可以談論民主；每一個在中國的美國士兵都應當成爲民主的活廣告，他應當對他遇到的每一個中國人談論民主。」對於美國式的民主，至少在那個時候，中共和毛澤東是抱持歡迎立場的。美國方面，基於對蔣介石政權的不滿，也一直積極尋求與中共的溝通，試圖爲未來中共奪取政權之後的中美合作尋找空間。中共軍隊攻克南京之後，國民政府遷移到廣州，蘇聯駐華大使隨之遷移，但是美國駐華大使司徒雷登卻留在北平，中美之間的互動本來是有各種可能性的。

這樣的情況，史達林當然不會不了解。作爲國際共產主義運動的領導人，他當然不能允許社會主義陣營內的任何國家與美國發展合作關係。對於中共與美國建立某種合作的可能性，史達林一定要找到辦法阻止這樣的趨勢，而鼓動金日成發動朝鮮戰爭，迫使中共正面與美國爲敵，就可以徹底斷絕中美結盟的可能性，把中共牢牢地維繫在社會主義陣營中，這，恐怕是史達林更爲深層的考量。《劍橋中華人民共和國史》曾經引用一位蘇聯論者的話說：「朝鮮戰爭在長時間內阻止了中共領導人和美國統治集團的勾結，迫使中國領導者進一步與蘇聯合作。」這就是史達林的眞實用意。

六、一份最新的補充材料

根據ＢＢＣ中文網二〇一〇年六月十七日報導：美國中央情報局周三(十六日)公布了有關朝鮮戰爭的大量秘密文件。其中一些文件顯示，一九四〇年代初期，美國中情局在朝鮮戰爭爆發前，對一系列重要事件的判斷上出現差錯。一位中情局分析員說，當朝鮮軍隊在一九五〇年六月越過三八度線向南推進時，美國軍方和領導人感到措手不及。這份解密文件說，當時只有在訓練和裝備都不足的美國駐日本部隊的干預下，才頂住了朝鮮軍隊的進攻，但美軍付出了很高的傷亡代價。這份名爲〈一九五〇年朝鮮兩個戰略情報錯誤〉的文件說，四個月後，就在美軍和聯合國部隊抵擋朝鮮軍隊向後退的時候，突然出現大批的中國人，這令美軍和當時的領導人感到措手不及。美國中情局公布的一千三百份檔案包括以前從未公開，或包括一些新內容的九百份檔案。檔案公布的這個月，剛好是朝鮮戰爭爆發六十週年。與此同時，美國華盛頓的伍德羅・威爾遜國際學術中心，和杜魯門總統圖書館、博物館都同時公布了數百份朝鮮戰爭的檔案[10]。

---

10 http://www.bbc.co.uk/zhongwen/trad/world/2010/06/100617_cia_korean_war_files.shtml（二〇一〇・六・十七）。

第三講
城市：「三反」「五反」運動

一、劉青山，張子善案：「三反」運動的發動

一九五一年十月二十三日，毛澤東在中國人民政治協商會議第一屆委員會第三次會議上的發言指出，在過去的一年，我們國家取得了抗美援朝，土地改革和鎮壓反革命三大運動的偉大勝利，國家實現了空前的統一。現在，資產階級和無產階級的矛盾已經成爲國內的主要矛盾。回頭看，在中華人民共和國的歷史上，這是一個關鍵的時間點。建國之初的大局基本穩定，毛澤東的目光開始轉向鞏固政權，以及社會改造的宏大計畫了。

抗美援朝使得軍費開支劇增，給國家財政帶來沉重負擔。一九五一年十月的中共中央政治局會議提出「用一切方法擠出錢來建設重工業和國防工業」，中央要求十一月起全面開展增產節約運動。與此同時，一九五一年下半年，東北局開展以反對貪汙腐化，反官僚主義爲中心內容的整風運動。十一

月一日，中共中央東北局第一書記高崗向中央作了〈關於開展增產節約運動，進一步深入反貪汙，反浪費，反官僚主義鬥爭的報告〉，引起毛的重視。十一月二十日，毛澤東在轉發這個報告的批語中說：「中央認爲這個報告是正確的。請你們重視這個報告中所述的各項經驗，在此次全國規模的增產節約運動中，進行堅決地反貪汙，反浪費，反官僚主義的鬥爭。」「三反」運動提上議程。

每一場運動，都要樹立一些典型案例。「三反」運動的典型案例就是劉青山、張子善案。一九五一年十一月二十一日到十二月一日，中共河北省第三次黨代會檢舉揭發了前天津地委書記劉青山，現任地委書記張子善利用職權，盜騙國家財產一七一億六千萬元（舊人民幣，以下同）的貪汙罪行。十一月三十日，毛澤東在〈轉發華北局關於劉青山，張子善大貪汙案調查處理的情況報告〉中批示：「必須嚴重地注意幹部被資產階級腐蝕，發生嚴重貪汙行爲這一事實，並當作一場大鬥爭來處理。」同日，他又在爲中央起草的給西南局第一書記鄧小平並告各中央局的覆電中說：「我們認爲需要來一次全黨的大清理……才能停止很多黨員被資產階級思想腐蝕的極大危險現象。」這樣，「三反」運動的開始階段，可以看作是整黨的延續和對幹部的考察整頓。十二月一日，中共中央作出了〈關於實行精兵簡政，增產節約，反對貪汙，反對浪費和反對官僚主義的決定〉，「三反」運動正式開展。

應當說，從看到革命勝利的可能性之後，毛澤東對於歷史上一些勝利者被勝利成果腐蝕，最後丟掉政權的教訓是相當重視的。他曾經不止一次講過，不要重蹈明朝末年李自成起義軍進北京後因爲大肆搜刮民財，而失去人民擁護的教訓。在建國之初，他對於保持官員的清廉也非常重視，這次「三反」運動的提出，本身就有整頓吏治的意思。

根據楊奎松的說法，「三反運動的鬥爭矛頭，主要指向共產黨內部以及黨政國家機關和企事業單位的各級工作人員[1]。」那麼，具體是哪些人呢？一九五一年十一月二十三日的《人民日報》的社論透露了玄機。社論中說：貪汙問題主要發生在「承襲著國民黨反動派的貪汙作風」的留用人員當中，因爲他們「占了全部貪汙人數的百分之九十九。」這篇題爲〈向貪汙行爲作堅決鬥爭〉的社論，據說是「依據毛澤東的意見」而寫的[2]。而且按照我們已有的慣例，人民日報的重大社論很多都是經過毛澤東本人修改完稿的，所以以上說法可以看作是毛澤東的意見。也就是說，在毛澤東的心中，「三反」運動的主要打擊對象，就是楊奎松提到的那些「留用人員」。事實上，「三反」運動就是旨在肅清國民黨殘餘力量的鎮反運動的延續，區別在於運動從政府機關的外圍進入到了內部。

二、「打老虎」：「三反」運動的開展

中共治國的一個根本問題，就是解決問題不是從制度建設的角度出發，而是靠政治運動。這個傳統從延安整風樹立之後，一直延續下來，「三反」運動當然也沒有例外。一九五一年十二月八日，毛澤東爲中央起草了〈關於「三反」鬥爭必須大張旗鼓進行的電報〉，給運動如何開展定調。他提出：「應把反貪汙，反浪費，反官僚主義的鬥爭看作如同鎮壓反革命的鬥爭一樣重要，一樣的發動廣大群

1　楊奎松，《中華人民共和國建國史研究》(1)（南昌：江西人民出版社，二〇〇九），頁二六一。
2　楊奎松，《中華人民共和國建國史研究》(1)（南昌：江西人民出版社，二〇〇九），頁二六四。

眾包括民主黨派及社會各界人士去進行，一樣的大張旗鼓去進行，一樣的首長負責，親自動手，號召坦白檢舉，輕者批評教育，重者撤職，懲辦，判處徒刑(勞動改造)，直至槍斃一大批最嚴重的貪汙犯……才能解決問題。」他還說：「全國可能要槍斃一萬至幾萬貪汙犯才能解決問題[3]。」這裡基本定出了運動的內容，而這些內容也成了以後各項運動的基本範式。比如：發動群眾，大張旗鼓(宣傳)，首長負責，號召坦白等。這也反映出毛澤東思維的一貫特點：第一，誇大敵情。第二，迷信暴力的作用。

一九五二年一月四日，中共中央發出〈關於立即抓緊〈三反「鬥爭」的指示〉，提出：開展鬥爭不力的官員不是官僚主義分子，就是貪汙分子，必須一律撤職查辦。在這樣的嚴厲督辦下，各地開始出現「三反」運動的高潮。

從中央到地方，「三反」的領導機構，是各級節約檢查委員會。十二月七日，政務院會議通過由薄一波擔任中央人民政府節約檢查委員會(中節委)主任，彭眞、李富春、沈鈞儒(最高人民法院院長)、譚平山(政務院監察委員會主任)任副主任，劉景范任秘書長。作爲最高統治者，毛澤東親自指導運動的具體工作。據薄一波回憶，毛澤東幾乎每天都聽取他的匯報，「親自指點」。

當時，貪汙犯被稱爲「老虎」。貪汙舊幣一億元以上的是「大老虎」，三千萬元以上到一億元的爲「中老虎」，一千萬—三千萬元的爲「小老虎」[4]。各地開展所謂「打虎」鬥爭，就是動員揭發貪

3　《建國以來毛澤東文稿》(第二冊)(北京：中央文獻出版社，一九八八)，頁五四八—五四九。

4　楊奎松，《中華人民共和國建國史研究》(1)(南昌：江西人民出版社，二〇〇九)，頁二八五。

汙犯並對其展開群眾批判。在中央層級，運動開始的時候，毛澤東曾經當面問中央辦公廳主任楊尚昆：「所有機關都有大老虎，黨中央機關就沒有？你敢寫保證書嗎？」在這種當面的壓力下，楊尚昆當即就答應交出五十個「大老虎」[5]。這也是建國以後中共歷次政治運動的典型方式：先定一個指標，然後按照指標要求各級單位完成任務。再以完成的數字，印證運動的正當性。當運動結束之後，再來分別糾正運動中被錯誤定性的人。在這樣的壓力下，各級政府爭相表現對中央政策的支持。二月一日，北京市舉行公審大會，由最高人民法院對七名大貪汙犯進行宣判，兩人死刑，三人有期徒刑。

地方上的「三反」運動，可以南京市爲例。根據任玲玲的研究，一月二十八日，南京市委提出了六條「打虎」的辦法：一、按照預定重點目標，組織專門打虎基幹隊；二、組織強有力的指揮部；三、找到弱點，全力突破，猛打窮追，不讓喘息；四、組織專案人員，包捉包拿；五、組織坦白徹底的人參加打虎；六、做好老虎的親戚朋友的工作，並宣布對有確實材料而不坦白的大貪汙犯可以逮捕[6]。一些單位還規定，檢舉不實屬於革命熱情，因此不需承擔任何責任。在強大的輿論壓力下，一些被鬥爭對象爲了能夠過關，不惜胡編亂造，誇大事實，以求表現良好。而運動的組織者也不去核實情況，只求完成任務，因此出現很多荒唐的「成果」。例如南京下關銀行辦事處在連續八天審訊下，迫使接受審查的對象承認貪汙六十億元；南京市人民銀行一天之內，就宣稱破獲「貪汙兩萬兩黃金」的大案。當時領導機關似乎也不會去核實這樣荒唐的數據，只要能完成運動任務，就算政治上可靠，這成爲很多

---

5 楊奎松，《中華人民共和國建國史研究》(1)（南昌：江西人民出版社，二〇〇九），頁二七三。

6 任玲玲，〈江蘇「三反」，「五反」運動研究〉，李良玉主編，《思想，制度與社會轉軌——中國當代史新論》（合肥：合肥工業大學出版社，二〇〇七），頁二二。

各級黨的領導的判斷標準。

二月八日，南京市委將「老虎」的指標由八百隻追加到一千零三十隻，並按財貿、政法、文教、市政、黨群、城區、郊區、駐寧機關和廠礦等八個系統分頭包幹，指派專人負責。到二月底，運動進入高潮，有一天，全市廠礦企業一夜之間抓了五百多隻老虎。經檢舉，人民銀行百分之四十的職工，稅務局留用人員百分之七十有貪汙行爲，建設局技術隊一一四人中，只有一人沒有貪汙；有三個區的救濟會成員百分之百都貪汙過[7]。這顯然是沒有經過嚴格司法審查得到的結果。

「三反」運動中，基層在鬥爭中普遍採取暴力方式，毆打、圍攻、凌虐等現象屢見不鮮。作爲暴力的結果，僅僅在南京，根據南京市一九五二年第四十號《三反簡訊》報導，南京市貪汙分子中就有二十六人自殺(其中十二人自殺未遂)，另外還有八個貪汙分子的家屬自殺[8]。一位當時在上海目睹了「三反」過程的法官回憶說，他曾親耳聽到當時的上海市長陳毅講，「三反」中「全市共自殺五百餘人[9]。」

從全國範圍來看這次運動做設計的範圍，根據薄一波的回憶，全國縣以上黨政機關參加「三反」運動的總人數爲三八三萬多人(未包括軍隊)。而經核實，貪汙一千萬元舊幣以上的共十萬餘人，判處

7 任玲玲，〈江蘇「三反」，「五反」運動研究〉，李良玉主編，《思想，制度與社會轉軌——中國當代史新論》(合肥：合肥工業大學出版社，二〇〇七)，頁二二。

8 任玲玲，〈江蘇「三反」，「五反」運動研究〉，李良玉主編，《思想，制度與社會轉軌——中國當代史新論》(合肥：合肥工業大學出版社，二〇〇七)，頁二四。

9 謝泳，《中國現代知識分子的困境》(台北：秀威資訊科技，二〇〇八)，頁五。

有期徒刑的九九四二人，無期徒刑的六十七人，死刑四十二人，死緩九人[10]。這裡的數字僅僅是「黨政機關」的範圍，在全國可謂冰山一角，但是已經可以反映出這些運動的涉及面之廣。

三、「抓住資產階級的小辮子」：爲什麼從「三反」運動轉變爲「五反」運動？

早在一九五一年十二月三十一日，當薄一波向毛澤東匯報「三反」運動的情況的時候，毛澤東就提到：「過去在土地改革中，我們是保護工商業的，現在應該有區別，對於不法商人要鬥爭[11]。」可見，在發動「三反」運動的同時，毛澤東已經開始考慮運動的轉向問題。實際上，這也是毛澤東對於整體社會改造，開始有新的思考的一部分。此時，消滅，或者至少是清洗資產階級，已經成爲毛澤東心中的規劃之一。

一九五二年一月五日，毛澤東看了北京市委的〈關於「三反」運動開展情況和繼續開展這一運動的意見的報告〉後，做了批示：「一定要使一切與公家發生關係而有貪汙、行賄、偷稅、盜竊等犯法行爲的私人工商業者，坦白或檢舉其一切違法行爲，特別注意在天津、青島、上海、南京、廣州、武漢、重慶、瀋陽以及各省省城，用大力發動這一鬥爭，藉此給資產階級三年以來，在此問題上對於我

10 薄一波，《若干重大決策與事件的回顧》（北京：中共黨史出版社，二〇〇八），頁一〇二。

11 薄一波，《若干重大決策與事件的回顧》（北京：中共黨史出版社，二〇〇八），頁一一五。

黨的猖狂進攻(這種進攻比戰爭還要危險和嚴重)以一個堅決的反攻，給以重大的打擊，爭取在兩個月至三個月內基本完成此項任務。請各級黨委對此事進行嚴密的部署，將此項鬥爭當作一場大規模的階級鬥爭看待[12]。」這是他第一次提出「五反」的問題。

而正式提出「五反」運動的標誌，是毛澤東爲中央起草的〈關於在城市中限期展開大規模的堅決徹底的「五反」鬥爭的指示〉，提出的時間是一九五二年一月二十六日。這個〈指示〉明確了「五反」的定義：「在全國一切城市，首先在大城市和中等城市中，依靠工人階級，團結守法的資產階級及其他市民，向著違法的資產階級開展一個大規模的堅決的徹底的反對行賄，反對偷稅漏稅，反對盜騙國家財產，反對偷工減料和反對盜竊經濟情報的鬥爭，以配合黨政軍民內部的反對貪汙，反對浪費，反對官僚主義的鬥爭，現在是極爲必要和極爲適時的[13]。」這裡要注意的是，「三反」被毛澤東定義爲「內部」的，相對的，「五反」則是針對「外部」的，也就是針對工商資產階級。這裡需要思考的問題是，爲什麼要從內部轉向外部？是「三反」進行不下去，需要新的興奮點？還是「三反」只是一個引子，目的其實是發動「五反」？還是其他原因？按照薄一波引述毛的講法，可以說「五反」是毛澤東心目中的既定計畫。也就是說，不是因爲「三反」運動導致問題暴露出來，才進行「五反」運動，這是可以肯定的。

毛澤東有一次說到：「一九五〇年上半年，黨內曾經有一個自發，半自發的反對資產階級的鬥

12 薄一波，《若干重大決策與事件的回顧》(北京：中共黨史出版社，二〇〇八)，頁一一六。

13 薄一波，《若干重大決策與事件的回顧》(北京：中共黨史出版社，二〇〇八)，頁一一七。

爭。這個鬥爭是不妥當的，也是錯誤的。因爲當時有台灣敵人的轟炸、封鎖、土改、鎭反工作亟待去做，應該團結資產階級去向封建勢力進攻，而不是全面出擊，全面出擊是很不策略的。所以，七屆三中全會糾正了這一錯誤，提出調整工商業。到一九五一年抗美援朝運動形成，更需要國內的團結一致，一直到今天。在這一年多的時間內，大家對資產階級不夠警惕了。資產階級過去雖然挨過一板子，但並不痛，在調整工商業中又囂張起來了。特別是在抗美援朝加工訂貨中賺了一大筆錢，政治上也有了一定地位，因而盛氣凌人，向我們猖狂進攻起來。現在已到時候了，要抓住資產階級的小辮子，把它的氣焰整下去，如果不把它整得灰溜溜，臭哄哄的，社會上的人都要倒向資產階級方面去[14]。」從這段話可以看出，第一，打擊工商資產階級是毛澤東的既定策略，他一直在尋找時機，這是他的社會主義改造的一部分；第二，「五反」運動的目的很簡單，就是整得資產階級「灰溜溜，臭哄哄」，並不是因爲資產階級眞有那五種被譴責的行爲；第三，打擊工商資產階級的目的，還是維護政權，因爲毛澤東始終認爲資產階級是對政權的潛在威脅；第四，從「三反」運動引申到「五反」運動，中共以及毛澤東眞正的目的，是全面的國營化，是國家對社會的全面掌控，是要將社會生活的一切歸於國家的掌控之下。換句話說，社會改造，才是「五反」運動的眞實目的。

14　薄一波，《若干重大決策與事件的回顧》（北京：中共黨史出版社，二〇〇八），頁一一七。

四、另一批「老虎」：「五反」運動的開展

一九五二年三月二十三日，毛澤東在批轉〈中共中央中南局關於加強私營廠，店工人，店員工作的指示〉中，把「五反」鬥爭的任務以及必須達到的目的，進一步明確化爲八條。從以下這八條看，針對的都不是具體的那五項要反對的資產階級的破壞行爲，而都是如何將私營工商業置於國家控制之下。這八條是：一、徹底查明私營工商業的情況，以利於團結和控制資產階級，進行國家的計畫經濟。二、明確劃分工人階級和資產階級的界限，肅清工會中嚴重脫離群眾的官僚主義現象，清除資產階級在工會中的代理人。三、改組同業公會和工商聯合會，把那些「五毒」俱全及其他完全喪失威信的人們，開除出這些團體的領導機關，把在「五反」中表現較好的人吸收進來。四、幫助民主建國會的負責人整頓民主建國會，開除那些「五毒」俱全及大失人望的人，增加一批較好的人，使之成爲一個能夠代表資產階級，主要是工業資產階級的合法權益，並以〈共同綱領〉和「五反」的原則教育資產階級的政治團體。各部分資本家的秘密結社，例如「星四聚餐會」，則應設法予以解散。五、清除「五毒」，消滅投機商業，使整個資產階級服從國家法令，經營有益於國計民生的工商業；在國家規定的範圍內，盡量發展私營工業，逐步縮小私營商業；國家逐年增加對私營產品的包銷訂貨計畫，逐年增加對私營工商業的計畫性；重新劃定私資利潤額，既要使私資有利可圖，又要使私資無法奪取暴利。六、要使資本家廢除「後帳」，實行經濟公開，並逐步建立工人，店員監督生產和經營的制度。七、從補償、退贓、罰款、沒收中，追回國家及人民的大部分經濟損失。八、在一切大型的和中等的

私營企業中建立黨的支部，加強黨的工作[15]。可見，「五反」運動，眞的如毛澤東所言，是一場政治鬥爭或者是階級鬥爭，而不是經濟鬥爭。以上八條，目的已經不是肅清貪汙，而是進行社會結構和社會階級的調整。顯然，毛澤東心中有一盤更大的棋局。

「五反」運動的初期階段，各地運動的情況比「三反」運動更爲慘烈，逼供的現象大量發生。在上海，爲了逼迫商人交代偷漏稅狀況，「江寧區稅局將商人白建華打耳光後，當時暈倒，醒來後說他裝死，又拿棍子亂打。商人何潤泉被三個工作人員輪流打了一個半鐘頭。高橋區稅局將商人李俊榮關在大房間裡，被十幾個人拳腳交加地痛打，並且用針刺手指頭[16]。」各地都有不少的自殺事件。以上海爲例，運動開始一個月就逮捕了二百多人，發生資本家自殺事件四十八起，死了三十四人[17]。其中，二月十二—十五日四天時間裡，就自殺二十二人。整個二月份自殺死亡七十三人[18]。三月僅半個月時間，就自殺五十三人[19]。四月二—八日，一週的時間自殺六十七人，平均每天十個人[20]。在蘇州，某區委書記在茶葉加工廠領導「五反」的時候，錯誤地提出要著重打擊幾個工頭，並公開指責一些職員是老虎尾巴，造成恐怖氣氛。有一家六人自殺，被打的職工有一百多人[21]。最常見的方式是

15 薄一波，《若干重大決策與事件的回顧》（北京：中共黨史出版社，二〇〇八），頁一一七—一一八。
16 楊奎松，《中華人民共和國建國史研究》(1)（南昌：江西人民出版社，二〇〇九），頁三二八。
17 薄一波，《若干重大決策與事件的回顧》（上下）（北京：中共黨史出版社，二〇〇八），頁一二〇。
18 楊奎松，《中華人民共和國建國史研究》(1)（南昌：江西人民出版社，二〇〇九），頁三二一。
19 楊奎松，《中華人民共和國建國史研究》(1)（南昌：江西人民出版社，二〇〇九），頁三二九。
20 楊奎松，《中華人民共和國建國史研究》(1)（南昌：江西人民出版社，二〇〇九），頁三四五。
21 任玲玲，〈江蘇「三反」，「五反」運動研究〉，李良玉主編，《思想，制度與社會轉軌——中國當代史新

「車輪戰」，根據一位當年參加過「打虎隊」的人回憶：「我們當時還有一個戰術叫做『磨盤戰術』，意思就是說，我們組織很多人來攻擊一個人。當時我們都是年輕力壯二十多歲的小夥子，大家輪番對這一個人審問，不讓他睡覺，非得讓他說出貪汙了錢不可。記得有一回一個人被我們逼得竟說自己貪汙了兩火車皮的黃金[22]。」

「五反」運動的基本方式，與「三反」運動大同小異。根據任玲玲的研究，在南京，主要做法有四種：第一，依靠工人，店員，團結中小戶，利用資產階級的內部矛盾，分化和孤立少數資本家，嫌棄群眾性的坦白檢舉運動；包括動員會、鬥爭會、訴苦會、回憶會、座談會、報告上當會等。為了鼓勵店員大膽揭發，南京市政府還要求資本家在「五反」期間不准停業歇業，不准解雇工人，不准打罵威脅工人和苛扣工資，不准私自抽調資金。河南省委派工作隊深入工廠，商店及工人，店員家屬住宅，啓發他們自覺訴苦；杭州市舉辦五千人的店員訓練班，並以積極分子為核心，組織檢舉資本家鬥爭小組[23]。第二，採取大會教育，小會啓發，個別談話相結合的方法。尤其是動員家人做資本家的工作。第三，通過設廣播站，專用郵箱，辦牆報等方式，進行多渠道宣傳。二月二十八日，在各主要馬路裝置了有線廣播網，線路長約二十多里，安裝喇叭一百多個，每天進行點名喊話：「喂！某老闆，

（續）

論》（合肥：合肥工業大學出版社，二〇〇七），頁二三。

22 張鳴，〈執政的道德困境與突圍之道——「三反五反」運動解析〉，香港：《二十一世紀》二〇〇五・一二，頁五三。

23 胡其柱，〈工人，資本家和共產黨——一九五二年五反運動研究〉，香港：《二十一世紀》二〇〇五・一二，頁六一。

你的罪惡材料我們已經掌握了！快坦白吧！」第四，對檢舉者進行物質獎勵，刺激他們的積極性。一九五二年二月九日，南京市人民政府提出了鼓勵檢舉奸商偷稅行爲的獎勵辦法，規定：在「五反」期間，密報工商業者偷稅者，提取罰金百分之一至百分之三爲獎金；檢舉工商業者偷稅查有實據者，按照罰金百分之三至百分之五領取獎金等等[24]。上海還通過召開「互評互助」會議的方式，利用資本家之間過去的矛盾，讓他們互相揭發攻擊。這種手法在歷次的政治運動中非常普遍。

政府的政策規定，更是運動的主軸。比如上海就在「五反」運動後期，針對資本家違法金額做出規定：「一律採取由資本家退財補稅，現款償還。在資本家無力償還現款，要求出讓時，再接受其要求，實行公私合營，或只收買其股份，而不宣布公私合營。在資本家不願出讓而又無力償還現款時，還可讓資本家寫下欠約，分期償還，國家派人監管[25]。」而國家暴力的使用也是主要手段之一，更是運動得以開展的主要支柱。例如，薄一波到上海主持運動之後，曾經給中共中央建議說：「準備要殺的人，現在只選擇對象和準備材料，預定爲五到十五個人。」而顯然是出自毛澤東手筆的中共中央的回覆，專門針對殺人的數字指示說：「各地在五反結束階段，可提出你們準備要殺的人數，以大城市與省區爲單位報告中央，但不忙執行，也不要宣布，待中央統籌全局後，再提出控制的比例關係[26]。」顯然，當局是有意識，有計畫地運用國家暴力作爲運動手段的，在全國的範圍內就殺人

24　任玲玲，〈江蘇「三反」，「五反」運動研究〉，李良玉主編，《思想，制度與社會轉軌——中國當代史新論》（合肥：合肥工業大學出版社，二〇〇七），頁二三—二四。
25　楊奎松，《中華人民共和國建國史研究》(1)（南昌：江西人民出版社，二〇〇九），頁三四七。
26　楊奎松，《中華人民共和國建國史研究》(1)（南昌：江西人民出版社，二〇〇九），頁三四九。

的人數都有一個詳細的規劃。

「五反」運動因為涉及的都是工商資產階級，其導致的直接結果就是經濟的滑坡。「五反」運動期間，大批工商業戶停業，半停業，基本建設項目紛紛推遲，軍事訂貨減少，稅收減少，失業增加。根據人民銀行統計，華北地區一九五二年二月份的稅收比一月份減少了一半。天津市新歇業的私營工商業戶有四百家，影響上萬人的生計[27]。鄧小平那時候主持西南地區工作，他二月二十二日致信毛澤東，也提到類似情況，比如重慶的一個區有兩萬人到了無食或缺食的地步，開始對「三反」，「五反」運動不滿[28]。上海食品企業冠生園的老闆冼冠生「從做陳皮梅起家，一點一滴，辛辛苦苦把工廠做大，因此一向省吃儉用，有錢就發展事業，就連女兒生活困難都無力幫助，只能靠自己去向外借債。因為『三反』運動造成糖果餅乾和酒菜生意大受影響，資金周轉不開，二月下半月即開始積欠工資……他雖然已經六十七歲，又患高血壓，在家休養七、八年時間，最後還是被工人從家裡揪出來逼其發工資。冼被關在公司辦公樓上四十五個小時，又被稅務局上門催款，受不了刺激，被迫自殺身亡[29]。」又例如，根據上海家用化工業公會的統計，全業共有二百四十四家，資產總值最多約七百五十億元，結果「五反」中確認，僅僅業內重點戶的違法總額已達六百億元，占資產總額的百分之八十以上[30]。這些都是被政府要求限期退款的。很多資本家因此只好考慮接受政府的建議，實

27 薄一波，《若干重大決策與事件的回顧》（北京：中共黨史出版社，二〇〇八），頁一一九。
28 薄一波，《若干重大決策與事件的回顧》（北京：中共黨史出版社，二〇〇八），頁一一九。
29 楊奎松，《中華人民共和國建國史研究》(1)（南昌：江西人民出版社，二〇〇九），頁三五五。
30 楊奎松，《中華人民共和國建國史研究》(1)（南昌：江西人民出版社，二〇〇九），頁三五五。

行公私合營。

在運動中，很多所謂「打出來的違法金額」，其實都是工商業者迫於壓力，胡亂編造的。根據楊奎松的研究：「一些資本家認爲反正今後只有公私合營了，坦白得多一些也無所謂。一些資本家則只求過關，先承認了再說，聽候政府處理[31]。」還有一些小工商戶根本就沒有記帳，只能亂編。比如在被迫交代所謂的「貪汙」數字的時候，一個賣饅頭的商人就說：「我是沒有帳的，就胡扯每天逃一萬元吧。」另一個賣大米的則說：「今天是最後一天機會了，我就再加四千斤米吧[32]。」而這些隨口編造的數字，都列入了「五反」運動的成績統計之中。

針對運動導致的經濟滑坡，爲了穩定國內局勢，毛澤東決定調整運動的節奏。他規定上海暫時不發動「五反」運動，而縣以下單位的「五反」運動推遲到春耕以後。經過一個月的整頓以後，各地包括上海，才重新開始「五反」這個階段的運動，情形與前一個階段已經有很大的不同，從打擊資產階級工商業轉爲安撫他們。比如，三月五日，毛澤東將〈北京市委關於「五反」運動中對工商戶分類處理的標準和辦法〉批轉各地，在批示中規定：對工商戶的處理，要掌握過去從寬，今後從嚴；多數從寬，少數從嚴；坦白從寬，抗拒從嚴；工業從寬，商業從嚴；普通商業從寬，投機商業從嚴的原則。同時規定，檢查違法工商戶必須由市一級嚴密控制，各機關不得自由派人檢查，更不得隨便捉人審訊[33]。毛的想法，顯然是要縮小打擊面，而且要注意政治影響。薄一波提到一個小例子。這一階

31　楊奎松，《中華人民共和國建國史研究》(1)（南昌：江西人民出版社，二〇〇九），頁三四二。
32　楊奎松，《中華人民共和國建國史研究》(1)（南昌：江西人民出版社，二〇〇九），頁三四三—三四四。
33　薄一波，《若干重大決策與事件的回顧》（北京：中共黨史出版社，二〇〇八），頁一二二。

段上海的「五反」鬥爭是從三月二十五日開始的。「當時，榮毅仁先生家是上海最大的民族工商業戶，在『五反』中也發現了一些問題，應該劃到哪一類？我和陳毅同志也反覆商量過。陳毅同志說，還是定爲基本守法戶好。我同意他的意見，並報告了周總理，周總理又轉報毛主席。毛主席說，何必那麼小器！再大方一點，劃成完全守法戶[34]。」這裡可以看出，劃分成分在毛看來，完全沒有嚴格的標準，一切取決於他的政治需要。更可以看出的是，毛澤東現在已經達到了其政治目的，認爲可以放鬆一些了。張弛相間，一直是毛澤東發動政治運動的基本手法。

在毛澤東的授意下，中央在五月中旬下令各地降低退款數額，並且把退款期限推遲到九、十月份。對上海就明文規定，雖然打出違法金額十萬億，只應核定四萬億元[35]。這樣，「五反」運動到了五月中旬，大抵就結束了。五月二十日，中央發出關於爭取「五反」鬥爭勝利結束中幾個問題的指示，宣布「所有尚未進行『五反』的中小城市和集鎮，均一律不在目前再行開始『五反』鬥爭[36]。」這可以看作是運動正式結束的標誌。

十月二十五日，中央批轉中央政治研究室關於結束「五反」問題的報告。報告說：「根據華北、東北、華東、西北、中南五大區六十七個城市和西南全區的統計，參加『五反』運動的工商戶總共有九九九七〇七戶，收到刑事處分的只有一千五百零九人，僅占工商戶總數的百分之一點五。其中，判

34 薄一波，《若干重大決策與事件的回顧》（北京：中共黨史出版社，二〇〇八），頁一二三。
35 楊奎松，《中華人民共和國建國史研究》(1)（南昌：江西人民出版社，二〇〇九），頁三五八。
36 薄一波，《若干重大決策與事件的回顧》（北京：中共黨史出版社，二〇〇八），頁一二五。

處死刑和死刑緩期執行的僅十九人，占判刑總數的百分之一點二六[37]。」但是這個數據完全沒有包括自殺人數。而在自殺的部分，僅僅是上海的「五反」運動開展到四月中，就有二百二十二個資本家自殺[38]。全國的自殺總數不難想像，一定是在四位數以上。

五、工商資產階級走向末路：「三反」「五反」運動的後果

「三反」、「五反」運動造成的最主要的社會效果，就是作爲一個完整的階級，中國工商資產階級已經不存在了。從意識型態的角度講，消滅資產階級本來就是共產主義理論和社會主義理論的題中應有之義。一九五三年六月十五日，毛澤東在主持召開中央政治局擴大會議，討論如何開好全國財經會議的時候，曾經就說過：「要把資產階級看作是一個敵對階級，不這樣看就要犯錯誤[39]。」

一九五六年二月二十四日，中央政治局會議通過〈中共中央關於資本主義工商業改造問題的決議〉，對於「三反」、「五反」運動的評價中提到：「作爲一個階級來說，資產階級已被工人群眾和工人階級所領導的國家的威力所壓倒了。」薄一波也認爲，「五反」以後，民族資產階級事實上不可能再照舊生存下去，除了接受社會主義改造已沒有別的選擇。從這種意義上也可以說，「五反」運動

37 薄一波，《若干重大決策與事件的回顧》（北京：中共黨史出版社，二〇〇八），頁一二六。
38 楊奎松，《中華人民共和國建國史研究》(1)（南昌：江西人民出版社，二〇〇九），頁三四五。
39 〈「批薄射劉」的財經會議〉，林蘊暉，《國史箚記・事件篇》（上海，東方出版社，二〇〇八），頁九八。

是改造資本主義工商業和改造資產階級分子的重要步驟[40]。

經過三反五反，政府回收了大量私營工商業的資產，等於是通過政治運動的方式「打土豪，分田地」，把私有財產收歸國有。尤其是對於那些被迫大筆退款的工商企業，他們的生產資產已經不復存在，只有公私合營一條路可走。此外，在建國初期，面臨朝鮮戰爭，國家需要巨大開支的情況下，「三反」「五反」運動在某種程度上也起到了解決國家財政困難的作用。

與土改使得中共政權得到農民的支持一樣，「三反」「五反」運動使得城市裡的工人、店員、小市民階層被動員起來，加入所謂「社會主義革命」，這也加強了中共在城市中的統治基礎。通過政治運動進行社會動員，從而加強自己的統治基礎，這樣的治國手法也是中共的傳統之一。

要特別指出的是，與「五反」運動主要是打擊資產階級工商業者不同的是，「三反」運動主要的目的是清洗各級政權內部。有作者認爲，「三反」是建國後中共發動的第一次完全針對幹部的政治運動，也是一場中共清理幹部隊伍的運動[41]。根據後來披露出來的史料，一九五一年十二月十四日，毛澤東在〈中共中南局在給毛澤東並黨中央的報告的批語〉中明確指出：「這場運動實際上就是審幹，整黨運動的開始和過去清理『中層』的繼續深入[42]。」根據中央這樣的定性，地方上各級運動的領導機關也制定了具體的清理階級隊伍的措施。比如蘇北區委就曾經在三反運動中發出〈關於三反與整黨相結合的通知〉，要求「在三反運動中，必須將幹部所有坦白材料，檢舉材料以及商人坦白有關幹部

40 薄一波，《若干重大決策與事件的回顧》（北京：中共黨史出版社，二〇〇八），頁一二九。
41 劉德軍，〈三反運動中幹部隊伍的清理〉，香港：《二十一世紀》二〇一〇・二，頁六五。
42 劉德軍，〈三反運動中幹部隊伍的清理〉，香港：《二十一世紀》二〇一〇・二，頁六一。

的材料，有計畫的加以搜集和保存。」蘇南區委也曾經多次指示，要求「在現有三反的基礎上，提拔一些三反中湧現出來的優秀的積極分子。」並稱「這是解決幹部缺乏問題的基本辦法[43]。」通過政治運動把不忠誠的人清除出去，並在運動中補充新血，鍛鍊原有的幹部，這是中共頻繁發動政治運動的根本用意之一。

經過「三反」運動，大量的留用人員被清除出了各級政權機構。同時，也有論者指出另外的功效，那就是財經紀律的加強，「中共原來在戰爭狀態下，各個山頭分立，各顯神通搞經濟，或多或少形成了山頭主義，分散主義的局面。」「經過運動，原來興盛的『機關生產』大體瓦解，各個山頭的家當都歸了中央財政[44]。」

「五反」運動是資本主義工商業改造的先奏曲，這是毫無疑問的。問題是，毛澤東發動「五反」，是有計畫進行的嗎？此時他頭腦中已經規劃了幾年之後進行的資本主義工商業改造了嗎？還是說，「五反」只是因爲在「三反」中發現了資產階級的問題，使得毛對資產階級引起了警惕呢？同樣的問題，以後我們也會一一遇到，比如「反右」的發動的問題。這些還需要更深入的挖掘與思考。

---

43 劉德軍，〈三反運動中幹部隊伍的清理〉，香港：《二十一世紀》二〇一〇・二，頁六三。

44 張鳴，〈執政的道德困境與突圍之道——「三反五反」運動解析〉，香港：《二十一世紀》二〇〇五・一二，頁五五。

第四講
農村：從「土改」到人民公社

一、土地改革運動

1.「土地改革」運動的進一步開展

一九五〇年六月，中央人民政府發布了土地改革的綱領性文件〈中華人民共和國土地改革法〉，宣布土改的目的是「廢除地主階級封建剝削的土地所有制，實行農民土地所有制，藉以解放農村生產力，發展農業生產，爲新中國的工業化開闢道路。」而土改運動要達成的主要目標，基本上可以用第二條概括，那就是「沒收地主的土地、耕畜、農具、多餘的糧食及其在農村多餘的房屋。」但是決定保存富農經濟，對於小土地出租者也不沒收其土地[1]。八月二十日，中央又公布了〈關於劃分農村階級成分的決定〉作爲基本文件，在農村中劃分地主、富農、中農、貧農四種階級成分。爲了明確劃分徵收的界限，政務院還先後頒布了一系列相關法規，比如一九五〇年十一月十日頒布的〈城市郊區土地改革條例〉。各地也相應制定了各地的土改實施辦法的規定。

農村土地改革的主要內容是劃分階級成分和重新分配土地，主要目標是地主鄉紳階級，而主要手段是鬥爭大會，主要發動者是土改工作隊和以貧雇農爲主的農民協會，主要的策略是依靠雇農、貧農，團結中農，中立富農，有步驟地有分別地消滅地主階層。

土改運動的具體組織方式，在廖魯言在運動結束以後所做的工作報告中，有比較綜合性的呈現：「各地組織了大批的土地改革工作隊到農村中去，每年達三十萬人以上。土地改革工作隊到農村以後，一般採用了訪貧問苦，訴苦串聯與召開農民代表會議，舉辦農民積極分子短期訓練班相結合的方式，逐步深入地而又廣泛地把農民組織起來，由少數人的貧雇農小組，逐步發展到包含中農在內的群眾性的農民協會。經過多次的農民群眾大會與農民代表會議，以訴苦的方式，用農民群眾自己親身的經歷教育農民，啓發農民的階級覺悟；並向農民解釋政策，以提高農民的政治覺悟和政策水平，然後由廣大農民群眾自覺地行動起來，與地主階級進行面對面的尖銳鬥爭，逼使地主階級在群眾的威力面前屈服低頭[2]。」以細緻的群眾工作結合國家暴力，壓制住地主階層的不滿，以平分土地的承諾調動

1 〈爲實現全中國土地改革而鬥爭〉（一九五〇年六月三十日《人民日報》社論），林蘊暉等編，《人民共和國春秋實錄》（北京：中國人民大學出版社，一九九二），頁一九。

2 廖魯言，〈三年來土地改革運動的偉大勝利〉（節錄）（原載一九五二年九月二十八日《人民日報》），林蘊暉

起農民的熱情，這就是土改運動得以開展的基本條件。

2. 土改的暴力性質

其實在所有這些運動方式背後起到支撐作用的，還是國家暴力的支持，尤其是武裝力量的支持。中共政治權力進入農村地區以後，第一步就是在當地建立地方武裝力量，維護政權的基礎。以河南省爲例，早在一九五〇年四月，全省由青年農民組織起來的民兵已達數十萬人。到一九四九年底，僅洛陽、許昌等五個專區，民兵即達十六萬七千多人[3]。而地主鄉紳力量完全沒有自己的武裝，又失去了國民黨政權的庇護和支持，對於土地改革運動就只能服從。

暴力，是土改政策中雖然不明說，但是得到各級政府默許的基本手段。早在一九二九年代的農村工作中，毛澤東就很強調利用農民中的流氓無產階級，通過暴力手段推動土地革命的做法。陶涵(Jay Taylor)就此總結說：「照毛澤東的敘述，年輕的中共幹部通常把新團體的領導權交給一無所有的村民，如失業、失學者，乞丐或傭兵等。毛澤東所謂的這些社會『渣滓』帶著一幫最窮的農民殺害地主及其他階級敵人，且對『土豪劣紳』舉行群眾公審。」陶涵引用了毛澤東在〈湖南農民運動考察報告〉中的名言：「革命不是請客吃飯，而是一個階級推翻另一個階級的暴烈行動。」「質言之，每個

（續）

等編，《人民共和國春秋實錄》（北京：中國人民大學出版社，一九九二），頁二八。

3　穆家英，〈河南省農民反惡霸減租運動全面展開〉（原載一九五〇年四月四日《人民日報》），林蘊暉等編，《人民共和國春秋實錄》（北京：中國人民大學出版社，一九九二），頁二九。

農村都必須造成一個短時期的恐怖現象[4]。」我們以後會看到，在「文化大革命」中，這個指示繼續成爲全國革命的指南和基本口號，繼續鼓舞著全國性的暴力行爲。

一九五一年十月十日，中共中央組織部長安子文在給全國政協土改工作團做思想動員報告的時候就曾經指出：「土改是一場階級鬥爭……和平土改是不可能的[5]。」在這樣的指導原則下，各地展開土地改革運動的基本方式就是依靠暴力動員群眾。蘇南（江蘇南部）地區土改期間，經人民法庭逮捕的地主有一萬四千四百一十三人。其中被判處死刑的有三千二百一十九人，判徒刑的五千八百三十三人，被管制的一千七百七十八人，教育釋放的一千六百零七人。全區僅全鄉以上聯合鬥爭大會就有一萬三千六百零九次，參加鬥爭的農民達六百七十五萬六千四百五十八人，占農村總人口的百分之五十八點六六，上台控訴的群眾有十五萬一千四百一十二人，被鬥爭的人數達二萬八千二百三十七人[6]。

據無錫縣委一九五一年一月十八日向蘇南區黨委農委報告近半個月的情況中反映：牆門區後石鄉，在鬥爭方式上有三部曲，就是地主到台上就跪，若不承認就打，承認以後就爬。青陽區政府拿棍子在萬人大會上叫群眾去打，要每個訴苦的人去打，把鬥爭對象打出血來[7]。在土改中，蘇南全區群

4 陶涵，《蔣介石與現代中國的奮鬥》（台北：時報文化公司，二〇一〇），頁八〇。

5 邵燕祥，〈一九五一年到甘肅〉，劉瑞琳主編，《溫故》（第九輯）（桂林：廣西師範大學出版社，二〇〇七），頁四。

6 白純，〈蘇南土改中的劃分階級成分和反封建問題〉，李良玉主編，《思想，制度與社會轉軌——中國當代史新論》（合肥：合肥工業大學出版社，二〇〇七），頁三五。

7 白純，〈蘇南土改中的劃分階級成分和反封建問題〉，李良玉主編，《思想，制度與社會轉軌——中國當代史新論》（合肥：合肥工業大學出版社，二〇〇七），頁三五。

眾打死地主五十五人，還有許多自殺現象。僅武進縣就自殺十一個，陳墅鄉一名地主，土改前把糧食家具都變賣掉，群眾發現後要他賠，鬥爭他，限他在一天內把賣掉的糧食家具拿出來，他當場答應，回來後就吊死了[8]。擅長宣傳的中共，還經常把文藝宣傳和國家暴力結合在一起。在廣州的土改運動中，〈白毛女〉[9]的演出場次最多，據當時的演員回憶：「演完之後馬上拉地主上台批鬥，當時還有個法庭庭長跟我們一起。民憤比較大的地主，批鬥完就拉到離舞台幾米遠的地方槍斃。」[10]這樣的暴力，實際上是群眾和暴力的結合。因爲是群眾暴力，在法不責眾的群體心理下，使暴力程度得以升級；而暴力行動的升級，又可以進一步震懾地主階級，有利於動員更多的群眾參與。

對於土改，各級地方政府也不是沒有不同的意見，特別值得提出的，就是葉劍英等廣東地方領導，在土改問題上與中央政府的分歧。這次分歧是廣東長期以來存在地方勢力的開始，一直到今天，這樣的因素還在中國的政治格局中發揮作用。

廣東在土改中，面臨著一個與其他地方很大的特殊情況，那就是大批華僑的存在。很多華僑是靠貿易起家的工商業者，但是在農村擁有土地。有些根本就是地主和富農，他們將經營土地的資本投入到城市的商業活動中。華僑在廣東的經濟活動中扮演重要的角色，沒有他們的支持，很難穩定當地的

8　白純：〈蘇南土改中的劃分階級成分和反封建問題〉，李良玉主編，《思想，制度與社會轉軌——中國當代史新論》（合肥：合肥工業大學出版社，二〇〇七），頁三六。

9　〈白毛女〉是一九四五年由延安魯迅藝術學院集體創作的一部歌劇，表現的是舊社會的地主階級如何壓迫人民，而共產黨如何解放了窮苦大眾的故事。

10　陳曉，〈廣州一九四九，低迷和復甦〉，《三聯生活周刊》二〇〇九．二七，頁六九。

政權。尤其重要的是，很多當地的幹部，在血緣和親友關係上與華僑有著千絲萬縷的聯繫，因此對於華僑在土改中受到的衝擊有很大的意見。有鑑於此，本身就出生在梅縣的葉劍英，反對過於激進的土改政策，使得廣東的土改運動沒有表現出強烈的暴力色彩。這引起了在中央指揮全局的毛澤東的不滿。

一九五二年六月，毛澤東將葉劍英、方方、陶鑄等廣東地方領導人召到北京，批評了他們的政策，說他們是「和平土改」，並且指責他們在人事問題上有「地方主義」。葉劍英八月份以「養病」為名，調回北京。隨後，中央派出一千六百三十名北方軍隊幹部，以替代廣東本地幹部參加下一步的土改。到土改結束，大約有六千名北方幹部替代了當地幹部[11]。當地土改才得以按照中央的旨意開展。可見，土改運動中的國家暴力是有計畫，有目的地施展的，絕不是個別地區的過激行為。

3.土改運動改變了農村的社會結構

土地改革運動的直接後果，就是在農村重新分配了土地。以華東地區為例，當局共徵收土地一億一千八百八十九萬零八百六十畝，占總耕地的百分之三十四點六七；沒收多餘房屋六百五十三萬一千零六十五間，耕畜五十萬五千四百五十八頭，農具九百九十一萬九千八百五十六件，多餘糧食十億一千零七十六萬八千六百三十五斤，隨房家具一百九十八萬五千七百五十七件。華東各地分得土地的人

11 朱文軼，〈廣州：重組商業傳統〉，《三聯生活周刊》二〇〇九・二七，頁五五。

數約占農村人口的百分之六十至七十。貧雇農每人平均分得土地約在一點五畝到二畝之間[12]。對於這些貧困農民來說，得到土地使得他們對中共感恩戴德，他們也因此成爲中共的國家權力得以延伸進基層農村的骨幹力量。

而土地改革運動的間接結果，就是從根本上消滅了農村鄉紳階層的存在，以及宗族的影響力。比如在蘇南，義莊和大祠堂土地是宗族力量得以發揮影響力的主要資源。因爲這樣的土地雖然一般都是由封建官僚、商人捐贈或購買的，平時都是出租給農民耕種，但是其收入很大一部分是由各個家族的成員共用。鄉紳階層一般居住在城裡，但是通過這種方式延續他們在農村的影響力。對於這樣的土地，按照土改政策，一律沒收，重新分配。等於釜底抽薪，斷絕了鄉紳階層可能影響農村的經濟資源基礎。同時，農民得到土地，生產積極性大爲提高，也有助於農業生產的迅速恢復與發展。

此外，土改中廣泛的暴力，實際上也是對潛在的反對力量的震懾。澳大利亞學者弗里德里克・泰偉思就曾經指出：「對地主使用的武力，是使全體農村人口相信誰有力量的關鍵[13]。」在這裡，國家暴力的目的之一是顯示自己的力量，以爭取人民對新政權的信心。

12　莫宏偉，〈饒漱石與華東新區土地改革〉，李良玉主編，《思想，制度與社會轉軌——中國當代史新論》（合肥：合肥工業大學出版社，二〇〇七）。

13　（美）R・麥克法誇爾、費正清編，《劍橋中華人民共和國史：革命的中國的興起（一九四九—一九六五）》（北京：中國社會科學出版社，一九九五），頁八九。

三、集體化道路和人民公社制度

1.統購統銷政策對農村的剝奪

集體化道路是從「統購統銷」政策正式開始的。而這個政策的制定，起因是一九五三年的糧食危機。這一年，根據糧食部的統計，一九五二年七月至一九五三年六月底的糧食年度內，國家共收入糧食五百四十七億斤，比上年度增長百分之八點九；但是支出五百八十七億斤，增加百分之三十一點六；糧食出現赤字四十億斤。而當年小麥受災，減產勢在必行[14]。對於正在同時支撐新政權建立，和在朝鮮的戰爭兩項艱巨任務的新政權來說，這樣的減產是致命的壓力。

當局檢討赤字的原因，除了城市人口大幅度增加之外，竟然認爲農民吃了太多糧食。當時薄一波的華北調查後提出的報告就特別強調：「過去山區農民一年只吃上十頓的白麵，現在則每個月可吃四、五頓，七、八頓，麵粉需求量空前增大，這是國家收購小麥困難的主要原因。」反覆權衡之下，應對之策就是嚴厲的「統購統銷」政策[15]。其實質就是強行從農民手中低價購糧。這是建立在國家暴力基礎上的國家剝奪行爲。爲了配合這一政策，農村的集體化就顯得刻不容緩了。

14 李鴻谷，〈嚴宏昌的家庭史〉，《三聯生活周刊》二〇〇八．三八，頁四七。

15 李鴻谷，〈嚴宏昌的家庭史〉，《三聯生活周刊》二〇〇八．三八，頁四七。

2.農村集體化政策的出籠

一九五一年四月十七日，中共山西省委向華北局提交了一份報告〈把老區互助組織提高一步〉，報告提出：「對於私有基礎，不應當是鞏固的方針，而應當是逐步地動搖它，削弱它，直至否定它。」這個提法就成爲農村合作化道路的首倡。

不過，一九五〇年代初在中央支持農村工作的鄧子恢，一向主張農村的互助合作運動不要急躁冒進，以安定農民的生產情緒。他的這種想法，得到在中央主持日常工作的劉少奇、鄧小平等的支持。當時，華北局主要負責人薄一波，劉瀾濤曾經向劉少奇請示華北局報告的問題，劉認爲，現在採取動搖私有制的步驟，條件不成熟。七月五日，劉少奇在山西省委的報告上做了後來被稱爲「山西批語」的批示，並要求將這個批示下發到馬列學院的一班學員，顯然是希望黨內幹部能夠知道他的政策主張。批示說：「這是一種錯誤的，危險的，空想的農業社會主義思想[16]。」然而，他在經濟發展和社會建設的步驟和節奏上與毛澤東的分歧，也因此而第一次顯露了出來。劉少奇不知道，此時的毛澤東，已經躍躍欲試，正在考慮開始向社會主義過渡的問題了。

長治地委書記王謙等人後來上書毛澤東，毛召集劉少奇、薄一波、劉瀾濤等人談話，明確表示支持山西省委的意見。他還專門派陳伯達到華北局傳達他的意見，表示對於農民已得土地的所有權，一

16　林蘊暉，《向社會主義過渡——中國經濟與社會的轉型（一九五三—一九五五）》（中華人民共和國史第二卷）（香港：中文大學出版社，二〇〇九），第一章注釋3，頁四〇—四二。

邊保護，一邊也可以動搖。針對華北局批評山西省委想直接過渡到社會主義，毛澤東表示，爲什麼不能直接過渡？還要經過什麼[17]？于光遠認爲，這是毛澤東放棄自己原來同意的先建設新民主主義，十幾年甚至幾十年之後再過渡到社會主義的立場的「一個里程碑」[18]。這樣的態度，顯示毛澤東對於社會主義建設開始有了新的考量。

一九五三年十月十五日，毛澤東找陳伯達、廖魯言談話，提出農村辦合作社要「韓信點兵，多多益善。」於是，到一九五三年底，農業合作化運動達到高潮，全國的農業合作社從十萬個發展到四十八萬個[19]。此時，中共內部的政策分歧依然存在。中央農村工作部部長鄧子恢還是認爲這樣快速的發展，導致農村局勢再度不穩，他的意見得到劉少奇主持的政治局的同意，形成了一九五五年一月十日通過的〈關於整頓和鞏固農業生產合作社的通知〉，宣布對當前的農業合作化運動進入控制發展，著重鞏固的階段。面對政治局的集體意見，毛澤東保持了沉默，但是對於習慣天馬行空的他來說，心中的不滿開始潛滋暗長。

3.作為轉折點的一九五三年

這裡要提出的疑問是，本來共同綱領確定的計畫，是建設新民主主義，而社會主義建設是一個相

17 林蘊暉，《向社會主義過渡——中國經濟與社會的轉型(一九五三—一九五五)》(中華人民共和國史第二卷)(香港：中文大學出版社，二〇〇九)，第一章注釋3，頁四三—四四。
18 于光遠，《我眼中的他們》(香港：時代國際出版有限公司，二〇〇五)，頁二〇一。
19 宋連生，《總路線，大躍進，人民公社化運動始末》(昆明：雲南人民出版社，二〇〇二)，頁七。

對遙遠的未來。一九四九年六月到八月的時候，劉少奇代表中共中央訪問蘇聯期間，在給史達林的報告中曾經說：「從現在到實行一般民族資本的國有化，還需要……十到十五年。」一九四九年七月四日，毛澤東本人也在中央團校第一期畢業典禮上說：「二十年後我們工業發展到一定程度，看情況進入社會主義[20]。」另據龔育之的回憶：在第一屆政協會議期間，「當有代表向毛澤東提問要多少時間才向社會主義過渡時，毛澤東回答說，大概二、三十年吧[21]。」可見，建國初期，向社會主義過渡並不在計畫之中，這在黨內是有共識的。

然而，一九五三年開始，毛澤東的立場發生一百八十度的轉彎，開始放棄新民主主義的提法，轉而提出要向社會主義過渡。一九五三年六月十五日，毛澤東在中共中央政治局會議上闡述過渡時期的總路線和總任務時，批評了「確立新民主主義秩序」的提法，他說：「有人在民主革命成功以後，仍然停留在原來的地方。他們沒有懂得革命性質的轉變，還在繼續搞他們的『新民主主義』，不去搞社會主義改造。這就要犯右傾的錯誤。」這裡的「有人」，明顯是指當時主持中央工作的劉少奇。他還完全不顧自己就是「新民主主義」的首倡者的事實，說「『新民主主義』這種提法是有害的。過渡時期每天都在變動，每天都在發生社會主義因素。所謂『新民主主義社會秩序』，怎樣『確立』？要

20　林蘊暉，《向社會主義過渡——中國經濟與社會的轉型（一九五三—一九五五）》（中華人民共和國史第二卷）（香港：中文大學出版社，二〇〇九），第一章注釋3，頁二三。

21　林蘊暉，《向社會主義過渡——中國經濟與社會的轉型（一九五三—一九五五）》（中華人民共和國史第二卷）（香港：中文大學出版社，二〇〇九），第一章注釋3，頁二三—二四。

『確立』是很難的哦[22]。」

那麼，爲什麼到了一九五三年左右，毛澤東的思想發生重大變化，僅僅四年的時間，就提出想社會主義過渡，而且一九五四年廢除〈共同綱領〉，制定憲法，完全放棄了新民主主義呢？一九五三年九月，周恩來在介紹過渡時期總路線提出的背景時，列舉出了幾條，也許可以提供一些線索：一、抗美援朝的勝利與朝鮮停戰；二、資本主義世界矛盾的增長；三、專政的鞏固；四、國防力量的加強；五、各種社會改革運動的勝利，尤其是土改，財經情況基本好轉，社會主義經濟成分的增長，國營經濟地位的加強；六、廣大勞動人民積極性和創造性空前的發揚；七、共產黨和毛主席領導的成功[23]。當然，毛澤東內心的轉折，這恐怕需要更多的歷史分析。

三、從大躍進到大饑荒

1.大躍進的發動與錢學森的背書

早在一九五七年十一月十三日，人民日報就發表社論〈發動全民，討論四十條綱要，掀起農業生

---

22 〈論「鞏固新民主主義秩序」的是非〉，林蘊暉，《國史箚記‧事件篇》（上海：東方出版社，二〇〇八），頁六八。

23 王炳林等著，《抉擇：共和國重大思想決策論爭紀實》（北京：人民出版社，二〇一〇），頁三九。

產的新高潮〉，其中首次提到「大躍進」這個口號[24]。一九五八年五月，中共召開人大二次會議，在毛澤東的主持下，制定了「社會主義建設的總路線」，就是「鼓足幹勁，力爭上游，多快好省地建設社會主義。」這條總路線直接導致了大躍進的開始。

一九五八年八月十七—三十日，中共中央在北戴河召開政治局擴大會議。會上通過了兩個文件，一個是〈中共中央政治局擴大會議號召全黨全民為生產一千零七十萬噸鋼而奮鬥〉，另一個就是〈中共中央關於在農村建立人民公社問題的決定〉。這兩個文件，為「大躍進」運動提供了政策上的依據。

大躍進在全國形成一種政治運動，一個直接後果就是各地紛紛謊報糧食產量，就是所謂的「放衛星」。一九五八年一月，廣東汕頭報告了晚稻畝產三千斤。一個月後，這個紀錄就被貴州金沙縣一季稻畝產三千零二十五斤打破了。六月十六日，著名的歸國科學家錢學森在《中國青年報》上撰文〈糧食畝產會有多少〉，認為稻麥畝產可以達到「兩千多斤的二十多倍」[25]。由於錢學森是官方大力推崇的科學家，具有相當的權威性，他的鼓吹成了畝產放衛星的合理化基礎，各地的畝產數量更是根據想像大幅增長。一九五八年十一月一—二十七日召開武昌會議的時候，時為毛澤東秘書的李銳曾經當面問毛澤東「你是農村長大的，長期在農村生活過，怎麼會相信一畝地能打上萬斤，幾萬斤糧食？」毛澤東說他是看了錢學森的文章，相信了科學家的話[26]。可見錢學森的文章影響之大。

24　薛攀皋，〈科學家與農民競放衛星〉，北京：《炎黃春秋》二〇一〇．五，頁一三。

25　薛攀皋，〈科學家與農民競放衛星〉，北京：《炎黃春秋》二〇一〇．五，頁一四。

26　薛攀皋，〈科學家與農民競放衛星〉，北京：《炎黃春秋》二〇一〇．五，頁一五。

在這樣的氣氛下，全國掀起了大躍進的風潮，浮誇的現象到了荒誕的地步，而且蔓延到糧食生產之外的其他領域。根據李銳的回憶：「很多省、縣、公社，幾天之內辦起了若干大學；河南登豐縣文山鄉一個鄉就辦起了十二所大學，方城縣建立了三百多所文藝學院[27]。」江蘇省在「大躍進」的規劃中提出，五年內興辦大學三百—五百所，三五年內普及初中教育，一年或多一點的時間掃除文盲，兩三年內基本實現「四無」（無蚊、蠅、鼠、雀）[28]。

還要指出的是，在當時的黨內高級領導人中，並不只是毛澤東一個人頭腦發熱，否則也很難想像在全國範圍內能夠發動這麼廣泛的大躍進運動。一九五九年九月三十日的《人民日報》第二版刊出長篇報導，題目是〈少奇同志視察江蘇城郊〉，據文中介紹，劉少奇參觀了常熟縣的和平人民公社的四畝試驗田，當他問鄉黨委書記產量的時候，那位黨委書記回答說「可以打一萬斤」，面對這個驚人的數字，劉少奇居然還不滿足，問「一萬斤還能再多嗎？」然後還具體建議說「你們這裡條件好，再搞一搞深翻，還能多打些[29]。」顯然，劉少奇是眞心相信畝產可以超過萬斤的。這與省級以下地方各級領導是不同。那些基層幹部，不可能不了解眞實情況，他們謊報數據，就完全是爲了迎合來自中央的政策了。

27 李銳，〈談浮誇風〉（原載一九八五年五月八日《光明日報》），林蘊暉，《人民共和國春秋實錄》（北京：人民大學出版社，一九九二），頁四一〇。

28 江渭清，〈大躍進年代——貫徹「總路線」與發動「大躍進」〉，陳一然編著，《親歷共和國六十年——歷史進程中的重大事件與決策》（北京：人民出版社，二〇〇九），頁五三。

29 陳曉農編著，《陳伯達最後口述回憶》（香港：陽光環球出版香港有限公司，二〇〇五），頁一六九。

而糧食謊報的結果，就是當局認爲中國的糧食生產已經飽和。於是提高糧食徵購的額度，農民收不到多少糧食，還要把有限的糧食上交，這樣，大饑荒就在所難免了。

2. 大饑荒是如何形成的

一九五九年到一九六一年，中國發生了全國範圍的大饑荒，農村地區尤其嚴重，有些地區甚至出現了人吃人的現象。河南信陽是全國饑荒最嚴重的地方。根據信陽地區一九六一年一月十三日最後一次呈報給中央的數字：全區總人口八百零八萬六千五百二十六人，一九五九年十一月至一九六〇年十月的一年中，死亡人數達到一百零七萬零三百二十一人[30]。僅僅信陽一個地區就餓死百萬人，全國的數字可想而知。

爲什麼會發生大饑荒？當局爲什麼未能阻止大饑荒的發生？有人認爲是制度上的原因。國內學者李若建就認爲：「大饑荒之所以形成，其最主要的原因是體制的失敗。」而體制失敗的原因，李若建歸納爲「領袖的權力過大，缺乏一個監察機制，資訊的不準確，官員的冷漠等[31]。」這可以看作是比較主流的意見。

⑴ 政治原因：

總的來看，大饑荒的發生完全是人禍。主要的政治原因包括：

30 〈震驚全國的信陽事件〉，林蘊暉，《國史劄記．事件篇》（上海：東方出版社，二〇〇八），頁二三七。

31 李若建，〈大饑荒形成過程中的體制失敗〉，香港：《二十一世紀》二〇〇八．四，頁四一。

首先，有的地方官員向中央反映了饑荒情況，但是卻被批鬥，結果導致很多地方不敢如實報告災情。比如，甘肅省浮腫病流行，一九五九年七月十五日，省委副書記霍維德主持省委常委會，以省委名義向中央寫了關於糧食問題的報告，說明全省因爲缺糧和浮腫病已經致死二千二百多人。儘管這已經是大大縮小的數字，但是以霍爲首的一大批幹部還是被定性爲「右傾機會主義反黨集團」[32]。按照毛澤東的想法，凡是主張放緩經濟發展速度的人都有「右傾保守」的嫌疑，其實只是懷疑他提出的大躍進的政策。在這樣的思路下，從地方各級政府的角度，爲了完成中央的意圖，只能不斷加碼，讓運動不斷升溫。至於眞實情況，當然就不能上報了。

有的地方官員是惡意隱瞞災情。河南信陽餓死一百零五萬人，演變成惡性事件。但是地委不承認是餓死的，在全區範圍下令，統一口徑說是患傳染病死的。爲了封鎖消息，還專門開會讓各郵局把關，凡是反映情況的信一律扣押，據後來統計，被扣押的信件達一萬二千多份之多。省委也是一樣。有一個村，黨支部二十三個黨員餓死了二十個，剩下的三個黨員，給省委寫了一封血書，請求省委救救他們村的人民，此信也被省委秘書長戴蘇里扣押並要查處[33]。基層情況無法上達，是最高當局一開始未能重視問題的主要原因之一。

其次，經過了反右運動，社會上敢於說眞話的少了，監督力量大大削弱；廬山會議導致黨內敢於說眞話的人也不見了，一言堂風氣的形成，導致沒有人對於明顯錯誤的政策提出批評。安徽婺溪縣是反右

32 李若建，〈大饑荒形成過程中的體制失敗〉，香港：《二十一世紀》二〇〇八．四，頁三七。
33 李若建，〈大饑荒形成過程中的體制失敗〉，香港：《二十一世紀》二〇〇八．四，頁三七—三八。

積極縣，共抓右派，「中右」，「反社會主義分子」一千六百餘人，在全國二千多個縣中首屈一指；結果大饑荒中死亡人數也名列前茅，三年中人口銳減四分之一，僅一九六〇年就減少十二萬人[34]。

在社會上也仍然有勇敢的反抗者，但是一律遭到嚴酷鎮壓。當時蘭州大學部分師生和村幹部，曾經聯合原來北大的右派學生林昭，出版地下刊物《星火》，批評中共的政策，結果南北打成反革命集團，二十五人被判刑，其中的林昭，蘭州大學學生張春元，以及武山縣委書記杜映華等以後都在「文革」中被槍斃[35]。這樣的政治環境，決策者已經很難聽到不同的聲音了。

即使當時在黨內地位極高的陳雲都曾經私下說：「現在提意見還不是時候，一定要吃虧吃得更大一些，才能轉過來……不能說話，我還想保持我這張三十多年的黨票子[36]。」後來果然因爲吃虧太大，而改變了政策，陳雲的黨票也保住了，但是付出代價的是餓死的四千萬老百姓。

(2) 經濟原因：

而在經濟上看，主要原因就是一九五九年和一九六〇年徵購過頭，把農民的口糧都徵收走了，農民只有餓死。

在大躍進的氣氛下，各地爭相上報高產量農業收入，中央當然就根據這樣的上報數字徵收糧食。結果大大超過實際糧食產量。農民收入減少，卻還要上交更多的糧食，大饑荒自然不可避免地發生

34 裴毅然，〈四千萬餓殍——從大躍進到大饑荒〉，香港：《二十一世紀》二〇〇八．四，頁四六。

35 洛繽紛，〈老右派譚蟬雪的求索路——訪六〇年代甘肅蘭大「反革命集團案」倖存者〉，香港：《動向》月刊二〇一一．五，頁七八。

36 裴毅然，〈四千萬餓殍——從大躍進到大饑荒〉，香港：《二十一世紀》二〇〇八．四，頁四八。

了。在河南省，一九五八年全省的糧食產量實際上只有二百八十一億斤，但是河南省委虛報為七百零二億斤，最後導致高徵購。基層幹部無法完成徵購任務，就開展政治運動，反而指責農民隱瞞糧食產量，因為向農民逼收糧食而實行捆綁，吊打，抓捕等現象屢見不鮮[37]。經歷過一九四九年以後的「鎮反」、「肅反」、「反右」等運動之後，國家政權已經建立了絕對權威，在國家暴力的支持下，農民只能把所有的口糧上交以避免政治懲罰，他們的選擇只有一個，就是餓死。

(3) 政策原因：

可以說，合作化運動和大躍進政策，才是導致大饑荒最直接的原因。

合作化運動從一九五五年開始，到了一九五九年，惡果已經呈現出來，主要就是農民生產積極性下降，導致農業收入銳減。根據薄一波的統計：「一九六〇年，糧食實產二千八百七十億斤，比一九五七年的三千九百零一億斤減少了百分之二十六以上……農牧產品的產量，大都退回到一九五一年的水平，油料作物的產量僅及一九五一年的一半[38]。」另外，大煉鋼鐵運動中，全國壯勞力全部被組織起來煉鋼，導致農田勞動力嚴重不足，更是糧食減產的直接原因。而公共食堂強調讓農民「敞開肚子吃飯」，很多地方把農民的存糧都徵收出來供給食堂。當時的宣傳，是很快就要進入共產主義了，大家可以敞開肚子吃飯。徐水縣一家集體食堂的牆上掛出一九六二年進入共產主義之後的食譜：每人每天牛奶兩斤，豬肉一斤等等[39]。結果饑荒一來，存糧已經耗盡，這也是導致大批人餓死的原因之一。

---

37 〈震驚全國的信陽事件〉，林蘊暉：《國史箚記．事件篇》（上海：東方出版社，二〇〇八），頁二三五。

38 裴毅然，〈四千萬餓殍——從大躍進到大饑荒〉，香港：《二十一世紀》二〇〇八．四，頁四五。

39 何方，《從延安一路走來的反思》（香港：明報出版社，二〇〇七），頁二九五。

如果不是公共食堂，農民自然會節省而有計畫地分配糧食用於一日三餐，也不至於餓死那麼多人。

另一方面，即使在饑荒的情況下，中國仍然大量出口糧食。一九五九—一九六〇年中國多出口幾十億斤糧食，主要用於援助亞非拉國家。一九五九年較之一九五七年糧食減產一千五百萬噸，但出口糧食四百一十五萬噸，比一九五七年增加二百二十三萬噸。僅僅這二百二十三萬噸，就可供四千萬國人吃四個月，足以熬過一九六〇年的春荒[40]。更有甚者，一九六一年三月，面對中國出現的大饑荒，蘇聯領導者赫魯曉夫試圖借機改善與中國的關係，提出願意以貸款的方式，提供給中國一百萬噸小麥和轉口古巴糖五〇萬噸。周恩來、鄧小平、彭眞爲此事專程到杭州請示毛澤東，毛澤東一口回絕，表示不要糧食，可以接受糖[41]。如果當時能夠不囿於意識型態局限，接受國外的糧食援助，至少可以減少死亡人數。

多年來，中國官方關於大饑荒的成因，都認定是所謂「三年自然災害」和蘇聯中止對華援助。但是旅德學人王維洛多次撰文予以辨正。他根據一九五九年到一九六一年的中國自然災情資料指出，那三年中，只有約百分之十的農田受旱成災，全國大部分地區沒有任何「嚴重的自然災害」；即使在受過災的地區，也未發生持續三年遭受嚴重自然災害的現象；而當時出現的旱災的程度，遠未構成「嚴重」的自然災害，更談不上是「百年不遇」的自然災害。另一位學者金輝也在分析了氣象專家編製的一八九五年到一九七九年〈全國各地歷年旱澇等級資料表〉的數據之後認定，在一九五九年到一九六

40 裴毅然，〈四千萬餓殍——從大躍進到大饑荒〉，香港：《二十一世紀》二〇〇八．四，頁五〇。

41 高華，〈初讀〈楊尚昆日記〉〉，《在歷史的「風陵渡口」》（香港：時代出版公司，二〇〇八），頁二二二。

一年之間沒有發生嚴重的自然災害，屬於正常年景[42]。

總之，造成大饑荒的眞正原因應當是一黨專政的極權體制。正如倫敦大學中國現代史教授和香港大學教授馮客(Frank Dikötter)所說，「中國的一黨專政消滅了社會和人民的所有自由，沒有言論，遷移，旅行，資訊的自由，老百姓只有聽命令，按黨的指示去做，錯了完全沒有辦法糾正，連幹部也不自由，一點辦法都沒有，全國像一個軍營一樣，農民只有等死，死路一條[43]。」

3. 大饑荒中的代價

大饑荒一共餓死了多少人呢？現在普遍的估計是四千萬。根據一九九八年中共中央黨校出版的《共和國重大事件紀實》：「一九五九年至一九六一年的非正常死亡和減少出生人口數，大約在四千萬人左右，」並承認「這可能是本世紀內世界最大的饑荒。」按照學者的統計，中國歷史上的二千多年裡，發生過二百零三次萬人以上的餓死人的紀錄，但是加起來也才二千九百九十一萬八千人，比不上這一次[44]。

專研中國近代史的荷蘭學者馮客，二〇一〇年十月在英國出版《毛製造的大饑荒(*Mao's Great Famine: The History of China's Most Devastating Catastrophe*)》，他查閱了大量中國的省級和縣級檔案

42 王維洛，〈天問——「三年自然災害」〉，何清漣主編，《二十世紀後半葉歷史解密》(Sunnyvale, CA, USA: 博大出版社，二〇〇四)，頁一三一。

43 見金鐘對馮客的採訪，香港：《開放》二〇一〇．一〇，頁三七。

44 裴毅然，〈四千萬餓殍——從大躍進到大饑荒〉，香港：《二十一世紀》二〇〇八．四，頁五三。

館中的資料後得出結論，認爲有四千五百萬人屬於非正常死亡[45]。這是最新的研究結果，顯然大大高於中國官方的數據說法。

大躍進政策導致的代價除了大饑荒之外，還表現在國民經濟的方方面面。一九六〇年的農業總產值，比一九五九年下降了百分之十二點六，其中糧食和棉花的產量更是跌到了一九五一年的水平；人民生活水平大幅度降低，豬肉的平均年消費量，由一九五七年的十・二斤下降爲一九六〇年的三・一斤，下降了百分之七十，其中城市的人均消費量下降了百分之七十八[46]。後人評論說，這哪裡是大躍進，完全是大躍退。

中國官方的歷史完全不曾提到的是，在這樣的經濟下降，人民挨餓的情況下，中共領導人的生活待遇並沒有受到衝擊。中共黨史出版社出版的《毛澤東生活檔案》記錄了一九六一年四月二十六日爲毛澤東制定的菜譜，包括了七大西菜系列，有雞鴨肉，特別是魚蝦上百種，單單是雞就開了上百種[47]。而這時，正是全國大饑荒達到頂峰的時候。

另據國內學者高華的研究，一九六二年初七千人大會後，國家就將一九六〇年十一月制定的優惠享受副食品供應的範圍從高級幹部，民主人士頭面人物，有突出貢獻的科學家，一下子擴大到十七級以上中級幹部。在地方上，以河北省爲例，一九六二年上半年，全國還仍然有餓死人的情況發生，但

45 http://www.aboluowang.com/life/data/2010/1022/article_43218.html（二〇一〇・一〇・二五）。

46 叢進，〈三年「大躍進」的代價〉，林蘊暉，《人民共和國春秋實錄》（北京：人民大學出版社，一九九二），頁四〇七—四〇九。

47 何方，《從延安一路走來的反思》（香港：明報出版社，二〇〇七），頁三七〇。

豐南縣把該縣二百餘名幹部劃分爲「三等九級」。縣委書記處書記一級，平均每個月吃掉雞鴨、豬羊肉四十多斤，而縣委第一書記一個月分到七十多斤肉[48]。這樣腐敗的行爲，人民看在心裡，當然會產生對於官僚階層的不滿，這樣的不滿壓抑在心中，一有機會就會爆發出來。這也是以後毛澤東發動「文化大革命」，提出打倒官僚階層的口號，能夠得到很多中國人響應的原因之一。不過這是後話了。

4.大躍進政策的社會後果

中共爲什麼發動大躍進？學界一般認爲這是毛澤東發動的一場具有空想烏托邦性質的政治運動，是毛澤東個人頭腦發熱的結果。

不過也有學者試圖從其他角度挖掘更深層的原因。南京大學的歷史教授高華就曾經撰文指出，大躍進運動使得國家權威得以擴大和強化，不僅深刻地改變了中國社會的面貌，也大大加強了民眾對國家權威的認知。「在城市，黨的領導進一步被強化，文教更加政治化，寺觀教堂數量減少，私人出租房屋已被實行社會主義改造，戶口制已經全面鞏固，公安治保系統警惕地注視著社會的每一個角落，『四類分子』(地、富、反、壞)定期向派出所匯報改造情況，已經成爲一項固定下來的制度[49]。」這是一個深刻的分析，因爲高華看到了群眾運動在中國式極權主義的體制設計中的核心意義。即使是經

48 高華，〈大饑荒中的「糧食食用增量法」與代食品〉，《在歷史的「風陵渡口」》(香港：時代出版公司，二〇〇八)，頁一六九—一七〇。

49 高華，〈大躍進運動與國家權力的擴張：以江蘇省爲例〉，《在歷史的「風陵渡口」》(香港：時代出版公司，二〇〇八)，頁一三六。

濟發展，毛澤東和中共都一樣使用群眾運動的方式，因爲如此才可以使得國家的權力滲透到社會的每一個細節裡面去。

四、七千人大會

1.「三分天災，七分人禍」：劉少奇得罪了毛澤東

一九六二年一月十一日，中央在北京召開工作會議，參加會議的包括中央、中央局、省、地、縣五級領導幹部，史稱「七千人大會」。二十七日，劉少奇代表中央向大會做工作報告，對於在一九五九年之後出現的經濟困難的原因，他引述地方的意見，說「三分天災，七分人禍」，「全國有一部分地區可以說缺點和錯誤是主要的，成績不是主要的[50]。」這樣的判斷對於一貫對大躍進持支持立場的毛澤東來說，已經是委婉的批評，但聽在毛澤東的耳朵裡，心裡當然還是不舒服的；而更令毛澤東極爲不悅的，就是在會上，劉少奇、鄧小平等高級領導人反覆強調實行民主集中制的必要性，這在毛看來無疑是對於他的領導權威的挑戰。尤其是這種對於個人崇拜的批評，會使毛澤東聯想起赫魯曉夫對史達林的批判，這更是毛澤東內心很容易被觸動的地方。

但是當時，在黨內一片檢討聲浪的氣氛下，毛澤東表面上沒有提出反對，甚至自己也做了檢討，

50　宋連生，《總路線，大躍進，人民公社運動始末》（昆明：雲南人民出版社，二〇〇二），頁三六六。

表示：「凡是中央犯的錯誤，直接的歸我負責，間接的我也有份……第一個負責任的應該是我[51]。」但是一貫多疑的毛澤東，對於劉少奇的忠誠度顯然已經在心中產生了很大的懷疑。大會之後，在陳雲和周恩來的主持下，全國的財經政策進行了大幅度調整，各項計畫指標都進行了下調，大躍進的政策終於得到了糾正。

2.以退為進：毛澤東決心扳倒劉少奇

七千人大會以後，毛澤東很多時間都住在武漢，逐漸遠離中共中央的日常工作。在察覺到他的領導權威受到打擊的情況下，毛澤東這樣做不僅是形勢使然，也是以退爲進，等待重新樹立絕對權威的機會。但是慣於把問題嚴重化的毛澤東，內心對於這段時間的退居二線，顯然是耿耿於懷的，他以後很多的講話表明，他認爲這是以劉少奇爲首的政治力量試圖淡化他在黨內的影響。

而與此同時，劉少奇在黨內的威信得到提高。一九六二年七千人大會之後，針對黨內的思想混亂，中共中央決定進行共產黨員的思想教育，而主要的教材，就是劉少奇的一篇文章〈論共產黨員的修養〉。從九月到十二月，這篇文章改成的單行本在全國發行了將近五百萬冊，據說「掀起了全國執政後的又一次學習浪潮」[52]。這對於已經習慣於全黨遵循毛澤東思想的毛來說，顯然心裡會有不舒服的感覺。而劉少奇文章中的一些表述，更可能被外界看作是暗指毛澤東。

---

51 宋連生，《總路線，大躍進，人民公社運動始末》（昆明：雲南人民出版社，二〇〇二），頁三六七。

52 〈《論共產黨員的修養》一九六二年修訂再版與在「文革」中的命運〉，林蘊暉，《國史箚記・事件篇》（上海：東方出版社，二〇〇八），頁三〇一。

例如劉少奇提出在談到黨的領袖的時候強調「絕不以馬克思、列寧自居，絕不要求人家或幻想人家像尊重馬克思、列寧那樣去尊重他，」「任何黨員都沒有權利要求其他黨員群眾擁護他做領袖或者保持他的領袖地位。」等等。這對於內心對於個人崇拜持肯定看法，而個性多疑的毛澤東來說，當然會懷疑劉少奇是在借反對個人崇拜之名挑戰自己的權威。而劉少奇這種論點也不能不讓毛澤東想起赫魯曉夫批判史達林個人崇拜的秘密報告。因此，以後在「文革」中，毛澤東直指劉少奇是「在身邊的赫魯曉夫」，就並不令人意外了。

3. 林彪抓住了機會

在七千人大會上，有一個人的表現格外引人注目，那就是林彪。

在會上一片檢討聲浪中，林彪的表現很耐人尋味。一月二十九日他在大會發言中，一反會議的基調，大力頌揚毛澤東，說：「事實證明，這些困難，在某些方面，在某些程度上，恰恰是由於我們沒有照著毛澤東主席的指示，毛澤東主席的警告，毛澤東主席的思想去做……當時和事後都證明，毛澤東主席的思想總是正確的。毛澤東思想在任何工作中，永遠是第一位的，是起決定作用的，是靈魂，是命根子。有了它，就一通百通，旗幟鮮明，方向正確[53]。」在毛澤東的領導受到黨內廣泛質疑的氣氛下，林彪的這個發言不難想像，會令毛澤東印象深刻。會後，毛澤東要求把林彪的講話發給黨內幹

53　宋連生，《總路線，大躍進，人民公社運動始末》（昆明：雲南人民出版社，二〇〇二），頁三六八。

部學習[54]，就可以看到他內心對這個講話的欣賞。

林彪的講話內容，已經可以看到以後在文化大革命開始的時候，全國掀起對毛澤東的個人崇拜的雛形。林彪此舉，看似突兀，但是事實證明，這是一次很成功的政治投機。林彪深知毛澤東不會允許黨內有力量可以取代他，更不會放棄以政治運動清洗社會的思路，在毛澤東的嘗試暫時受到挫折的時候，誰堅決站在毛的身邊，誰就可能得到毛澤東的信任。這次投機，導致林彪以後取代了劉少奇，成爲毛澤東指定的接班人。同時，這次七千人大會埋下了以後文化大革命的種子。

4.毛澤東蠢蠢欲動

一九六二年九月二十三日到二十七日，中共中央召開八屆十中全會，毛澤東在大會講話中提出：在社會主義國家，要承認階級和階級鬥爭的存在。我們可以從現在就講起，年年講，月月講。而劉少奇被迫表示同意之後，卻兩次要求對會議精神的傳達要劃一個範圍。在他的堅持下，毛澤東也只好同意，會議精神只傳達到十七級以上的領導幹部，不向下級傳達，也不開展全黨討論[55]。至此，毛澤東與劉少奇之間的矛盾已經到了公開的程度。

在毛澤東看來，這無疑是嚴峻的挑戰，是以劉少奇和鄧小平、陳雲等爲代表的官僚行政體系，對於社會主義革命事業的壓制與威脅，這關係到他的革命規劃能夠實現，也關係到他死後自己的路線是

54 宋連生，《總路線，大躍進，人民公社運動始末》（昆明：雲南人民出版社，二〇〇二），頁三六九。
55 宋連生，《總路線，大躍進，人民公社運動始末》（昆明：雲南人民出版社，二〇〇二），頁三九八。

否能夠被繼續執行的問題，他當然不能讓這樣的趨勢發展下去。四年以後，他開始了全面反擊，那就是「無產階級文化大革命」。

根據經濟學家孫治方的回憶，「文革」中，江青曾經講過：「七千人大會的那口氣，直到現在總算出了。」孫治方認爲，這話應當是代表毛澤東說的[56]。可見，七千人大會是毛澤東無法再容忍劉少奇而開的會。由此，我們也可以看到毛澤東發動「文化大革命」的原因之一。

5. 為什麼餓死幾千萬人還能維持穩定？

回顧大躍進運動和大饑荒的歷史，最值得玩味的一個疑問就是：爲什麼發生四千萬人餓死這樣巨大的災難，中國卻沒有發生大規模的反抗事件？經歷了大饑荒，中共的統治基礎並沒有動搖？這在人類歷史上都是一個聽起來不可思議的事情。那麼，原因到底是什麼？這是一個非常值得深入研究的問題。

我個人的解答是，主要原因有兩個：第一，就是一九四九年以後，從「鎮反」到「反右」，從「整風」到「反右傾」，不論是社會上，還是黨內，國家暴力已經充分展現了對社會的震懾力，人民的反抗意願被極大地壓低，恐懼使得人民放棄了反抗；而通過土改、三反五反等政治運動，國家權力已經成功地滲透到了社會的最基層，全面掌控了社會的方方面面，這也使得任何有效的大規模反抗成爲幾乎不可能的事情。

---

56 〈孫治方在理論工作務虛會上的發言〉（一九七九・二・四），北京：《炎黃春秋》二〇一一・三，頁八六。

第二，全面的資訊封鎖和虛假的輿論宣傳，使得絕大多數國人，甚至包括大部分官員，不了解眞實發生的情況，還以爲饑荒僅僅發生在自己所在的地區，因而寄望於中央政府解決本地區的問題。資訊匱乏導致的希望的存在，使得反抗失去了必要性作爲基礎。

假如這樣的分析能夠成立，那麼我們可以看到，眞正支撐了中共政權的力量，或者說能夠導致四千萬人餓死，卻還可以穩定統治的秘密，就在於暴力和欺騙。這兩條，事實上如同一條紅線，貫穿了中華人民共和國的歷史，可以解釋很多中華人民共和國的歷史現象，甚至現實問題。

第五講
知識分子：從思想改造到胡風事件到「反右」運動

一、對知識分子進行的思想改造

1.毛澤東對知識分子從來不以為然

毛澤東在很多方面，是一個自我矛盾的綜合體，因此他的政策和表現也往往會顯得難以捉摸。他雖然酷愛讀書，對於中國傳統文化有深厚的了解，具有一定程度的詩詞創作水準，但是他的最高學歷，就是湖南省立第一師範學校畢業。他雖然曾經到北京大學旁聽並在北大圖書館打工，但是並沒有名牌大學的教育背景。他算是典型的小知識分子，有一定文化程度，但是缺乏更高的知識訓練和完整的知識結構，對此他有很清醒的自知之明。這樣的矛盾，對毛澤東對於知識分子的看法，顯然有深刻的影響。

毛澤東對待知識分子的態度，是充滿了矛盾的。一方面，他以知識分子自居也很看重知識分子，他對一些大師級的知識分子禮遇有加，營造出「談笑有鴻儒，往來無白丁」的環境。對於知識分子推動歷史改變的作用也很重視，曾經提出「小說可以反黨」這樣的論調；但是另一方面，他又對知識分子階層很不以爲然，甚至很輕蔑，經常表示知識分子不如農民和工人有知識，認爲要採取徹底改造的政策。他曾經說過：「我歷來講，知識分子是最無知識的。這是講得透底。知識分子把尾巴一翹，比孫悟空的尾巴還長[1]。」典型地反映他這種心態的，是「文革」爆發前，他在內部的一次關於接班人的講話，當提到選拔接班人的條件的時候，他明確說：「要年紀小的，學問少的，立場穩的。」[2]年紀小的，和立場穩的，這兩點作爲條件是可以理解的，但是專門把「學問少」提出來作爲選拔接班人的條件，充分反映了毛澤東內心對於知識的蔑視。從他後來挑選的接班人，無論是王洪文，還是華國鋒來看，都是符合這三項條件的，可見這三項條件不是他信口開河，而是長期形成的既有看法。他的這種矛盾心理的背後，有他的求學經歷的背景，這裡我們就不多加討論。

毛澤東一方面看不起知識分子，另一方面又從歷史知識上深深地了解到，思想的發展是社會變化的基本前提，知識分子往往成爲改變社會的主要力量，而對於任何專制政權來說，知識分子都是嚴重的威脅。

帶著這樣的影響，毛澤東在執政的準備階段——延安時期——就很重視對於參加革命的知識分子

1 毛澤東，〈打退資產階級右派的進攻〉，《毛澤東選集》（第五卷）（北京：人民出版社，一九七七），頁四五二。

2 陳曉農編著，《陳伯達最後口述回憶》（香港：陽光環球出版香港有線公司，二〇〇五），頁二六四。

的思想改造工作，並爲此而發起了整風運動。建國以後，毛澤東很大的精力也是放在知識分子的改造上。一九五一年十月，他就指出：「思想改造，首先是知識分子的思想改造，是我國在各方面徹底實現民主改革和逐步實現工業化的重要條件之一[3]。」可見他對知識分子思想改造的重視。他發起的一系列針對知識分子的政治運動，很大程度上確實改造了中國知識精英的結構和特質。

中共歷史的研究專家高華就曾經指出：「毛澤東的有關農民階級和知識分子的新論述，改變了中國知識分子的傳統角色和自我認知。中國傳統讀書人的自我定位是相信自己是社會的中心。毛澤東也改變了『五四』以來知識分子的自我體認，『五四』知識分子認爲自己肩負『啓蒙』和社會批評的責任，毛澤東教育他們，眞正應該接受『教育』和『啓蒙』的正是知識分子自己，工農則是知識分子的『老師』，正確的立場和態度應是『和工農相結合』，實現『工農化』，『大眾化』，而不是『化大眾』。毛澤東將知識分子引以爲重要的對社會的批評，轉變爲要求知識分子進行『自我批評』[4]。」

毛澤東對知識分子的「工農化」的要求，包含著一個重要內容，就是要求知識分子從腦力勞動中走出來，去進行體力勞動，或者也可以說，就是要對知識分子進行勞動改造。毛似乎相信，一個人可以通過體力勞動來改變自己的內心世界。按照張黎的說法：「這是一種政治身分的改造，目的是要從生活方式、行爲方式上，使知識階層接近或同化於工農，根除其作爲知識階層在社會地位上的優越

3　毛澤東，〈三大運動的偉大勝利〉，《建國以來毛澤東文稿》（第二冊）（北京：中央文獻出版社，一九九二），頁四八二。

4　高華，〈革命大眾主義的政治動員和社會改革：抗戰時期根據地的教育〉，《革命年代》（廣州：廣東人民出版社，二〇一〇），頁一六六。

感，並對自己的個人經歷，政治理念，生活境遇產生羞恥心理和原罪意識，將其改造成爲徹底的『社會主義的勞動者』[5]。」「幹校」的設計，就是爲了體現這樣的用意。在「文革」末期，毛澤東要求幾千萬知識青年上山下鄉，也是這樣想法的延續。

有趣的是，一九五七年九月，在「反右」運動的高潮中，毛澤東與中央接受了科學院黨組的請求，於九月八日下發了一份〈關於自然科學方面反右派鬥爭的指示〉。這是一份「只在內部掌握，不向外公開傳達」的內部文件。文件提出在社會科學和自然科學方面反右派鬥爭的情況不盡相同，並要求「對於自然科學方面的反右派鬥爭，策略上要更加細緻，應當按照不同的情況，區別對待。特別是對於那些有重大成就的自然科學家和技術工作人員，除了個別情節嚴重非鬥爭不可者外，應一律採取堅決保護過關的方針。」後來，按照這份文件的要求，中國科學院系統的老科學家在反右派鬥爭中基本上都得到了保護[6]。

這份文件的下發，對於了解毛澤東心中關於知識分子問題的看法，提供了一個有趣的新視角。它表明，毛澤東很有可能並非討厭整個知識分子階層，對於自然科學家的特別保護，就表現出他心裡還是有所取捨的。其實，他眞正敵視和蓄意打擊的，應當是人文知識分子，因爲人文學科的思想成果，不僅可能打破極權主義的意識型態壟斷，也有可能對於官方的輿論宣傳形成挑戰，胡風的文藝思想就

---

5 張黎，〈科學家的經濟生活與社會聲望：一九四九—一九六六年——以中國科學院爲例〉，《中國當代史研究》（第一輯）（北京：九州出版社，二〇〇九），頁一三五。

6 張黎，〈科學家的經濟生活與社會聲望：一九四九—一九六六年——以中國科學院爲例〉，《中國當代史研究》（第一輯）（北京：九州出版社，二〇〇九），頁一三五—一三六。

是一個例子。而自然科學的成就，很少會從政治的角度構成對於政權的實質威脅，相反，還有可能有助於政權的鞏固與強大，鄧稼先、王淦昌等老科學家幫助中國製造「兩彈一星」[7]就代表自然學科知識分子的利用價值。

因此，我們也許可以論斷，與其說毛澤東是討厭知識分子，不如說他眞正討厭的，是知識分子的獨立思想。從他親自指揮發動的歷次對於知識分子的整肅運動中，就可以佐證這個結論。

2. 批判電影《武訓傳》

一九四九年以後對於知識分子的思想改造運動，是從批判電影《武訓傳》開始的。

一九五一年五月二十日，《人民日報》發表社論〈應當重視電影《武訓傳》的討論〉，這篇實際上是出自毛澤東手筆的社論提出，武訓[8]曾經狂熱宣傳封建主義文化，然後質問電影《武訓傳》的作者們[9]「向著人民群眾歌頌這種醜惡的行爲，甚至打出『爲人民服務』的革命旗號來歌頌，甚至用革命的農民鬥爭的失敗作爲反襯來歌頌，這難道是我們能夠容忍的嗎？」「社論還把矛頭指向黨內的領導幹部，說「有一些號稱學得了馬克思主義的共產黨員。他們學得了社會發展史——歷史唯物論，但是一遇到具體的歷史事件，具體的歷史人物（如像武訓），具體的歷史的思想（如像電影《武訓傳》及

7　即原子彈，氫彈和人造衛星。

8　武訓（一八三八—一八九六），山東省堂邑縣（今冠縣柳林鎮）武莊人。清朝的貧民教育家、慈善家。曾經以行乞的方式積蓄金錢興辦學校，修建起了三處義學，購置學田三百餘畝，積累辦學資金達萬貫之多。

9　電影《武訓傳》是著名導演孫瑜在一九四九年前開拍，一九五一年初在北京、上海、天津等城市上映。

其他關於武訓的著作〉，就喪失了批判的能力，有些人甚至向這種反動思想投降，」社論認爲這是「資產階級的思想侵入了戰鬥的共產黨」。

這篇社論把關於武訓的思想文化領域的討論，一舉上升到了政治思想領域的討論，從而掀起了一場思想改造運動。同一天的《人民日報》在「黨的生活」專欄中發表〈共產黨員應當參加關於《武訓傳》的批判〉，發出動員令：「凡是放過《武訓傳》的各城市，那裡的黨組織都要有組織地領導對《武訓傳》的討論[10]。」一些曾經給予電影《武訓傳》以正面評價的知識分子，例如郭沫若等，也紛紛出面做公開的檢討。

《人民日報》從七月二十三日開始，分六天連續刊登〈武訓歷史調查記〉，全文共分五個部分，這是《人民日報》和文化部聯合組織的「武訓歷史調查團」的作品。三人執筆，排名第三的作者「李進」，就是江青的筆名。值得注意的是，毛澤東早就有了讓江青出來在文藝領域發揮作用的想法。

毛澤東爲什麼要批判《武訓傳》？中國黨史學者王來棣在分析原因的時候，援引了毛澤東本人在一九五七年一月在省市自治區黨委書記會議上的一個講話。毛說：「電影《武訓傳》你們看了沒有？那裡頭有一支筆，幾丈長，象徵『文化人』，那一掃可厲害啦。他們現在要出來，大概是要掃我們了。是不是想復辟？」王來棣指出：「顯然，在毛的心中，『文化人』就是復辟勢力，應被列爲『打倒在地』的對象[11]。」因此，《武訓傳》就成爲毛澤東開展批判知識分子運動的題中必有之意了。

10 李莊，〈評《武訓傳》——一種政治批判的開端〉，陳先義、陳瑞躍主編，《往事——一九五〇—一九五三寫真(之一)》(南昌：百花洲文藝出版社，二〇〇〇)，頁四三—四四。

11 王來棣，〈毛澤東的知識分子政策〉，何清漣主編，《二十世紀後半葉歷史解密》，Sunnyvale, CA, USA: 博

這次運動雖然沒有直接衝擊到劉少奇等黨內的高級領導人，但是無異於隔山震虎，毛澤東的用意是通過掌握意識型態，來凸顯自己在黨內和全國不可動搖的領導地位，以彌補他在行政領導上缺席所產生的權力流失。

3.《紅樓夢》也成為政治鬥爭的工具

一九五四年九月號《文史哲》雜誌，發表了兩位年輕的文藝理論工作者李希凡與藍翎的文章〈關於〈紅樓夢簡論〉及其他〉，該文針對著名的「紅學」專家俞平伯[12]在一九五四年三月號《新建設》雜誌上發表的〈紅樓夢簡論〉一文提出了批評。主要是認爲俞平伯的評論脫離了現實主義原則和階級的觀點，從而抹殺了《紅樓夢》反封建的現實意義。

這篇本來是一般性的學術討論文章，卻引起了最高領袖毛澤東的注意。原因是他看到當時主持文藝工作的周揚等人，並未對這篇文章予以重視。十月十六日，毛澤東寫了一封〈關於《紅樓夢》研究問題的信〉給中央政治局和文藝界主要領導人，提出：「事情是小人物做出來的，而大人物往往不注意，並往往加以阻攔，他們同資產階級作家在唯心論方面講統一戰線，甘心作資產階級的俘虜。」毛澤東在信中還聯繫上前次對電影《武訓傳》的批判，說「這同影片〈清宮秘史〉和《武訓傳》放映時

（續）大出版社，二〇〇四，頁五三—五四。

12 俞平伯（一九〇〇—一九九〇），出身名門，早前積極參加新文化運動，一九一九年畢業於北京大學，一九二一年開始研究《紅樓夢》，是「新紅學派」的創始人。一九四九年後在北京大學任教，曾經擔任全國政協委員。

候的情形幾乎是相同的……《武訓傳》雖然批判了，卻至今沒有引出教訓，又出現了容忍俞平伯唯心論和阻攔『小人物』的很有生氣的批判文章的奇怪事情，這是值得我們注意的。」

這封信顯示出毛澤東對知識分子思想改造的重視是一貫的。信中毛澤東明確提出「看樣子，這個反對在古典文學領域毒害青年三十餘年的胡適派資產階級唯心論的鬥爭，也許可以開展起來了[13]，」從而親自發起了對俞平伯《紅樓夢》研究和胡適思想以及所謂「資產階級唯心論」的批判運動。

毛澤東批判俞平伯，其實眞正的矛頭還是胡適，這不僅是因爲胡適也是《紅樓夢》研究的權威，而且與俞平伯有相同的理論觀點，更重要的是，胡適是過去的時代的思想界領袖，在知識分子中有廣泛而深厚的影響，不打倒胡適，就無從建立起新時代的意識型態。而俞平伯甚至包括《紅樓夢》研究，就完全成了替罪羊。

在毛澤東授意下，一九五四年九月開始的批判俞平伯運動，到十二月開始轉爲重點批判胡適思想。一九五五年一月二十六日，中央專門發出〈關於在幹部和知識分子中組織宣傳唯物主義思想批判資產階級唯心主義思想的演講工作的通知〉。從一九五四年十二月到一九五五年三月，中國科學院院務會議和中國作協主席團召開了二十一次討論會，集中批判胡適的哲學思想，政治思想，歷史觀點，文學思想，哲學史觀點，文學史觀點等六大方面。全國省市級以上的報紙和學術刊物發表了上百篇批判文章，三聯書店爲此出版了《胡適思想批判(論文匯編)》，洋洋灑灑八大本[14]。很多當年曾經與胡

13 陳輝，〈一封信與一個時代〉，劉瑞琳主編，《溫故》(第七輯)(桂林：廣西師範大學出版社，二〇〇六)，頁一五六—一五七。

14 王炳林等著，《抉擇：共和國重大思想決策論爭紀實》(北京：人民出版社，二〇一〇)，頁六一。

適過從甚密的學者，文化人此時都站出來發表批判文章。而且所有的批判幾乎都不是從學術角度出發，而是用大量的政治術語對胡適進行攻擊，比如陸侃如寫了一篇〈批判胡適的《白話文學史》〉，把胡適的著作貼上「一部宣傳帝國主義奴才思想的文學史」的標籤，然後給此書羅列了「爲帝國主義侵略作先鋒」，「打擊我們民族的自信心與自尊心」，「否認階級，否認人民力量」等五大罪狀[15]。陸是中國古代文學研究大家，曾經擔任燕京大學中文系教授。以他的專業知識，他應當知道他的這些指控完全沒有事實基礎，但是爲了在政治上表現積極，他選擇了放棄專業立場。這樣的知識分子，這樣的選擇，在當時不是少數，而是主流。

關於毛澤東發動批判俞平伯的動機，中共黨內的理論家于光遠提出「替罪羊」的理論。他認爲，毛澤東一九五三年提出黨在過渡時期的總路線，準備向社會主義過渡，「經濟戰線上政治戰線上的革命要求意識型態的同步更新」，俞平伯「就成了他誓師大會上的祭品。」于光遠特別指出，「毛澤東的工作方法，經常是抓住具體的事例來爲一般的行動開路[16]。」這的確是對毛澤東行爲方式的深刻認知。

這次運動的主要方式是在文化界組織批判和討論。十月二十四日，中國作協古典文學部召開關於《紅樓夢》研究的討論會，茅盾、周揚、馮雪峰、老舍、馮至、何其芳等人參加，俞平伯也在會上對自己的文章做了說明。會議上大部分發言人都提出，在古典文學領域中，以馬克思列寧主義的理論，

15　李立志，《變遷與重建：一九四九—一九五六年的中國社會》（南昌：江西人民出版社，二〇〇二），頁二七九。

16　于光遠，《我眼中的他們》（香港：時代國際出版有限公司，二〇〇五），頁一三三。

觀點和方法來批判資產階級唯心主義的理論，觀點和方法，是一場嚴重的鬥爭[17]。十一月初，運動的範圍進一步擴大，中國科學院院長郭沫若在接受《光明日報》記者的採訪時，針對圍繞《紅樓夢》研究問題展開的討論指出：「這不僅僅是對於俞平伯本人，或者對於有關《紅樓夢》研究進行討論和批判的問題，而應該看作是馬克思列寧主義思想與資產階級唯心論思想的鬥爭，這是一場嚴重的思想鬥爭。」「討論的範圍要廣泛，應當不限於古典文學研究的一方面，而應當把文化學術界的一切部門都包括進去；在文化學術界的廣大領域中，無論是在歷史學、哲學、經濟學、建築藝術、語言學、教育學乃至於自然科學的各部門，都應當來開展這個思想鬥爭。作家們、科學家們、文學藝術工作者、報紙雜誌的編輯人員，都應當毫無例外地參加到這個鬥爭中來。」[18]十二月八日，中國文學藝術界聯合會主席團和中國作家協會主席團舉行聯席會議，中宣部副部長周揚進一步推動批鬥，發言的題目就是《我們必須戰鬥》[19]。在官方組織下，全國各地的報刊都出現了大批的批判胡適，俞平伯以及資產階級唯心論的文章，很多知識分子公開做了自我檢討。

關於這次運動還需要注意的是：當初，李希凡和藍翎的文章，又是江青看到以後轉給毛澤東看

17 〈中國作家協會討論關於《紅樓夢》研究問題〉（原載一九五四年十月二十六日《光明日報》），林蘊暉等編，《人民共和國春秋實錄》（北京：中國人民大學出版社，一九九二），頁九六。

18 〈中國科學院郭沫若院長關於文化學術界應開展反對資產階級錯誤思想的鬥爭對《光明日報》記者的談話〉（原載一九五四年十一月八日《光明日報》），林蘊暉等編，《人民共和國春秋實錄》（北京：中國人民大學出版社，一九九二），頁九七。

19 王炳林等著，《抉擇：共和國重大思想決策論爭紀實》（北京：人民出版社，二〇一〇），頁六〇。

的，毛澤東閱後又是讓江青轉告《人民日報》立即予以轉載20。這裡可以看到其實早在一九五四年，江青就已經扮演毛澤東政治鬥爭的助手的角色，她的主要工作，就是幫助毛澤東掌握文化思想領域的動態。這爲後來毛借助江青啓動文化大革命埋下了伏筆。

二、胡風集團案

3. 胡風其人

胡風曾經是中共的朋友和同志。抗戰後期，胡風在重慶創辦文藝刊物，在全國文藝界頗有影響。由於國統區加強郵件檢查，延安作家不能直接向胡風投稿，由周恩來領導的國統區中共代表處就成了胡風與延安聯絡的渠道，延安方面有組織地定期通過這一渠道向胡風傳遞稿件，藉以保持中共思想意識在國統區的影響。胡風主編的《希望》雜誌創刊的時候，還曾經直接得到周恩來的經費資助。胡風本人與魯迅關係密切，也得到魯迅的賞識。因此外界一向把他看作是中共文藝陣營的主要代表人物。但是胡風的文藝主張，與毛澤東的卻一貫相反，他強調個人的創作自由和主觀性，而毛則要求文藝爲政治服務。毛澤東一向極爲重視意識型態在維護統治中的作用，而在意識型態的各種門類中，他

20　陳輝，〈一封信與一個時代〉，劉瑞琳主編，《溫故》（第七輯）（桂林：廣西師範大學出版社，二〇〇六），頁一四五—一四六。

又格外重視文藝政策的作用。這就不難理解為什麼他對胡風的案子給予如此的重視。此外，胡風在上海時期，與中共的文藝工作領導人周揚等有個人恩怨，而周揚在建國之後，擔負起文藝領域的領導責任，出於宗派意識，對於胡風採取了冷淡和閒置的態度，這使得胡風與周揚的關係非常緊張。這也使得毛澤東更願意選擇胡風作爲打擊對象，因爲這樣更可以得到黨內相關領域的高級幹部的配合。

2. 所謂文藝思想和宗派活動的問題

對付胡風進行批判的部署，早在一九五〇年代早期就已經開始了。一九五二年五月，胡風的朋友舒蕪從南寧給《長江日報》寄來一篇文稿〈從頭學習「在延安文藝座談會上的講話」〉。這篇文章於五月二十五日在《長江日報》發表之後，六月八日的《人民日報》就做了轉載，而且，在舒文前面，《人民日報》還加了編者按：「作者在這裡所提到的他的論文〈論主觀〉，於一九四五年發表在重慶的一個文藝刊物《希望》上，這個刊物是以胡風爲首的一個文藝小集團辦的……」胡風研究專家，也是當年的胡風分子的林希認爲：「這則《人民日報》按語已經向全社會透露了一個趨向，使中國第一次出現了將胡風及七月派詩人，作家視爲「小集團」的提法，而且這個小集團「實質上屬於資產階級，小資產階級」……《人民日報》的編者按語是一個信號，它首先宣告周揚一些人對胡風的做法，得到了中央的首肯；第二，它宣告，對於胡風問題將訴諸於政治解決[21]。」

---

21 林希，《白色花劫——「胡風反革命集團」冤案大紀實》（武漢：長江文藝出版社，二〇〇三），頁一四九—一五〇。

一九五五年一月二十一日，中宣部向黨中央報送了關於開展批判胡風思想的報告，指出「這個鬥爭是複雜而細緻的思想鬥爭，必須有準備，有研究，有策略地來進行[22]。」隨後，毛召見陸定一、周揚和林默涵三人，在自己的辦公室裡，讓他們當面彙報了關於批判胡風的計畫，並表示同意。一月二十六日，中共中央以(五五)〇一八號文件批轉了中宣部的報告，指出：「各級黨委必須重視這一思想鬥爭，把它作爲工人階級與資產階級之間的一個重要鬥爭來看待。」二月五日，七日，中國作協主席團召開了擴大會議，作家們紛紛發言，表態……《人民日報》等其他報刊，先後發表了郭沫若、茅盾、夏衍……等人的文章[23]。不過到此時，胡風問題的定性，還是停留在文藝思想的範疇，最多是個人性質的宗派主義問題。

3. 事情的性質在逐漸發生變化

批判胡風，直接指揮者就是毛澤東本人。五月八日上午，周揚致信毛澤東：「主席，胡風的自我檢討和舒蕪的揭露材料擬在下期《文藝報》一同登載，胡風文前加了一個編者按語，茲送上清樣，請您審閱。同期《文藝報》還有一篇許廣平駁斥胡風的文章，附告。」五月十一日，毛在周揚的信上批示：「周揚同志：按語不好，改寫一個。請你和陸定一同志看看可用否？如以爲可用，請另加付印，原稿退還給我爲盼！可登《人民日報》，然後在《文藝報》轉載。按語要用較大型的字。如不同意，

---

22 萬同林，《殉道者——胡風及其同仁們》（濟南：山東畫報出版社，一九九八），頁二二二。

23 萬同林，《殉道者——胡風及其同仁們》（濟南：山東畫報出版社，一九九八），頁二二二—二二三。

可偕陸定一於今晚十一時以後，或明日下午，來我處一商[24]。」這個批示很能反映問題，第一，可以看出毛對於處理胡風問題可以說是急不可耐，「今晚」就要商量；第二，可以看到他涉入胡風案件的程度之深，到了連印刷用什麼樣型的字體都要關心的程度。

坦率講，儘管周揚對於胡風一貫不滿，也有心針對他的文藝思想進行批判，但是他也沒有從政治上置胡風於死地的想法。周揚於五月十五日就他和胡風談話的情況，給中宣部長陸定一寫報告，並轉給毛澤東。在報告中，周揚附上胡風五月十三日寫的〈我的聲明〉，並說，昨晚胡風來談話，承認錯誤，說他是以小資產階級觀點來代替無產階級的觀點，思想方法片面，並有個人英雄主義，以至於發展到與黨所領導的文藝事業相對抗。周揚的意思，是刊登他的聲明，表示胡風已經進行了檢討，以此作爲運動的成果。但是毛澤東心裡想的跟周揚完全不一樣。

收到報告後，毛澤東立刻批示：一、這樣的聲明不能登載；二、應對胡風的資產階級唯心論，反黨反人民的文藝思想進行徹底批判，不要讓他逃到小資產階級觀點裡躲藏起來[25]。顯然，當胡風已經察覺到危險，準備求饒的時候，毛澤東已經準備就緒。此時，胡風案已經不是胡風一個人的問題，他已經成了毛澤東的戰略布局中的一個棋子，製作工序中的一個零件，毛怎麼可能放棄呢？胡風的悲劇就在於：他不僅無法決定自己的命運，而且連爲什麼無法決定自己的命運都不知道。

24 萬同林，《殉道者——胡風及其同仁們》（濟南：山東畫報出版社，一九九八），頁二二六—二二七。
25 謝泳，〈一段不應該被忘記的歷史〉，美國：《當代中國研究》二〇〇三．一。

4.反革命集團案是如何精心炮製出來的

五月十六日，胡風被捕。與此同時，全國各個地方開始逮捕被牽涉進胡風案件的人。毛澤東完全掌握案件處理的進度。根據《周恩來年譜》的記載，五月十七日凌晨，毛在他的住處召開中共中央書記處擴大會議，專門談胡風問題。第二天(五月十八日)晚上再次開中共中央書記處的擴大會議，繼續討論胡風問題；五月二十三日，毛三度讓周恩來到他的住處討論胡風問題[26]。這幾次會議到底談了一些什麼，我們至今不得而知。但是毛澤東動作如此頻繁，可見他是多麼的投入。據後人回憶：「主席看清樣是很費力的，我們排的新五號字，很小，很密，主席一邊看，一邊拿了一支鉛筆，每一行每隔三五個字都要在旁邊畫一點，一共畫了兩萬多字[27]。」如果僅僅把胡風案件當作毛澤東整知識分子的例子，就無法理解毛重視的程度。顯然，胡風案件已經成爲毛澤東和中共如何治理國家的重要指標。

胡風案件中還有一個值得注意的細節。五月十三日，胡風發現當天的《人民日報》登錯了自己的檢討，發表的是已經否定的第二稿而不是最後改定的第三稿，立即打電話給周恩來。周馬上打電話問周揚，周揚再打電話問康濯。此時康也發現了，他告訴周揚：「我們《文藝報》送《人民日報》的胡風檢討是最後定稿第三稿，可人家排印的卻是第二稿和第三稿後面的附記，那只有問袁水拍了。」周揚向周恩來做了彙報後，周恩來打電話給人民日報社長鄧拓，要報社爲此事發表一篇檢討在周的關注

---

26 《周恩來年譜》（北京：中央文獻出版社，一九九七），頁四八三。

27 牛漢、鄧九平主編，《枝蔓叢叢的回憶》（北京：十月文藝出版社，二〇〇一），頁五一九。

下，報社連忙召開編委會討論，文藝部主任袁水拍把責任推給值班的同志，埋怨他們沒有仔細地校對。但有的編委質問：「這是搞的什麼政治陰謀……」上午十一點，周揚建議請示毛。下午一點，周揚帶回毛的指示：「主席說，什麼二稿三稿，胡風都成了反革命了，就以《人民日報》的稿樣爲準，要《文藝報》按《人民日報》重排[28]。」顯然，在毛澤東的心目中，已經有了關於處理胡風的定見，連周恩來都不是很清楚毛澤東的意圖……果然，隨後，在毛的親自指導下，一九五五年五月十三日，《人民日報》刊登了材料，此時還稱爲「反黨集團」。六月十日發表第三批材料，已成「反革命集團」。爲了製造胡風案件，連選擇性刊登稿件這樣的小伎倆都要使用，可見胡風案件的編織是多麼精細的行爲。

六月六日，毛澤東收到第三批材料和《人民日報》社論後，批示給陸定一和周揚：「社論尚未看，對第三批材料的注文修改了一些，增加了幾段，請你們兩位或再邀請幾位別的同志，如陳伯達、胡喬木、鄧拓、林默涵等，共同商量一下，看是否妥當。我以爲應當借此機會，做一點文章進去[29]。」「做一點文章」的提法，已經清楚表明毛澤東的部署，是要以胡風案件爲序幕，引出以後更大的運動。

仔細分析這些按語，更可以清楚看到毛澤東是如何爲了編織製造案情，而不惜一切手段，甚至編造事實。

28 萬同林，《殉道者——胡風及其同仁們》（濟南：山東畫報出版社，一九九八），頁二二七—二二九。
29 萬同林，《殉道者——胡風及其同仁們》（濟南：山東畫報出版社，一九九八），頁二三〇—二三一。

在第三批材料的第五則（一九四四年五月十三日綠原給胡風，自重慶），其中有一句：「我已被調至中美合作所工作。地點在瓷器口，十五日到差，航委會不去了。」這段的編者按中寫道：「綠原在一九四四年五月『被調至』『中美合作所』去『工作』！『中美合作所』就是『中美特種技術合作所』的簡稱，這是美帝國主義和蔣介石國民黨合辦的，由美國人替自己也替蔣介石訓練和派遣特務，並直接進行恐怖活動的陰森黑暗的特務機關，以殘酷拷打和屠殺共產黨員和進步分子而著名。誰能夠把綠原『調至』這個特務機關去呢？特務機關能夠『調』誰去『工作』呢？這是不言而喻的。」

不過，據後來的當事人文章，這裡卻忽略了最主要的一個事實，那就是：「綠原雖然在信裡這樣寫了，但他始終未去中美合作所。他在回憶文章〈胡風和我〉中寫道：「一九四四年我在重慶復旦大學外文系讀書，曾經和其他學生一起，由校方統一徵召，爲來華參戰美軍充任譯員，受訓期間被當局認爲『有思想問題』，分配時便被通知由『航委會』改調中美合作所。當時我不勝惶恐，又舉目無親，只能向胡風求助，便給他寫了一封信……來不及等胡風回信，當天下午我就到賴家橋鄉下去找他。胡風當時並不了解『中美合作所』是個什麼機關，但認爲因『思想問題』而改調，無疑是危險的，於是立即爲我決定那兒去不得……」黎之的回憶中也提到，早在一九五〇年綠原的轉正期屆滿時，組織上就曾對他這段歷史做過調查，並弄清了他根本沒有去中美合作所[30]。這樣的歷史，只要經過調查，毛不可能不清楚。如果忠於歷史，毛就缺乏了將胡風及其朋友打成反革命集團的證據。因此，毛澤東的選擇就是完全改變事實，編造歷史，從而達到製造出敵人的目的。

30　牛漢，鄧九平主編，《枝蔓叢叢的回憶》（北京：十月文藝出版社，二〇〇一），頁五九三—五九五。

六月八日，毛澤東改好了社論之後，又對陸定一、周揚和鄧拓批示：「社論和材料兩件都做了一些修改補充，請你們酌定。請照此再打清樣送給各政治局同志看。關於寫文章，請注意不要用過於誇大的修飾詞，反而減輕了力量。必須注意各種詞語的邏輯界限和整篇文章的條理，廢話應當盡量除去。」對此，林默涵解釋說：「毛主席批示中關於『寫文章』一段話，主要針對《人民日報》社論稿而言的。這篇由鄧拓起草的社論，經毛主席刪改後，幾乎只剩下一個題目了[31]。」從社論到編者按，幾乎完全是毛本人動手完成的，僅僅胡風一個案件，當然引不起毛這麼大的興趣。毛在意的是後面的一場大戲。

六月十日，《人民日報》發表了〈關於胡風反革命集團的第三批材料〉和社論〈必須從胡風事件中吸取教訓〉。這時，胡風反黨集團一律改成胡風反革命集團[32]。社論說：「我們革命隊伍中的絕大多數（百分之九十幾）都是好人，只有少數是暗藏的反革命分子或壞分子。但是我們絕不可以看輕這些反革命分子或壞分子，必須堅決地把他們清除出去。」毛澤東製造胡風事件，就是爲了給肅反做鋪墊，這是有計畫的。隨後我們看到，一九五五年七月十九日，新華社公布了胡風被捕的消息。同一天，新華社還公布了上海市原副市長潘漢年因與「美蔣特務」暗中聯繫而被捕入獄的消息。以胡風和潘漢年事件爲契機，在全國範圍內開展了大規模的「肅反」運動。

在反胡風運動中，一些知識分子表現得十分積極，爲了向當權者表示忠誠，不惜對同行落井下

31 牛漢，鄧九平主編，《枝蔓叢叢的回憶》（北京：十月文藝出版社，二〇〇一），頁二三一。
32 牛漢，鄧九平主編，《枝蔓叢叢的回憶》（北京：十月文藝出版社，二〇〇一），頁二三一。

石，甚至姿態比當局還激進，反映出中國部分知識分子的劣根性。最爲典型的就是當時擔任中國科學院院長的郭沫若。在批判胡風運動剛一開始的時候，郭沫若就發表了長篇文章〈反社會主義的胡風綱領〉，給胡風羅列了「反對作家掌握共產主義世界觀，反對作家和工農兵相結合，反對作家進行思想改造，反對在文藝中運用民族形式，反對文藝爲當前的政治服務，以及取消黨的領導。」等六大罪狀，論者指出「郭沫若的文章具有示範和引路的作用，所以其後的批判全部升到政治這一格上。」當運動逐漸升級之後，郭沫若已經察覺到風向，於是態度更加激進，五月二十五日發表了〈嚴厲鎭壓胡風反革命集團〉的文章，二十六日更代表七百多名文化人，呼籲人民政府依法逮捕胡風[33]。

此時再回頭看毛澤東爲製造胡風案件所下的功夫，我們應當對毛澤東的眞實目的多少有一些了解了。胡風案件對毛澤東的用處就是，證明了確實存在開展第三次肅反運動的必要性，證明了在社會主義改造的道路上，革命與反革命的階級鬥爭是始終存在的，證明了在無產階級專政下繼續革命的必要性。

33　張景超，《文化批判的背反與人格：中國當代知識分子研究》（哈爾濱：黑龍江人民出版社，二〇〇一），頁二四九。

三、反右運動

1.「引蛇出洞」

一九五七年二月二十七日，毛澤東在最高國務會議上，發表了題爲〈正確處理人民內部矛盾的問題〉的講話，提出了「百花齊放，百家爭鳴」的政策，史稱「雙百方針」，鼓勵民主黨派和知識分子針對黨和政府的工作中存在的問題進行批評。三月六日，毛澤東又在中共中央全國宣傳工作會議上發表長篇講話，進一步敦促黨外知識分子對共產黨的執政提出批評。他說：「徹底的唯物主義者是無所畏懼的，我們希望一切同我們共同奮鬥的人能夠勇敢的負起責任，克服困難，不要怕挫折，不要怕有人議論譏笑，也不要怕向我們共產黨人提批評建議，」他甚至呼籲「捨得一身剮，敢把皇帝拉下馬[34]。」

而當時在民主黨派，高級知識分子和大學生中，對於八年來中共的統治也確實是有一些不滿的。這些不滿集中在幾個問題：一是中共對知識分子長期不信任，並採取種種政治運動的方式，強迫他們改變觀念，很多政治運動對知識分子造成很大傷害。例如根據方勵之的回憶：「一九五五年初，越南共產黨主席胡志明訪華，要北大的學生去飛機場歡迎。本來是件小事，但因毛澤東、周恩來等所有的中共領導人也都在機場，一個簡單的歡迎式，就變成了一個『嚴重』的政治任務，要求我們在挑選歡

34 胡平，《禪機：一九五七苦難的祭壇》（廣州：廣東旅遊出版社，二〇〇四），頁一二一。

迎者時，按階級鬥爭觀念處理。結果，一些『思想落後』的同學由於被認爲『不可靠』而不准參加。這些同學受到嚴重的歧視和傷害[35]。」

二是政府官員中很多對於行政和業務是外行，但是又依靠政治權威指揮內行，有些官僚主義嚴重，頤指氣使，態度傲慢。根據楊奎松的研究，以西北各省基層政權爲例，「由於大批幹部已經北上或南下，有的原不過是陝北根據地的農民，只因爲在鄉裡當了一段時間的幹部，就被編入工作團，分派到西北各省去做書記或縣長。由於他們中有些人大字不識一個，不要說上級文件看不了，就連蓋縣政府大印都不知道如何蓋。結果也就在這些陝北幹部中間，出現了這樣一種很特殊的相互傳授的『經驗』，就是找識字的人把印章的下方鋸一個缺口，每次用章時把缺口向著自己，以保證不會把印蓋倒了[36]。」這樣的基層領導幹部，群眾心中有不滿是不難想像的。

建國僅僅八年，很多民主黨派和知識分子對於中共還不是很了解，他們在建國以前放言高論，抨擊時政的習慣，儘管經過歷次政治運動已經有所收斂，但是還沒有完全磨滅。現在中共積極熱情地邀請批評，很多人就忘記了過去政治運動的教訓，又站出來發揮知識分子論政議政的本能了。

四月二十七日，北大化學系教授傅鷹在北大化學系討論正確處理人民內部矛盾問題的座談會上，針對黨和知識分子的關係指出：「黨和黨外人士關係不好，首先是由於『三反』的偏差。」「人民有

35　方勵之，〈自由主義的終結和共產主義的退潮〉，紐約：《北京之春》二〇〇七・八，頁三七。

36　楊奎松，〈建國初期中共幹部任用政策考察——兼談一九五〇年代反「地方主義」的由來〉，華東師範大學中國當代史研究中心編，《中國當代史研究》（第一輯）（北京：九州出版社，二〇〇九），頁二九。

什麼不好的思想行爲，總說是資產階級思想影響，這是不公平的[37]。」他的發言代表了一批知識分子的心聲。這批人眞心擁護共產黨，也願意改造自己，但是多年的實踐下來，他們發現中共還是把他們當外人，因此他們心中難免有不滿。「反右」的機會來了，這些不滿就化爲牢騷發洩出來。

但是對於一些民主黨派人士來說，他們想表達，是對中國政治制度的意見。在中共與國民黨爭奪政權的時候，中共一直宣稱要建立與各個民主黨派聯合執政的政府。當時，以民主黨派人士爲代表的中國自由知識分子，因爲背後有美國的支持，自詡爲「第三種勢力」，他們對中國的未來有各種的制度設計與想像，在共產黨聯合政府的號召下，才投入到推翻國民黨政權的行列中。在建國初期，中共至少在形式上，履行了聯合政府的承諾，但是朝鮮戰爭之後，隨著各項社會主義改造工作的開展，民主黨派被逐漸淡化出了領導集團。對於羅隆基、章伯鈞這些在政治上一向很有抱負的民主黨派負責人來說，心中的不滿是可以想像的。在整風運動開始之後，他們主要表達的就是對於政治制度問題的意見。這些言論主要集中發表在中共統戰部召集的好幾次各民主黨派負責人的座談會上。

五月八日的座談會上，民革中央常委陳銘樞建議改變學校的黨委負責制，學校工作應當更多地依靠教師和學生。民建副主委章乃器提出，應當讓黨外人士有職有權。五月十日的座談會上，民盟副主席羅隆基提出，共產黨可以在工農群眾中發展，而民主黨派就不能在工農群眾中發展，這個矛盾應當解決，才有所謂民主黨派與中共長期共存的問題。五月十六日的座談會上，全國工商聯主任委員陳叔

37 朱正，《一九五七年的夏季》（鄭州：河南人民出版社，一九九八），頁五〇—五一。

通針對中共中央和國務院聯合發布指示的制度提出批評，他認爲這會削弱國務院的權力[38]。

在一九五七年春天短暫的政治鬆動中，除了民主黨派之外，在高等院校，青年學生的思想被調動起來。五月十九日，中文系學生沈澤宜，張元勛在北大大飯廳東牆上貼出北大一首詩〈是時候了〉，詩中寫道：「是時候了／青年人放開嗓子唱／把我們的痛苦和愛情一齊都寫在紙上／不要背地裡不平，背地裡憤慨，背地裡憂傷／心中的酸甜苦辣都抖出來見一見天光……」隨後，北京大學等校出現大批大字報，對中共的官僚主義，對於現行的政治制度提出種種批判，北京大學物理系的譚天榮、人民大學的林希翎等成爲學生領袖。

應當說，學生的訴求與民主黨派和知識分子還不是完全一樣。如果說民主黨派偏重的是對於民主制度的要求的話，青年學生的不滿，主要來自於建國以後政治上的沉悶空氣，以及對於自由的壓抑。當年在北大物理系就讀的方勵之回憶說：「青年知識分子當初的動機，絕非是有意想給鳴放發動者製造困境，更不想爭奪領導權。相反，對民主黨派要求的『有職有權』等等，在學生中極少引起共鳴和呼應。學生呼喊的不是『權力』，而是天賦的自由『權利』[39]。」

有學者後來評價說：「和文革中出現的各種所謂異端思潮相比，五七年的右派言論所含有的自由民主理念要豐富得多，清晰得多，也純正得多[40]。」這裡提出的，是如何看到五七一代人的問題。這個問題，是北京大學教授錢理群最早提出的。

38　朱正，《一九五七年的夏季》（鄭州：河南人民出版社，一九九八），頁六三—七七。

39　方勵之，〈自由主義的終結和共產主義的退潮〉，紐約：《北京之春》二〇〇七．八，頁三六。

40　胡平，〈反右運動與言論自由〉，紐約：《北京之春》二〇〇七．六，頁二七。

2. 「五七一代」人

這一代人，他們歷經國共兩黨統治時期，畢生以追求民主爲理念，但是兩次理想幻滅。我們可以稱之爲「五七一代」。這一代人中的精華部分，在一九五七年毛澤東號召的「百花齊放，百家爭鳴」的陰謀中幾乎傾巢而出，加入了給共產黨提意見的行列，然後被中共一網打盡。因爲有「反右」運動的大鎮壓，這一代人從此在中華人民共和國的歷史上消失了。中國民主運動的歷史缺乏傳承，這個斷代就是從一九五七年開始的。

今天回顧當年的「右派」言論，我們可以看到，原來早在五〇年前，那一代人對中共的認識，就有像林昭那樣透徹的水平；我們也看到，今天的民主運動，從「四五」到「思想啓蒙」，從「八六學運」到「八九民運」，所提出的政治主張，其實都沒有超出「五七一代」人的思想框架太多。

二〇〇七年二月，原中共中央黨校科技局長杜光、原社科院高級編審鄭海天、原新華社高級記者戴煌、原北大生物系教授姚人傑、原山東大學教授史若平、原成都日報編輯曉楓、原北京市公安局幹部任重等九人聯名發起「爲紀念反右鬥爭五十周年，向中共中央、人大常委會、國務院的公開信」，得到熱烈回應，包括許良英、原大公報記者高汾(八十七歲)、原中宣部新聞局局長鍾沛璋、原人民日報記者劉衡、經濟學家茅於軾、原中國劇協黨委書記杜高、當年右派譚天榮、沈澤宜、林希翎等都參加聯署。公開信提出「開放言禁，允許人們用多種方式反思，總結反右運動的歷史教訓，找出和挖掉產生錯誤政治運動的根子，用制度來保障我國的民主進程，」「宣布反右運動是完全違反憲法的錯誤的政治運動，以及給當年的受害人經濟賠償。」

這個陣容，基本上就是原來「五七一代」的陣容。這個陣容，也讓我們看到，儘管中共的歷史中，這一代人被消音抹殺，但是他們中的勇者並沒有被政治鎮壓擊敗。雖然他們很多人都付出了青春、事業、家庭甚至生命的代價，但是很多人仍然沒有放棄理想。從七〇年代末的理論務虛會到八〇年代的「新啓蒙運動」，主力軍中很多都是當年一九五七年的右派。這一代人在艱苦中用堅強的意志存活了下來，讓民主的火種能夠繼續，他們對中國民主化進程的貢獻，是値得重視並予以高度肯定的。今天我們反思「反右運動」，就應當重新建立這段歷史，重新認識這一代人。

3. 中國知識分子精英被一網打盡

六月八日，毛澤東以《人民日報》社論的方式發表文章〈這是爲什麼？〉同時起草了一份黨內文件〈組織力量反擊右派分子的猖狂進攻〉，在全國範圍內開展「反右派鬥爭」。直接負責推行運動的，就是當時的總書記鄧小平。後來的國務院總理朱鎔基，當時是國家計畫委員會的幹部，也被打成右派，下放到邊疆改造。根據中共黨史學者王來棣的統計，中國知識分子中有百分之三十左右成爲專政對象和「異己分子」[41]。據毛澤東自己後來說，他號召「鳴放」是一個陽謀，是爲了「引蛇出

41　全國被打成「右派」的共五十五萬人，占當時全國知識分子總數的百分之十一。他們全部被迫「勞動改造」。一部分還被關進監獄。此外，在反右運動中，小學教師和農村區鄉幹部中也有不少被打成「右派」，估計人數達五十萬；但不久後中共中央決定，不在小學教師和農村幹部中劃「右派」，於是他們就改戴「壞分子」或「地主」這類「帽子」，境遇比「右派分子」還要慘。「反右運動」後期，在「右派」之外又劃了一大批屬於「內部控制使用」的「中右分子」，其數估計在五十萬人以上。總之，經過「反右」運動，中國知識分子中有百分之三十左右，成爲專政對象和「異己分子」。見王來棣，〈毛澤東的知識分子政策〉，何

洞」，讓右派分子自由發表反動言論，然後再整肅。事實也是如此，其實早在五月十五日，毛澤東就在黨內下發了他的〈事情正在起變化〉一文，已經開始準備鎮壓，同時要求各級黨委繼續鼓勵知識分子「鳴放」。而如果我們把時間追溯到更早的一九五七年年初，就會發現在那個時候，毛澤東就已經有了引蛇出洞的構想。

一九五七年一月，毛澤東在對省市自治區黨委書記講話的時候就說：「蘇共二十大的颱風一颳，中國也有那麼一些螞蟻出洞，」「黨內外那些捧波匈事件的人捧得好呀！開口波茲南，閉口匈牙利。這一下子就露出頭來了，螞蟻出洞了，烏龜王八都出來了。」「在一些教授中，也有各種怪議論，不要共產黨呀，共產黨領導不了他呀，社會主義不好呀，如此等等。他們有這麼一些思想，過去沒有講，百家爭鳴，讓他們講，這些話就出來了。」「他們不搞什麼大民主，不到處張貼標語，還不曉得他們想幹什麼。他們一搞大民主，尾巴就被抓住了。匈牙利事件的一個好處，就是把我們中國的這些螞蟻引出了洞[42]。」

這裡要注意的是，毛澤東舉例說明的一些「教授們」的言論內容，與後來整風運動中的言論驚人地一致。這說明早在一九五七年初發動反右運動之前，毛澤東對於一旦開始要求知識分子發言，他們會有什麼樣的牢騷和意見，是非常清楚的。以後毛澤東對於自己的政策彷彿辯護的時候，說整風運動是好的，但是資產階級右派分子乘機跳出來向黨進攻，因此才發動反右運動反擊，這顯然是與事實不

（續）清漣主編，《二十世紀後半葉歷史解密》（Sunnyvale, CA, USA: 博大出版社，二〇〇四），頁六〇。

42 許良英，〈當代中國大災難的開端：反右運動——紀念反右運動五十周年〉，紐約：《北京之春》二〇〇七・八，頁四〇。

符的。這個辯護一直到今天還在被中共官方沿用。但事實上，毛澤東用「引蛇出洞」的手法，誘使民主黨派和知識分子批評中共，然後倒打一耙，說是民主黨派和知識分子向黨進攻，這完全是一個圈套。作爲統治者，用這樣的欺騙手段整肅自己的人民，這在古今中外的歷史上是少見的。

其實當時很多的知識分子發言，完全沒有直接針對政治體制和中共領導的意圖，但是在「反右」運動發動之後，很多這樣的言論在官方媒體上經過重新包裝，以反黨的面目出現。這樣的言論，編製歪曲的成分之多，可以看到當局是有組織，有計畫地發動對知識分子的整肅的。例如著名的戲劇家吳祖光被打成右派，他的所謂「右派」言論，是有一次在文聯的整風座談會上的發言。當時他的原話是說：「那種辦事粗暴，又不懂文藝的人，趁早別領導文藝工作。」這樣一句沒有特定目標的發言，在一九五七年第四期《戲劇報》上發表的時候，題目被改成了「『黨』趁早別領導戲劇工作了」。一字之差，導致吳祖光的問題變成了「反對黨的領導」[43]。

葛佩琦的遭遇在當時的中國知識分子中具有代表性。一九五七年五月二十七日的《人大周報》上，刊登了人大教師葛佩琦二十四日在黨外人士座談會上的講話，葛說「不要不相信我們知識分子。搞得好，可以；不好，群眾可以打倒你，殺共產黨人，推翻你們，這不能說不愛國，因爲共產黨人不爲人民服務。」值得注意的是，這番刊登出來的講話，其實不是葛的原話。葛當天下午就找到人大副校長，黨委副書記葛眞，認爲是誣陷他，他不知道的是，這個時候黨內已經傳達了毛澤東「引蛇出洞」的指示，葛的談話就成了人大黨委響應毛澤東指示的最佳目標。

43　李洪林，《中國思想運動史》（香港：天地圖書有限公司，一九九九），頁四二六。

六月八日，《人民日報》報導了葛佩琦的言論，內容變動幅度更大，變為「群眾總是要推翻共產黨，殺共產黨人的；若你們再不改，不爭口氣，腐化下去，必然走這條路。總有這麼一天，這也是合乎社會主義發展規律的。喊萬歲也是沒有用的。」這些已經不是葛佩琦的原話，他當即寫了更正信給《人民日報》社，但是報社根本不予理睬。接著，全國大小報刊都刊登批判文章，批判葛佩琦要殺國內共產黨人的言論。不明就裡的人，看到葛佩琦這樣的言論，確實會覺得義憤填膺，認為葛極為猖狂。為了達到政治目的，當局是不擇手段，甚至完全捏造言論。葛本人後來被定為「極右分子」，判處無期徒刑44。

這種無中生有的編造，是製造出「右派分子」的主要手段。在「反右」運動開始之後，民主黨派方面揭發出的最大敵人，就是所謂的「章羅聯盟」。章伯鈞、羅隆基作為民主黨派的代表人物，確實在整風的時候針對中國的政治制度提出了自己的意見，例如章伯鈞曾經提出政治設計院的構想，認為人大、政協、民主黨派和人民團體可以作為這樣的設計院，針對政治上的一些事情事先進行討論。而羅隆基的主張是成立平反委員會，針對肅反運動中的冤案進行處理。這些都是可以接受公評的言論，與集團行動完全無關。章羅兩人長期以來不和是眾所周知的事情，兩個人之間很久都沒有私人之間的交往。但是「章羅聯盟」被當作是「反右」運動的重點，官方的宣傳控訴這個聯盟，說他們無所不在地向黨進攻。這與胡風冤案的編織手法可以說是如出一轍。

44 李新，〈反右親歷記〉，蕭克等著，《我親歷的政治運動》（北京：中央編譯出版社，一九九八），頁二四—二五。

當年在山東大學醫學院就讀，後來被打成「極右」分子而在山東的勞改所關押二十餘年的尹福生，在生命的最後時刻寫下了對於那段歷史的回憶。他是因為一九五七年春天在一個學校召開的農村地區學生座談會上，講了老家山東曹縣在農業合作化運動中，幹部任意打人，綁人，有強迫命令作風，以及說過一些對蘇聯的批評言論而被劃為右派的，但是整個劃為右派的過程他自己完全不知道，「沒有任何人通知我。連續兩天的批判會後，便出現了一條寫著『右派分子尹福生必須老實交代』的大字標語[45]。」這種命運隨時會發生變化的恐懼瀰漫在當時的知識分子中間。

這次「反右」運動，充斥了荒誕的事情，尤其是在「右派分子」的認定問題上。例如當時在中央高級黨校新聞班進修的錢辛波，回憶他被劃為「右派」的過程，居然是與上級領導討論出來的結果：「新聞班領導小組成員何偉(任駐越大使，後任教育部長)找我談話。他開門見山就說：『你的問題我們考慮過，你有許多熟人都是右派，你以前又在資產階級報紙《新民報》工作過。如今要把你劃為右派，你認為怎樣？』聽他的口氣似乎是徵求意見，實際上一切都已經決定。我想了一想，回答說：『我確實並不比我熟悉的人高明，把我劃為右派，我也沒啥說的，由組織上決定吧。就這樣三言兩語，我就被劃為『右派』了[46]。」當時的知識分子經過一九四九年之後八年的政治運動和整肅，已經失去了任何反抗的勇氣，錢辛波的逆來順受絕不是個別現象。

此外，群眾運動的威力，導致知識分子無法抵抗也是一個主要原因。正如胡平指出的：「大多數

45　尹福生口述，王凌雲整理，〈劫難〉，紐約：《北京之春》二〇〇七．六，頁一六。
46　劉自立，〈記大公報的右派分子〉，紐約：《北京之春》二〇〇七．六，頁一〇。

右派後來低頭認罪，一個主要原因就是他們遭受到廣大群眾一致的強烈批評，因此對自己原先的觀點或主張產生了動搖，懷疑，直至最後的自我否定。因爲一般來說，政治觀點的是非對錯，是根據它是否能夠贏得別人的贊同爲標準的，當你發現你的觀點遭到眾人的一致反對，你就很容易陷入自我懷疑和自我否定[47]。」這正是中共和毛澤東在革命中如此熱中群眾運動的秘密所在。不過，很多知識分子在建國以後逐漸自覺地丟棄獨立人格，把革命，個人的自我改造以及群眾意志放到是非標準之上，這也是那個時代的知識分子的集體現象。

八月一日，中共中央發出「關於繼續深入反對右派分子的指示」，要求準確地定義三種右派分子，即極右，普通右派和中間偏右分子。指示中還規定了各地反右運動的具體指標，提出「要把在報紙上批判極右分子的人數，增加到右派分子中極右分子的百分之二十至五十，以利教育廣大群眾[48]。」「反右」運動迅速擴大到全國各行各業。

在地方上，反右運動不僅僅限於知識界，也擴及到了農村地區。一九五七年七月四日，省委召開地、州委書記會議，總結了此前一段時間反右派運動已經取得的「勝利成果」，決定在此基礎上，「再用一個月的時間，開展一場更加激烈的戰鬥。要想盡一切辦法，加深加寬鬥爭力度，把各個角落的敵人一掃而光，鬥得敵人體無完膚，叫敵人眞正繳械投降。」一九五七年八月十三日，《甘肅日報》在一版刊登一條消息，介紹秦安縣各界人民群眾奮起反擊右派分子的進攻。標題是「如果誰硬要

47 胡平，〈爲什麼很多右派會低頭認罪？〉，紐約：《北京之春》二〇〇七・七，頁六二。
48 胡平，《禪機：一九五七苦難的祭壇》（廣州：廣東旅遊出版社，二〇〇四），頁三六三。

以人民為敵，我們就拿起鋤頭消滅他」，可見運動的激烈程度[49]。

「反右」運動對知識分子造成極大的精神壓力，知識分子自殺達到建國以來的新高峰。歷史學者謝泳提到過兩個代表性的例子：

「東北人民大學（現吉林大學）歷史系主任丁則良，在鳴放期間正在蘇聯開會，自然沒有反黨言論。但他人還在國外，學校就造出了一個『余（瑞璜，物理學家）、丁、徐（理治，數學家）反黨集團』，把他定位右派。於返國後回到北京大學擬繼續編寫教材的工作，可是東北人大卻電話召其返校接受批判。他對國內來勢洶洶的運動毫無思想準備，即投身北大校園內的未名湖自殺。」

「著名電影演員石揮，反右時剛完成一部根據真人實事改編的電影〈霧海夜航〉。由於片中有一幹部是個自私自利的傢伙，算是『污蔑黨的幹部』，他平時說的笑話（指管理製片的電影局的人為『警察局派來的員警』，『咱們拍鏡頭都要經過警察局批准』）也拿來作為罪證。連續被批判，鬥爭兩天之後，他登上自上海至寧波的輪船，在真正的霧海夜航中跳進吳淞口外的揚子江，年僅四十二歲[50]。」

有些人甚至還沒有被批鬥，僅僅是擔心被批鬥，就選擇了死亡。例如，「武漢大學物理系教授畢長林是一般右派分子，上學期沒有點他的名。暑假中他還和李達校長一同去廬山，回來後也還未動他。上星期有一天晚上，物理系一個教師到他家閒談，談到物理系開會時對他意見頗多。畢長林聽了後惶惶不安，晚上八時談的，十時就上吊死了[51]。」「反右」運動在知識分子心中造成的陰影是多麼

49　邢同義，《甘肅農村的反右派運動》，北京：《炎黃春秋》二〇〇九．二，頁六三—六六。
50　謝泳，《中國現代知識分子的困境》（台北：秀威資訊科技二〇〇八），頁一七。
51　謝泳，《中國現代知識分子的困境》（台北：秀威資訊科技二〇〇八），頁二七。

慎重，由此可見一斑。

一場「反右」運動，把中國知識分子階層中的精英成分幾乎一網打盡，新文化運動以後逐漸形成的知識分子參政議政的風氣至此中斷。繼鄉村仕紳階層，工商資產階級之後，作爲一個階層，知識分子這個階層從精神上等於被消滅了。

4. 鄧小平的責任不可推卸

一九七八年鄧小平復出以後，支持胡耀邦對歷次政治運動進行「撥亂反正」，平反冤假錯案；但是對於「反右」運動，鄧小平始終持保留態度。在胡耀邦的努力下，當年被打成右派的五十五萬知識分子基本上都獲得了平反，但是還是有林希翎等九人未能獲得平反，更重要的是，對於「反右」運動的性質，鄧小平堅持認爲運動本身沒有錯，錯誤的是「擴大化」。五十五萬右派，只有七個是不能平反的，其他的百分之九九點九九以上都是「擴大化」，這完全是笑話，但是鄧小平不顧外界評論，堅持這樣的立場。這其中最主要的原因，就是因爲那場「反右」運動，毛澤東雖然是主使者，但是具體的執行者，正是鄧小平本人。

據陳伯達回憶，「我參加過鄧小平同志主持的一次省市委書記會議。他在那次會上對各地的領導人說：『現在時間比金子還寶貴，你們要趕快回去收集右派們的言論，否則時間晚了，就收集不到了。』我當時很驚訝，怎麼會『時間比金子還珍貴』呢？人總是會說錯話的，這樣抓緊時間去專門收集言論，牽涉的人就多了。」陳伯達認爲「反右後來搞得那麼大，鄧小平同志是有很大責任的。」事實上，鄧小平在一九五七年不僅是中共中央反右辦公室的負責人，而且在一九五七年九月中共八屆三中全會上，代表中央就「反右派」鬥爭做出總結報告的，也正是鄧小平。因此，關於反右運動，鄧小平的責任是不可推卸的。

四、風雲中的飄揚：中國知識分子的命運

中國知識分子在一九四九年以後的漫長歲月中，經歷了相當艱苦的生活歷程。這不僅表現在社會地位上，也表現在生活水平上。中國科學院自然科學史研究所研究員張黎曾經針對抗戰之前、一九四九年、一九五二年和一九五四年中國研究人員的待遇進行過對比。根據對比結果，可以發現，建國以後研究人員的待遇明顯下降。以最高工資爲例，抗戰以前研究人員的最高工資，折合成一九五四年的人民幣是七百五十元，可以購買二百袋麵粉；而一九五四年研究人員的最高工資是二百四十四・八元，只有抗戰之前水平的三分之一，加上物價因素，只能買麵粉二十七・二袋，更是降低到了原來水準的百分之十四[52]。當然，比起物質待遇來說，更加殘酷的還是政治運動的折磨和對人性的扭曲。

在歷次的政治運動中，知識分子雖然是主要的受害人，但是有些知識分子也是加害者。面對政治壓力，很多知識分子選擇明哲保身，甚至攻擊他人以顯示自己的忠誠。當年的目擊證人表示「反右」的時候，文人整文人，比外界整文人厲害得多[53]。在反胡風運動開始以後，因爲辦案人員從胡風住處

52　張黎，〈科學家的經濟生活與社會聲望：一九四九—一九六六年——以中國科學院爲例〉，《中國當代史研究》（第一輯）（北京：九州出版社，二〇〇九），頁一〇九。

53　〈賀有直：現在人心太浮躁〉，〈陳家琪：抵制遺忘〉，李宗陶，《思慮中國：當代三十六位知識人訪談錄》

搜到大量的胡風多年來保存的與友人的來往信件，天津、武漢等地被捕的「胡風分子」的家裡也抄出很多與胡風的通信，當時需要一些熟悉文藝界情況，以及對胡風等文人的習慣用語及別名等的情況的人來審閱這些信件，以便從中找到可以給胡風定罪的根據。於是很快從中宣部，中國作家協會，文化單位和公安部等單位，抽調了一些人來做這個工作，其中包括與胡風同時代的知名文化人何其芳、劉白羽、袁水拍、張光年、郭小川、黎辛、朱寨、李曙光等約十一、二人，並由老資格的左翼文人林默涵組織領導這個工作[54]。這是典型的用知識分子來整知識分子的手法。這些文人在後來的政治運動中也都遭到了迫害，處境當然值得同情，但是這不應當抹殺一個事實，就是他們也曾經對胡風落井下石。

郭沫若，可以說是那個時代下知識分子爲了攀附權力，不惜出賣靈魂的一個縮影。一九五七年，郭沫若陪同毛澤東到莫斯科參加十月革命的慶典，回國後寫了一首〈題毛主席在飛機中工作的攝影〉的詩，稱呼毛爲「第二個太陽」：「在一萬公尺的高空／在一〇四的飛機上／難怪陽光是加倍地明亮／機內和機外有著兩個太陽[55]。」對比他在新文化運動前後的詩歌創作，如〈鳳凰涅槃〉之類，這種御用文體的呈現，表現出郭沫若本人已經把政治放到了創作之上，更不用說良知了。在歷次的政治運動中，郭沫若作爲官方樹立的中國文人代表人物，都發揮了積極的推動作用。之所以做這樣的選擇，

（續）（北京：新星出版社，二〇〇九），頁二五六。

54 王康，〈我參加了審查胡風案〉，武漢：《湖北文史》二〇一〇・二，頁一三一。

55 楊建民，〈一九五八年：詩人郭沫若〉，劉瑞琳主編，《溫故》（第十六輯）（桂林：廣西師範大學出版社，二〇〇九），頁六一。

有論者稱之爲「廟堂情結」[56]。所謂「廟堂情結」，就是指中國知識分子自古以來都有一種「爲帝王師」的終極理想，認爲士大夫的最高境界就是能夠爲統治者服務，因此中國知識分子從歷史傳承上看就缺乏獨立的人格。

另外一方面，對於大多數知識分子來說，內心的苦悶是主要的集體現象。這些苦悶不僅是政治現實的高壓，也包括對自己命運的無奈感。一九四九年之前在中國文壇備受矚目的作家沈從文，曾經被認爲是中國最有希望得到諾貝爾文學獎的作家。一九四九年後看到形勢的逆轉，內心敏感的沈從文毅然決定放棄文學寫作，改爲研究中國古代服飾這個相對專業性更強，因而政治上更爲安全一些的領域。這對於他個人以後的遭遇來看當然是明智的選擇，但是對於中國的文學發展來說就不能不是一個損失了。放棄自己最心愛的事業，沈從文內心的苦悶也是可想而知的。有學者曾經把建國初期中國知識分子的普遍心態，總結爲三種類型：第一，日益強化的政治意識；第二，不斷加重的消極心理；第三，漸趨不堪的「原罪」意識[57]。在這些情緒的交織下，知識分子內心的苦悶是可想而知的。

內心的苦悶，還有很多是來自理想與現實的衝突。中國知識分子從清朝末年作爲一個階級出現以來，自始至終都是社會上最具有理想主義的群體。新文化運動以後，很多知識分子抱著理想，到處尋找能夠救國強國的力量，而中共就是很多知識分子最後的選擇。但是一九四九年以後，這些知識分子

56　張景超，《文化批判的背反與人格：中國當代知識分子研究》（哈爾濱：黑龍江人民出版社，二〇〇一），頁二四二。

57　李立志，《變遷與重建：一九四九—一九五六年的中國社會》（南昌：江西人民出版社，二〇〇二），頁三〇七—三〇八。

親身體會到了理想的破滅，他們發現自己當初奮鬥的結果，是給中國帶來了更為黑暗的時期，這樣的苦悶在很多人心中鬱結且無法紓解。在歷次政治運動中，不少知識分子無法克服內心的苦悶，而選擇了結束自己的生命。謝泳在分析知識分子自殺現象的時候，曾經揭示過這種心理狀態：「在自殺者中以早年信奉自由主義理想，並有留學和國外生活背景的知識分子為多。這些知識分子曾經感受過自由社會的生活方式，他們回國前或者對中共的制度不了解，或者是對這一制度抱有不少美好的幻想，結果國內現實的政治環境，與他們所期待和願意接受的顯現出巨大的差異。發現受騙上當後，他們的內心可能長期處於複雜的矛盾狀態下而無法自拔[58]。」

當然，在一九四九年以後的中國知識分子裡面，也有堅持自己的良知，拒絕向極權主義屈服的。作家阿壠就是代表。在「反胡風反革命集團」鬥爭中被投入監獄的阿壠在宣判結束後的第四個月，給監獄長寫了一封信，在信中，他說：「從根本上說，胡風反革命集團案件，全然是人為的，虛構的，捏造的。所發布的材料，不僅實質上是不眞實的，而且恰好混淆了，顚倒了是非黑白。一方面，歪曲對方，迫害對方；一方面則欺騙和愚弄了全黨群眾和全國人民。我認為這個案件，肯定是一個錯誤。」，他還提出：「一個政黨，一向人民說謊，在道義上它就自行崩解了。這顯然是政治迫害，政治欺騙，別的解釋是不可能的。我也多次表白：我可以被壓碎，但是絕不可能被壓服[59]！」在當時一片肅殺，很多「胡風分子」包括胡風本人，面對政治壓力都紛紛做檢討的時候，阿壠的這番話不僅顯

58 謝泳，〈一九四九年至一九七六年間中國知識分子及其他階層自殺現象之剖析〉，何清漣主編，《二十世紀後半葉歷史解密》，Sunnyvale, CA, USA: 博大出版社，二〇〇四，頁九二。

59 彭小蓮，〈我走進了「胡風分子」圈〉，北京：《炎黃春秋》二〇一一．五，頁八〇。

示了高遠的政治眼光，也展示了一個知識分子應有的風骨。這樣的知識分子還有很多，例如有「聖女」之稱的北大學生林昭，堅決不與中共合作的歷史學家陳寅恪等等，但是也必須指出的是，他們在那一個時代的知識分子中所占的比例是不高的。

第六講

黨內：廬山會議

一、廬山會議：彭德懷被整肅

1.原本以為是「神仙會」

廬山會議，指的是一九五九年七月二日至八月一日的中央政治局擴大會議，和八月二日至八月十六日緊接著在同樣地點召開的八屆八中全會。這次會議的召開，背景是「大躍進」運動和人民公社兩項政策，給經濟發展帶來很大的困難，因此中共需要總結經驗教訓，也需要聽取各個層次的黨政幹部對於當前局勢的看法，並統一思想。

在會議的前面階段，毛澤東定下的基調，是要在充分肯定大躍進政策的前提下，總結出現的問題。他提出九個指頭和一個指頭的說法，即承認問題的存在，但是不希望否定大躍進。對此，周恩來等人心裡是清楚的。根據楊尚昆的回憶：「周小舟那時有些年輕氣盛，加上他過去曾經當過毛澤東的秘書，在毛澤東面前說話不大拘謹。在廬山，開始他比較活躍。七月十一日夜，毛澤東找周小舟、周惠、李銳談話，周小舟反映『大躍進』中下面幹部講假話的情況，還說『上有好者，下必甚焉。』毛澤東聽了不但沒有表現反感，反而談笑風生，氣氛輕鬆。這次談話後，周小舟就向人散布空氣，說毛澤東要反『左』，引起下面議論紛紛。周恩來聽到議論，問我這是從哪傳出的話。我告訴周恩來，聽說是周小舟講的。周恩來就讓我轉告周小舟，不要再傳這個話了[1]。」可見，周恩來已經知道，毛澤東雖然表面上說是要反左，但是內心卻仍然認爲自己的決策沒有錯誤。

但是，大部分高級幹部不具備周恩來這樣的政治敏感度和對毛澤東的深刻了解。根據李銳的說法，這次會議本來只準備開十幾天，叫做「神仙會」的，因爲「毛澤東認爲一九五八年的偏差已在上半年的會議中解決了，這次會議只是交流情況，統一一下思想，順便休息一陣，然後下山去繼續大躍進[2]。」除了少數人之外，與會者也都是這麼認爲的。然而，就在會議即將結束之際，風雲突變，一場政治風暴驟然降臨。而這，是從彭德懷的一封信開始的。

2. 彭德懷上書

一九五九年上半年，彭德懷到家鄉湖南等地實地考察大躍進和人民公社的情況，親身感受到農村

1 〈楊尚昆揭廬山會議毛澤東批彭德懷真相〉，星島環球網：http://www.stnn.cc:82/gate/big5/history.stnn.cc/reveal/201008/t20100816_1396075_3.html，二〇一〇．一〇．三一。

2 丁抒，〈人禍〉，http://epochtimes.com/b5/5/7/16/n988213.htm，二〇一〇．一〇．三一。

問題的嚴重。考察中他收到一位傷殘的老紅軍給他的紙條，上面寫：「穀撒地，薯葉枯，青壯煉鐵去，收禾童與姑。來年日子怎麼過？請爲人民鼓嚨胡[3]。」希望彭德懷能夠反映基層遇到的困難。這讓彭德懷的情感受到深深的刺激。作爲一個軍人，彭德懷的個性耿直，心裡藏不住話。於是，七月十四日，他給毛澤東寫了一封長信，表達自己的看法。信中指出，當前的領導工作出現嚴重的「浮誇風」，而「浮誇風」的背後，是「小資產階級的狂熱性」導致的。另外，八月三日到十日，他在西北小組的討論會上先後七次發言，認爲人民公社辦早了，北戴河會議搞的鋼鐵指標是「左」的產物，並指出失敗帶來的責任人人都有，還點名說毛澤東也有責任等等[4]。彭德懷的發言，還觸及到了當時很少有人敢於觸及的問題，那就是關於毛澤東的個人崇拜的問題，他說：「浮誇風、小高爐等等，都不過是表面現象，缺乏民主、個人崇拜才是這一切弊病的根源[5]。」這當然就使得毛澤東感覺受到很大的挑戰。

歷史上看，毛澤東跟彭德懷的矛盾是有淵源的，這包括抗日戰爭期間開展「百團大戰」，是彭德懷不聽毛澤東的指示，堅持自己意見的結果；包括朝鮮戰爭中毛岸英的死亡，毛澤東難免會心中怪罪彭德懷；包括建國以後在人民解放軍的建設方面，軍隊是要專業化還是「政治掛帥」的問題，彭德懷的立場與毛澤東不一致等等。而更重要的是，建國後，跟蘇聯的關係，一直是毛澤東在考核高級幹部的忠誠度的時候，極爲重視的一個指標。當年高崗被清除出黨，其中一個原因就是史達林對他的欣

3 〈朱可夫事件與彭德懷廬山罷官〉，林蘊暉：《國史箚記・事件篇》（上海：東方出版社，二〇〇八），頁二三〇。

4 李銳，《廬山會議實錄》（台北：新銳出版社，一九九四），頁一一〇—一一一。

5 丁抒，〈人禍〉，http://epochtimes.com/b5/5/7/16/n988213.htm，二〇一〇・一〇・三一。

賞。現在，彭德懷也面臨類似的來自毛澤東的懷疑。

根據鄧力群的回憶，廬山會議之前，中國駐蘇聯大使館發回來一個情報，說蘇聯的報刊，領導人講話，指責中共的錯誤，「這些說法同彭德懷的說法大同小異」；還有一次，陳毅在北京見到蘇聯駐華大使尤金，當時北京的高級幹部只剩下陳毅一人，不知道是否是開玩笑，尤金對陳毅說，這樣你可以搞政變了。對於政治鬥爭高度敏感的陳毅立即報告了毛澤東。「大躍進」和人民公社受到重挫後，毛澤東本來就變得更加多疑，這些線索聯繫在一起，彭德懷與蘇聯的關係自然會引起毛澤東的懷疑。鄧力群就認爲，這些事情，「造成了對彭德懷的錯誤批判」6。

此外，從人際關係的角度看，彭德懷的直率個性，也使得毛澤東一再感到不受尊重。於是，毛澤東對彭德懷的不滿，在這次會議上一併發洩出來。

依照一貫的手段，毛澤東先是七月十七日把彭德懷的信加上大字標題分發給與會人員，要求全會進行討論，同樣的是要求大家暢所欲言。在這樣的號召下，黨內一些對於當前局勢有擔憂的幹部，公開表達了對於彭德懷的意見的支持，其中包括曾經擔任中共中央總書記的張聞天、湖南省委書記周小舟、解放軍總參謀長黃克誠等。這使得毛澤東更加感受到面對的不是一個彭德懷，而是黨內一批高級幹部在政治上的挑戰，於是決定把廬山會議的基調進行調整，從批左轉向批「右」。

在這個過程中，李銳記錄了一個意味深長的場面。就在毛澤東七月二十三日發表嚴厲講話後的下午，周恩來召集彭德懷等幾位黨內高級幹部談話。談話中，周是同情彭的。他安慰彭，說毛沒有點他

6〈朱可夫事件與彭德懷廬山罷官〉，林蘊暉，《國史劄記・事件篇》（上海：東方出版社，二〇〇八），頁二三一。

的名，要注意，也沒有什麼了不起的。他還提到自己在五六年「反冒進」的教訓，甚至說出「今年你替了我了」。彭說：「共產黨裡不能批評，這違反共產黨的基本原則。」他的話引出了周的苦水。周對他說了大躍進給經濟工作帶來的種種困難，包括鋼、鐵、煤的計畫不能完成；運輸是大問題；上海的煤只有七天儲備；存糧緊張。彭德懷問：「這些情況爲何不到大會上講一講？」周恩來說：「開始就講這些困難，像訴苦會了，誤會成洩氣不好。」這時，彭德懷說出了一句痛徹肺腑的話：「你們眞是人情世故太深了，老奸巨猾[7]。」這句話出自長期跟毛澤東，周恩來等一起共事的彭德懷之口，顯得十分沉痛。它反映出當時中共高層內部已經形成了毛澤東的個人獨裁，但是這種獨裁的形成，與黨內很多高級幹部爲了保住自己的政治前途，而放棄堅持正確立場也是有關的。換句話說，造成獨裁制的責任者，也應當包括默認的周恩來等高級領導人。

3. 始作俑者，其無後乎

七月二十三日，毛澤東在大會上發表了火藥味很濃的講話，批判彭德懷的意見書是反黨性質的綱領性文件，性質是「右傾機會主義」。他還提到彭德懷與蘇聯的關係，指控剛從蘇聯訪問回來的彭德懷，將人民公社的負面材料暴露給赫魯曉夫，導致赫魯曉夫利用這些材料來批評中國的政策[8]。發言中，他講了一些極爲情緒化的言論，比如：「假如辦十件事，九件是壞的，都登在報上，一定滅亡，

7 錢鋼，〈記住彭德懷爲眞話而死〉，《亞洲週刊》二〇〇九．三二，http://hi.baidu.com/56cun/blog/item/59b9d890f4ffe884a877a4db.html，二〇一〇．一一．一

8 史景遷，《追尋現代中國：共產主義到市場經濟》（台北：時報文化公司，二〇〇一），頁七八八。

應當滅亡，那我就走，到農村去，率領農民推翻政府，你解放軍不跟我走，我就找紅軍去，我就另外組織解放軍，我看解放軍是會給我走的。」再如：「主要責任應當在我身上。過去說別人，現在別人說我，」「你們看，始作俑者，其無後乎[9]，我一個兒子被打死了，一個兒子瘋了，我看是沒有後的。始作俑者是我，應該是斷子絕孫[10]。」這些話的激烈，顯示毛澤東對彭德懷的不滿不僅是政策上的分歧，也涉及很多個人之間的恩怨。關於解放軍的話，也反映出朝鮮戰爭之後，彭德懷因爲戰功在軍隊享有很高的聲望，國防部長的職位又使得他更直接地指揮軍隊，這讓毛澤東內心擔心自己對軍隊的掌控受到影響，擔心在未來的政治鬥爭中解放軍不跟他走。這也是他對一定要奪彭德懷的權的原因之一。

毛澤東下決心清洗彭德懷，也有部分原因是兩個人個性上的衝突。這裡有一段插曲：在毛澤東結束上面那段講話之後，散會的場外，毛澤東與彭德懷正好走到對面，「毛澤東立住腳招呼：『彭總，我們談談吧。』彭德懷臉孔通紅，胳膊從頭上一掄而過，氣衝衝地說：『有什麼好談的？沒什麼好談的！』毛澤東說：『沒關係嘛！我們有不同意見可以坐下來談談心嘛。』彭德懷從毛澤東身邊一邊走過一邊甩手，聲音很大地嚷道：『有什麼好談的？沒什麼好談的！』毛澤東怔了怔，吮吮下唇，繼續

---

9 典出《孟子・梁惠王上》：「孟子對曰：「殺人以梃與刃，有以異乎？」曰：「無以異也。」「以刃與政，有以異乎？」曰：「無以異也。」曰：「庖有肥肉，廄有肥馬，民有飢色，野有餓莩，此率獸而食人也。獸相食，且人惡之，爲民父母，行政不免於率獸而食人，惡在其爲民父母也？仲尼曰：『始作俑者，其無後乎！』爲其象人而用之也。如之何其使斯民飢而死也？」俑，指的是古代用來殉葬的人偶。始作俑者，就是最初製作那些人偶的工匠。用以指首創惡例者，一定會有報應。

10 張嘉中，《權力鬥爭與軍人的政治角色——一九四九—一九七三年的中國》（台北：揚智出版社，二〇〇八），頁二三〇。

下山，就這樣不歡而散[11]。」如上所述，周恩來等長期跟隨毛澤東的黨內高級幹部，到建國之後已經形成了只要與毛澤東意見不同，就檢討自己，服從毛澤東的習慣；至少是先平息毛澤東的不滿，然後再找解釋的機會。而彭德懷個性耿直，因爲與毛澤東是井岡山時期就一起並肩戰鬥的老朋友，因此對於毛澤東似乎一直無法做到周恩來等人那樣的必恭必敬。如果是戰爭時期，這樣的個性毛澤東還能夠容忍。現在毛澤東自己的權威確立，他已經不能容忍任何對他的不敬了。當天晚上，毛澤東就決定不下山了，要召開中央全會，將討論大躍進運動的形勢，變成了討論彭德懷的問題[12]。

一九五九年八月十六日，中共中央八屆八中全會作出了關於「以彭德懷爲首的反黨集團」的決議，稱彭德懷、黃克誠、張聞天、周小舟等人「在廬山會議期間和廬山會議以前的活動，是有目的，有準備，有計畫，有組織的活動。」並稱「這一活動是高饒反黨聯盟事件的繼續和發展。」這四名高級幹部都被免去了實權。

廬山會議之後開展反右傾運動，全軍被戴上右傾機會主義的政治帽子的就有一萬七千多人[13]。隨後，軍委進行改組，被認爲是彭德懷實力的軍隊高層受到整肅，下台的包括總政治部主任譚政，國防部副部長蕭克，瀋陽軍區司令員鄧華，總後勤部長洪學智，國防部訓練總監部副部長李達，裝甲兵司令部副司令員聶鶴亭，總參謀部裝備部部長萬毅然等[14]。這是繼高饒事件之後，中共黨內進行的第二

---

11 權延赤，《衛士長談毛澤東》（台北：李敖出版社，一九九〇），頁三五。
12 權延赤，《衛士長談毛澤東》（台北：李敖出版社，一九九〇），頁三五。
13 何方，《從延安一路走來的反思》（香港：明報出版社，二〇〇七），頁三一七。
14 張嘉中，《權力鬥爭與軍人的政治角色——一九四九—一九七三年的中國》（台北：揚智出版社，二〇〇八），

次大清洗。

新的中央軍委繼續由毛澤東做主席，而副主席依次的順序是林彪、賀龍、聶榮臻。從此林彪正式全面接掌軍隊，並確定了接班人的地位，毛林聯盟由此形成。

更重要的是，毛澤東成功地解除了軍隊內部可能有不同意見的可能性，這在未來對於他能夠順利推進文化大革命，並得到軍隊系統的支持是有極大幫助的。但是，與此同時，他也等於把軍隊的控制權交給了林彪，導致林彪的實力坐大，這爲後來毛澤東與林彪的矛盾也埋下了伏筆。

廬山會議對於中國社會發展產生的一個深遠影響是，因爲對於大躍進的質疑被認爲是「右傾機會主義」，對毛澤東的政策的批評，被認爲是對他個人權威的挑戰，從此黨內的不同意見被徹底消聲，這使得本已引起執政者警惕的「大躍進」運動得以繼續惡性發展，最終導致了大饑荒的發生。

二、「文革」的醞釀

3.農村的社會主義教育運動：毛劉分歧的擴大

一九六二年九月二十四日到二十七日，中共中央召開中國共產黨第八屆中央委員會第十次全體會議。這次會議，全面扭轉了前次以發展生產爲主的基本路線，重新強調階級鬥爭。在全會公報中指

（續）頁二四二。

出：「階級鬥爭是不可避免的，這是馬克思列寧主義早就闡明了的一條歷史規律，我們千萬不要忘記。」公報還把階級鬥爭的方向引向黨內：「在對國內外階級敵人進行鬥爭的同時，我們必須及時警惕，和堅決反對黨內各種機會主義的思想傾向[15]。」這次公報的精神，實際上遵循的是毛澤東的意志。可以說，發動一場大規模的階級鬥爭政治運動的想法，這時候已經在毛澤東的心中開始醞釀了。

爲了爲這場政治運動做輿論準備，毛澤東很早就開始一步一步地在黨內營造階級鬥爭不僅存在，而且是很嚴重的共識。

一九六三年二月十一日召開的中共中央工作會議上，毛澤東特別推薦與會者閱讀了湖南省委關於社會主義教育和整風運動的報告。該份報告的核心就是階級鬥爭的嚴重性。報告說：「各方面的情況表明，當前階級鬥爭是激烈的，不論農村或城鎮，階級敵人的破壞活動是囂張的，一股反社會主義的『黑風』颳得很大。」毛澤東據此在會議上提出「階級鬥爭，一抓就靈」的論述。這次會議最後決定在農村地區開展社會主義教育運動，簡稱「社教運動」[16]。

五月二十日，中共中央做出〈關於目前在農村工作中若干問題的決定〉，進一步把「社教運動」的重點規定爲「四清」運動，即清理帳目，清理倉庫，清理財務，清理工分。這個決定再次強調了階級鬥爭的必要性，在黨的正式文件中作出了「當前中國社會中出現了嚴重的尖銳的階級鬥爭情況」的

15 〈中國共產黨第八屆中央委員會第十次全體會議的公報〉（節錄）（原載一九六二年九月二十九日《人民日報》），林蘊暉等編，《人民共和國春秋實錄》（北京：人民大學出版社，二〇〇二），頁五七九—五八〇。

16 〈一九六三年二月中共中央工作會議〉（原載《中華人民共和國要事錄》），林蘊暉等編，《人民共和國春秋實錄》（北京：人民大學出版社，二〇〇二），頁五八〇。

結論。文件引用了毛澤東的原話說，如果不重視階級鬥爭，「那就不要很多時間，少則幾年，十幾年，多則幾十年，就不可避免地要出現全國性的反革命復辟，馬列主義的黨就一定會變成修正主義的黨，變成法西斯黨，整個中國就要改變顏色了[17]。」

這樣的危言聳聽，無外乎是給政治運動尋找合法性基礎。而根據文件精神，所謂社會主義教育運動，目的就是使黨員和幹部在思想觀念上，轉變到重視階級鬥爭的嚴重性的立場上來，實際上就是為發動文化大革命，從基層動員上開始做準備。從文件提出要依靠貧下中農的提法看，毛澤東此時的想法，還是依循他過去搞武裝鬥爭的舊有思路，從農村包圍城市，回到農村，借助農民的力量進行階級鬥爭，實行無產階級專政。而矛頭直指劉少奇為代表的行政集團。

一九六四年十二月十二日，毛澤東在陳正人〈關於洛陽拖拉機廠蹲點報告〉的批示中說：「官僚主義者階級與工人階級和貧下中農，是兩個尖銳對立的階級。」「這些走資本主義道路的領導人，是已經變成或者正在變成吸工人血的資產階級分子。」這被認為是毛澤東第一次提出走資本主義道路的領導人的概念[18]。而劉少奇作為這樣的領導人的代表，已經呼之欲出了。

對此，劉少奇本人是心知肚明的，也是有所不滿的。根據鄧力群的回憶，在一次黨內的會議上，毛澤東再三強調農村已經出現走資本主義道路的領導人，但是一貫緊跟毛澤東的劉少奇一反常態，不

17 〈中共中央關於目前農村工作若干問題的決定〉（草案）（原載《農業集體化重要文件選編（一九五八—一九八一）》），林蘊暉等編，《人民共和國春秋實錄》（北京：人民大學出版社，二〇〇二），頁五八二—五八八。

18 〈毛澤東對兩個報告的批示〉，林蘊暉等編，《人民共和國春秋實錄》（北京：人民大學出版社，二〇〇二），頁五九三。

僅對毛澤東的說法不置可否，消極抵制，而且提出農村情況複雜，敵我矛盾和人民內部矛盾相互交叉，要具體分析。任何人都看得出來他跟毛澤東的立場不一致。當周恩來試圖調和兩個人的立場，提出農村的走資派在中央各部門也有後台的時候，劉少奇的怒火再也無法忍耐，當場質問周恩來：饒漱石也是一個走資派，他上來是我提拔的，我重用的，我就是饒漱石的後台啊！據鄧力群回憶，「當時的氣氛是相當緊張的[19]。」這個時候，毛澤東要把劉少奇鬥下去的決心已經確定。

事實上，毛澤東與劉少奇之間的矛盾也有一些意氣之爭的成分，主要是毛澤東覺得自己沒有被劉少奇充分尊重，而劉少奇在七千人大會之後，對待毛澤東的態度也確實有一些微妙的變化。最突出的例子，就是在一九六五年一月中央政治局討論農村工作的二十三條意見的時候，「有一次毛主席發言，剛講了不多幾句，劉少奇就插話。插話說幾句不久完了麼，總還要讓人家講完嘛，可少奇卻自己一直說了下去。毛主席就沒有機會再講。第二天開會，毛主席就拿來了黨章，說黨章規定，黨員在黨的會議上有發言權[20]。」這一段歷史很多人都記述過，應當不是陳伯達的杜撰。坦率講，劉少奇是沒有膽量打斷毛澤東不讓他繼續講的，他很有可能是在插話之後，一時講得興起，就忘記了毛澤東還沒有說完。但是對於毛來說，這樣的不敬是對他的權威的極大損害，所以他才有後來那樣激烈的反應。而同時，劉少奇過去對毛畢恭畢敬，這樣的錯誤是不可想像的，而這一次的疏忽，是不是反映了他內心的某些心理發展，也是值得思考的。

---

19 鄧力群，〈關於社教運動〉，林蘊暉等編，《人民共和國春秋實錄》（北京：人民大學出版社，二〇〇二），頁六〇〇。

20 陳曉農編著，《陳伯達最後口述回憶》（香港：陽光環球出版香港有限公司，二〇〇五），頁二五一。

2.還是從文藝入手

在農村開展社會主義教育運動的同時，毛在自己最擅長的意識型態領域，也配合開展了一系列批判運動。

早在一九六二年八、九月召開的北戴河中共工作會議上，康生就提出了小說《劉志丹》[21]有政治問題，九月的中共八屆十中全會上，毛澤東針對《劉志丹》的問題講話，提出：「利用小說進行反黨活動，是一大發明。凡是要推翻一個政權，總是要先造成輿論，總要先做意識型態方面的工作，革命的階級是這樣，反革命的階級也是這樣。」隨後，國務院副總理習仲勛，國家經委副主任賈拓夫，勞動部長馬文瑞以及劉志丹的弟弟劉景範等一批原西北地區出身的老幹部被立案審查，受到迫害。

一九六三年三月，中共中央批轉文化部黨組〈關於停演「鬼戲」的請示報告〉。五月六日，《文匯報》發表柯慶施，江青等人寫的文章〈「有鬼無害」論〉，對孟超創作的昆曲〈李慧娘〉，以及廖沫沙寫的文章〈有鬼無害論〉提出批判。此後，一些電影，如《早春二月》、《舞台姐妹》、《林家鋪子》等也受到批判。一九六三年十二月和一九六四年六月，毛澤東針對文藝問題做了兩個措辭嚴厲的批示。一則是說「許多部門至今還是由『死人』統治著」，另一則痛批全國文聯的各個協會「十五年來，基本上不執行黨的政策，做官當老爺，不去接近工農兵，不去反映社會主義的革命和建設，最

21　一九五六年以前，工人出版社就曾經將一部以劉志丹生平爲內容的長篇小說《劉志丹》列入選題計畫之中，並邀約劉志丹的弟媳李建彤（劉志丹的弟弟名叫劉景範）來執筆撰寫。接受約稿後，她查閱大量資料，採訪了大量當事人，花費了很多心血，歷經六年，六易其稿。到了一九六二年春天完成並準備出版。

近幾年，竟然跌到了修正主義的邊緣，」還警告說「如不認眞改造，勢必在將來的某一天，要變成像匈牙利裴多菲俱樂部那樣的團體[22]。」

一九六四年夏天以後，哲學界開始批判中央黨校副校長楊獻珍的「合二爲一」論，經濟學界開始批判中國科學院經濟研究所所長孫冶方的經濟理論，歷史學界開始批判歷史學家翦伯贊的「非階級觀點」等。七月初，根據毛澤東的意見，中共中央決定成立由彭眞、陸定一、康生、周揚、吳晗組成的文化革命五人小組，彭眞任組長。文化大革命的輪廓已經浮現。

毛此時其實已經就未來開展的「文化大革命」進行了鋪墊，只是從黨內到社會上，很少有人能看懂毛澤東的眞實意圖。

22　毛澤東，〈關於文學藝術的批示〉和〈對中央宣傳部關於全國文聯和各協會整風情況報告的批示〉（原載一九六七年五月二十八日《人民日報》），林蘊暉等編，《人民共和國春秋實錄》（北京：人民大學出版社，二〇〇二），頁六二三。

第七講

外交：中蘇關係的破裂與中美互動

一、中蘇關係的破裂

1.「一面倒」政策與中蘇友好同盟

早在中華人民共和國宣布成立之前，中共就已經確立了外交政策上「向蘇聯一邊倒」的方針。一九四九年十二月，毛澤東帶著一車皮的大蔥，大蘿蔔等禮物[1]訪問了蘇聯，並在莫斯科住了兩個月，與史達林進行了長時間的談判。雙方原則問題談妥之後，一九五〇年一月二十日周恩來抵達莫斯科，

1 禮物包括湘繡、瓷器、茶葉、竹筍，以及一車皮的山東特產，如大蔥，大白菜和大蘿蔔等，見師哲，〈兩個偉人的會面〉，陳一然編著，《親歷共和國六十年——歷史進程中的重大事件與決策》（北京：人民出版社，二〇〇九），頁一八。

就細節問題繼續進行談判，最後於一九五〇年二月十四日同史達林簽署了〈中蘇友好聯盟互助條約〉、〈關於中國長春鐵路，旅順口及大連的協定〉和〈關於蘇聯貸款給中華人民共和國的協定〉。

這幾份條約的主要內容是：一、雙方承諾當對方遭到侵略的時候全力給予軍事援助；二、由蘇聯提供年利率爲百分之一的三億美元的經濟援助以及其他支持項目；三、重申蒙古人民共和國的獨立地位。

對於沒有太多工業發展經驗的中共來說，貸款無疑是極大的幫助。同時，中國還從蘇聯得到了很多軍事援助。例如，建國初期，中國人民解放軍的坦克部隊只擁有四百一十輛戰車。一九五〇年中國就向蘇聯採購了十個戰略坦克團的裝備，包括三百輛T34中型坦克，六十輛IS2重型坦克。到一九五三年底，中國的裝甲兵部隊就已經擁有了二千二百四十六輛坦克。在包頭設立的重型機械廠也是蘇聯援建的，而且蘇方提供了當時蘇聯陸軍最先進的主戰裝備T54A中型坦克的產品圖紙[2]，可以說是毫無保留地協助中國軍隊發展武器裝備。作爲回報，中國承認了蒙古人民共和國的獨立這一既成事實，由此可見，中國共產黨從來就是一個實際利益大於國家統一原則的現實主義政黨，所謂國家統一只是政治口號，並非其執政的最高目標。

中共建國之初，史達林對於中國的內政繼續進行指導，對此中共內心雖然不滿，但是基於長期以來對於蘇共和史達林的指導的尊重，還是以接受其意見爲原則。

例如，一九四九年制定〈共同綱領〉之後，中共原本並沒有很迫切的制定憲法的打算。一九五二

2 李偉，〈陸戰之王的換代之路〉北京：《三聯生活周刊》二〇〇九・三二，頁五一。

年底，第一屆中國人民政治協商會議即將到期，那時候面臨是要繼續召開第二屆中國人民政治協商會議，還是開始制定新的正式的憲法的選擇，而中共選擇的是前者，並計畫把制定憲法的工作推遲到三年以後。但是史達林不同意。一九五二年十月，史達林對來訪的劉少奇建議制定憲法，儘管劉少奇說明了中國政府的立場，但是史達林仍然堅持認爲：「如果你們不制定憲法，不進行選舉，敵人可以用兩種說法向工農群眾進行宣傳反對你們：一是說你們的政府不是人民選舉的；二是說你們國家沒有憲法。因政權不是經人民選舉產生的，人家就可以說你們的政權是建立在刺刀上的，是自封的。此外，共同綱領也不是人民選舉的代表大會通過的，也是由一黨提出，其他黨派同意的東西，人家也可以說你們國家沒有法律。你們應從敵人的那裡拿掉這些武器，不給他們這些藉口。」結果，十一月中共中央就決定：盡快召開全國人民代表大會和制定憲法，可見史達林的意見的重要影響力。中國制定憲法，實際上還是在史達林的要求下實現的。

2.中蘇開始交惡，有幾個原因

首先，雖然建國之後，外交上採取了向蘇聯「一邊倒」的政策，但這是不得已而爲之的事情。史達林去世之後，毛澤東愈來愈傾向於向世界輸出革命。在中蘇論戰時期，中方的一篇文章把中共對於國際形勢的判斷表達得十分清楚：「目前在亞洲，非洲和拉丁美洲存在著大好的革命形勢。亞洲、非洲和拉丁美洲的民族解放革命，是當前最重要的直接打擊帝國主義的力量。亞洲、非洲和拉丁美洲是世界矛盾集中的地區。」根據這樣的判斷，中共認爲應當積極介入這些地區的內政：「一切勝利了的社會主義國家，必須積極支持和援助被壓迫民族爭取解放的鬥爭。取得革命勝利的社會主義國家，必須成爲支持和發展全世界被壓迫民族和被壓迫人民革命的根據地，必須同全世界被壓迫民族和被壓迫人民結成最親密的聯盟，把無產階級革命進行到底[3]。」這樣的國際戰略，背後隱含的涵義，就是由毛澤東來做國際共運的領袖的外交路線。因此對於蘇聯的領導地位，毛澤東愈來愈不能接受，在具體行動上就表現爲愈來愈不把蘇聯的老大哥的地位放在眼裡。例如，一九五八年八月十三日毛澤東下令炮擊金門，就完全沒有跟蘇聯打招呼，令赫魯曉夫十分不滿[4]。

其次，關於毛澤東與蘇聯在過去的歷史上的關係，楊奎松的《毛澤東與莫斯科的恩恩怨怨》（江西人民出版社，一九九九）有比較完整的討論。這包括史達林對毛澤東的不信任，對毛澤東在中共黨內的對手的暗中支持，以及建國以後，蘇聯對中國的領土以及主權的侵犯（占領大連、旅順、要共管中長鐵路，要在新疆辦三個合營公司，在撤離旅順和大連的時候，基本上將可以搬運的機械設備和物資全部搬走。）等等。對此，毛澤東內心的積怨是很深的。一九四九年十二月十六日，毛澤東到達莫斯科的第一天會見了史達林，當史達林開口讚揚毛澤東的時候，毛第一句話就回答說：「我是長期受打擊排擠的人，有話無處說……」最後還是史達林攔住了毛的牢騷，說：「勝利者是不受譴責的[5]。」這才打消了尷尬的局面。可見毛澤東對蘇聯共產黨的不滿是多麼難以克制。

---

3 〈一九六〇年國際共運總路線的論爭〉，林蘊暉，《國史劄記・事件篇》（上海：東方出版社，二〇〇八），頁二七一。

4 陳小平，〈二十世紀五〇至六〇年代「中蘇打論戰」的背後〉，見何清漣主編，《二十世紀後半葉歷史解密》（Sunnyvale. CA, USA: 博大出版社，二〇〇四），頁一六二。

5 見師哲，〈兩個偉人的會面〉，陳一然編著，《親歷共和國六十年——歷史進程中的重大事件與決策》（北京：人民出版社，二〇〇九），頁二二。

一九五六年三月二十四日的一次政治局擴大會議上，毛澤東總結了這些歷史恩怨，他說：土地革命時期，史達林支持王明路線，使中共的力量在白區損失了百分之百，在蘇區損失百分之九十；抗戰初期，史達林又支持王明路線，讓中共聽蔣介石的；抗戰後期史達林又不許中共打內戰；一九四九年十二月十六日至一九五〇年二月十七日，毛澤東在莫斯科爲史達林祝壽，但是沒有得到充分敬重。按毛澤東自己的話說，每天只有三件事：吃飯、拉屎、睡覺[6]。這種歷史恩怨的積累，積累到一定程度，尤其是在毛澤東不能不表面上尊崇的史達林去世之後，再也無法掩飾。

最後，赫魯曉夫的秘密報告，對毛澤東來說，內心是極大的衝擊，這促使毛澤東開始認眞思考自己死後的問題；而赫魯曉夫在清算史達林之後，帶領蘇聯走的有別於傳統蘇聯模式的道路，也是毛澤東不僅不贊同，而且一向擔心會在中共內部得到支持的路線。這使得他必須對蘇聯採取批判的立場，以免中共黨內受到蘇聯變化的影響。蘇共二十大提出反對個人迷信，這也是毛澤東很忌諱的事情，他擔心這成爲對他個人權威的挑戰。總之，毛澤東並不眞的是要維護史達林，他比較在乎的，是史達林主義這種無產階級專政的模式。

3. 中蘇開始不和

中蘇關係開始惡化，起源於蘇共二十大。在這次大會上，蘇聯領導人提出了一些新的理論。例

6　陳小平，〈二十世紀五〇至六〇年代「中蘇打論戰」的背後〉，見何清漣主編的《二十世紀後半葉歷史解密》（Sunnyvale, CA, USA: 博大出版社，二〇〇四），頁一五二。

如，和平共處的理論認爲帝國主義勢力變弱，世界戰爭可以避免；和平過渡理論認爲從資本主義向社會主義的過渡不需要採用暴力的方式，只要爭取議會多數就可以等等[7]。隨後，一九五六年東歐爆發了波蘭、匈牙利事件，共產主義陣營出現內部危機。

波匈事件對於毛澤東內心的影響是非常大的。在波匈事件之前，毛澤東對於蘇共二十大對史達林的批判，曾經是給予積極評價的。一九五六年三月十七日，毛澤東在中央書記處會議上說，赫魯曉夫的秘密報告表明，蘇聯、蘇共、史達林並不是一切都是正確的，這就破除了迷信。三月十九日和二十四日，毛澤東主持中央政治局會議，討論〈關於無產階級專政的歷史經驗〉文稿，他說，赫魯曉夫破除了那種認爲蘇聯，蘇共和史達林一切都是正確的迷信，有利於反對教條主義。不要再硬搬蘇聯的一切了，應該用自己的頭腦思索了，應該把馬列主義的基本原理同中國革命和建設的具體實際結合起來，探索在我們國家裡建設社會主義的道路了。九月，中共舉行第八次代表大會期間，毛澤東在會見外國黨的代表團的時候又說，蘇共二十大揭發了史達林的錯誤，這種批評是好的。赫魯曉夫的報告做了一件好事，它打破了神化主義，破除了迷信，揭開了蓋子，這是一種解放，一場解放戰爭，大家敢講話了，詩人能想問題了，這也是肯定，否定，否定的否定[8]。毛澤東本人對於史達林個人崇拜造成的後果應當說是有切身體會的，這是他一開始也贊成破除史達林迷信的原因。

但是，波匈事件改變了毛澤東的想法。當時中共派劉少奇，鄧小平去蘇聯當特使，他們回國以

7 小島朋之著、翁家慧譯，《「中國」現代史》（台北：五南出版公司，二〇〇一），頁四五。

8 〈對蘇共二十大的評估與走中國道路〉，林蘊暉，《國史劄記・事件篇》（上海：東方出版社，二〇〇八），頁一七一。

後，毛澤東馬上召集政治局會議聽取報告，在會上，他發表了著名的「兩把刀子」的講話，他說：我看有兩把刀子，一把是列寧，一把是史達林。現在，史達林這把刀子，赫魯曉夫這些人丟掉了。除了史達林這把刀子之外，列寧這把刀子也丟得差不多了。他還對赫魯曉夫在蘇共二十大上提出的通過議會道路可以取得政權的說法表示不滿，認爲「這個門一開，列寧主義基本上就丟掉了[9]。」

根據這樣的指示，一九五六年四月五日，《人民日報》發表了〈關於無產階級專政的歷史經驗〉一文，這篇文章是根據中央政治局擴大會議的討論而寫成的，代表了中共的立場。文章表面上用肯定的口吻評論蘇共二十大，也指出了史達林的個人崇拜的問題，但是同時又說「有些人認爲史達林完全錯了，這是嚴重的誤解，」提出「我們應當用歷史的觀點看待史達林。」展現了與蘇共二十大決議不同的立場。同時，這篇文章還強調要「反對教條主義」，實際上這個教條主義指的就是蘇聯模式，它表明中共決定要拋棄蘇聯模式，嘗試走自己的道路了。

一九五六年十一月十一日，南斯拉夫共產黨領導人鐵托發表講話，公開提倡反對史達林主義，國際共產主義陣營爲之震動。毛澤東決定發起反擊，他連續組織政治局會議，討論起草反擊文章並親自參加稿子的修改。一九五六年十二月二十日的《人民日報》發表了〈再論無產階級專政的歷史意義〉。這兩篇文章等於公開向蘇共提出了理論挑戰。

一九五九年八月二十七日，中國和印度發生邊界武裝衝突，赫魯曉夫領導下的蘇聯站在了印度的

9　陳小平，〈二十世紀五〇至六〇年代「中蘇打論戰」的背後〉，見何清漣主編，《二十世紀後半葉歷史解密》（Sunnyvale, CA, USA: 博大出版社，二〇〇四），頁一四二。

立場上，這使得兩國之間的芥蒂更深。一九六〇年六月二十至二十五日，在羅馬尼亞的布加勒斯特召開了羅馬尼亞工人黨第三次代表大會，中共和蘇共代表團都獲邀參加。會上，蘇共向中共代表團提交了一封信，系統地駁斥了中共前面一段時期以來提出來的一系列論點。赫魯曉夫還對中共代表團團長彭眞說：「你們搞大躍進，可是人民沒有褲子穿，窮得要命[10]。顯然，赫魯曉夫還認爲蘇聯是中國的領導，老大哥，還可以對中國的政治經濟政策進行指導。但是在毛澤東心中，對史達林他還敬畏三分，可是現在還要他聽命於赫魯曉夫，他當然不會服氣。中蘇論戰就此開始。但是還沒有完全翻臉。

七月十六日，蘇聯政府通知中國政府，決定在九月一日前召回在華工作專家，不久又單方面中止中蘇兩國政府簽訂的十二個協議；三四三個專家合同和合同補充書，廢除了二五七個科技合作項目[11]。這對於中蘇關係來說，可以說是雪上加霜。後來中共還把這件事情，作爲發生大饑荒的原因之一進行宣傳。

4. 兩個大黨的分歧公開了

一九六一年蘇共召開二十二大，確定了新的政治綱領。其中在外交的部分，赫魯曉夫的新的外交路線獲得通過，那就是「三和」，「三無」理論：即社會主義與資本主義兩大陣營要「和平共處，和平競爭，和平過渡」，以及「爭取建立一個無武器，無軍隊，無戰爭的世界。」以武裝起義起家，通

---

10 陳小平，〈二十世紀五〇至六〇年代「中蘇打論戰」的背後〉，見何清漣主編，《二十世紀後半葉歷史解密》(Sunnyvale, CA, USA: 博大出版社，二〇〇四)，頁一六一。

11 閻明復，〈1960年赫魯曉夫爲毛澤東祝壽前後〉，北京：《百年潮》，二〇一〇·二，頁一四。

過國內戰爭才得到政權的中共，對於所謂的「議會道路」當然不以爲然。毛澤東認爲這是「修正主義」，即對馬克思列寧主義的竄改和歪曲。

更令中共尷尬的是，蘇共二十二大還針對「無產階級專政」提出了修正的看法，提出「無產階級專政保證社會主義，即共產主義第一階段取得了完全的最終勝利，保證社會過渡到全面展開的共產主義建設之後，就完成了自己的歷史使命；從國內發展的任務來看，無產階級專政在蘇聯已經不再是必要的了。作爲無產階級專政的國家而產生的國家，在新的階段上即現階段上已變爲全民的國家，變爲表達全體人民的利益和意志的國家[12]。」這樣的修正對毛澤東一心推行的「無產階級專政下繼續革命」的理論是直接的否定，當然是毛澤東萬萬不能接受的。

一九六三年三月三十日，蘇共中央致信中共中央，表達自己的看法。毛澤東下令在四月四日的《人民日報》上公開了這封信，使得兩黨之間的爭論正式向全世界公開[13]。同時於六月十七日公開發表回信。回信由鄧小平主持撰寫，政治局多次集體討論後通過，據說爲了寫回信，收集了四百萬字的材料[14]。七月十四日，蘇共中央〈給蘇聯各級黨組織和全體共產黨員的公開信〉中指責：「中共領導人扮演了個人迷信維護者和史達林錯誤思想的傳播者的角色。他們企圖把個人迷信時期盛行的那些制

12〈一九六〇年國際共運總路線的論爭〉，林蘊暉，《國史劄記．事件篇》（上海：東方出版社，二〇〇八），頁二六七。

13 陳小平，〈二十世紀五〇至六〇年代「中蘇打論戰」的背後〉，見何清漣主編，《二十世紀後半葉歷史解密》（美Sunnyvale, CA, USA: 博大出版社，二〇〇四），頁一四六。

14 吳冷西，《十年論戰（一九五六—一九六六）——中蘇關係回憶錄》（北京：中央文獻出版社，一九九九），頁五九一。

度，意識型態和道德以及領導方式強加給其他黨。」「中共領導人針對我們黨宣布爲人民爭取美好生活是自己的任務，暗示蘇聯社會的某種『資產階級化』和『蛻化』。按照他們的邏輯，如果人民穿草鞋和喝大鍋清水湯，這就是共產主義，而如果勞動者生活得好和希望明天生活得更好，這彷彿就是資本主義復辟[15]。」今天看這些歷史文獻，我們也不能不說當初蘇共對中共政策的實質，其判斷是相當精準的。

在筆戰的同時，中共積極爭取其他國家的共產黨的支持，據吳冷西回憶，爲了拉攏越南共產黨，毛澤東派鄧小平帶著回信的文稿，和提供二百億人民幣的經濟援助的承諾去越南，換取他們的支持[16]。這二百億人民幣相當於當年國民收入的五分之一，財政收入的百分之六十[17]，爲了中蘇論戰，付出的成本不可謂不大。當時的朝鮮共產黨領導人黃長燁，在後來的回憶錄中也提到類似情況：

「當時的局勢給人一種印象，國際共產主義運動領導權從蘇聯手中轉移到中國。阿爾巴尼亞對中國的好感也超過蘇聯。當時阿爾巴尼亞人民的生活水平不如朝鮮，其領導人每年都會爲了援助而訪問蘇聯等國。與赫魯曉夫給援助外帶條件不同，中國不僅不帶條件，往往給的比要的還多。所以，阿爾

---

15 〈對蘇聯模式認識的分歧與中蘇關係惡化〉，林蘊暉，《國史箚記・事件篇》（上海：東方出版社，二〇〇八），頁二六一。

16 吳冷西，《十年論戰（一九五六—一九六六）——中蘇關係回憶錄》（北京：中央文獻出版社，一九九九），頁六六七。

17 陳小平，〈二十世紀五〇至六〇年代「中蘇打論戰」的背後〉，見何清漣主編，《二十世紀後半葉歷史解密》（Sunnyvale, CA, USA: 博大出版社，二〇〇四），頁一四九。

巴尼亞也偏向中國一邊[18]。」

針對蘇共新的外交路線，中共提出的國際共產主義運動的總路線是「全世界無產者聯合起來，反對帝國主義和各國反動派，爭取世界和平，民族解放，人民民主和社會主義，鞏固和壯大社會主義陣營，逐步實現無產階級世界革命的完全勝利，建立一個沒有帝國主義，沒有資本主義，沒有剝削制度的新世界[19]。」這個主張不僅與蘇聯的主張針鋒相對，而且反映出毛澤東內心對世界革命以及在國際共運中充當領袖的嚮往。

此後的一年，中共接連發表九篇文章批判蘇共，史稱「九評」。其他大小文章不勝枚舉。而蘇共方面，據中國統計，也發表了二千多篇文章反擊[20]。這就是中蘇論戰的大致內容。從此中蘇走上了分裂之路，一九六六年三月以後，蘇聯在中蘇邊境和中蒙邊境逐步陳兵百萬，使中國在國家安全方面感到巨大的威脅。中蘇邊境的武裝衝突也在加劇，直至一九六九年三月二日，在烏蘇里江珍寶島爆發了大規模武裝衝突。一九六六年三月，蘇共二十三大召開，中國共產黨決定不派代表出席，不發賀電。從此，兩黨關係便中斷了，時間長達二十三年。一直到一九八九年才正式恢復關係。

---

18 黃長燁回憶錄，我看懂了歷史的眞相。http://anyishen.blog.hexun.com.tw/58363635_d.html，二〇一〇・一一・八。

19 陳小平，〈二十世紀五〇至六〇年代「中蘇打論戰」的背後〉，見何清漣主編，《二十世紀後半葉歷史解密》(Sunnyvale, CA, USA: 博大出版社，二〇〇四)，頁一四九。

20 陳小平，〈二十世紀五〇至六〇年代「中蘇打論戰」的背後〉，見何清漣主編，《二十世紀後半葉歷史解密》(Sunnyvale, CA, USA: 博大出版社，二〇〇四)，頁一五一。

5. 中蘇論戰的後續效應

毛澤東積極主導中蘇論戰，一個重要的原因，就是在他的經濟決策失敗之後，他要在中國人民和中國共產黨內部重新建立自己的領導權威，而國際共運和外交領域就成了他新的戰場。他一定要在這裡發揮他的主導作用，證明自己仍然是具有實際權力的最高領袖。中蘇論戰的主要後果，是導致毛澤東決定進行外交戰略上的重大調整，即轉向尋求中美聯盟。這一轉向對世界戰略格局影響甚大，這也是中蘇論戰啓動的時候沒有想到的後果。

對於國內形勢而言，不少學者就中蘇論戰對「文革」發動的影響予以特別關注。金春明認爲，中蘇分歧對「文革」的發生主要有四個方面的影響：第一，製造了一種「反修防變」的現實危機感；第二，在國際大論戰的推動下，原已存在於中共黨內的「左」傾理論日益發展，更加完備化和系統化，終於被概括成「無產階級專政下繼續革命的理論」；第三，促進了改換接班人、培養接班人的緊迫感；第四，促成和發展了一種以「和蘇修對著幹」爲特徵的形而上學的思維方式，並成爲當時占統治地位的思維定式。虞文清闡述了中蘇論戰與「文革」氣候形成的內在關聯。他認爲，中蘇論戰至少在三個方面促進了「文革」氣候的形成：第一，爲「文革」作了一次廣泛的思想動員；第二，爲「文革」的發動作了必要的輿論準備；第三，在思想上爲毛澤東的個人崇拜推波助瀾[21]。

逆向觀察歷史，有時候會看到更加清楚的線索。今天回顧中蘇論戰，可以發現，毛澤東發動「文

21 葉政，〈中蘇論戰研究之新進展〉，http://www.chinareform.net/2010/0816/20217.html，二〇一〇・一一・八。

化大革命」的很多基本的論述，在中蘇論戰中已經有了清晰的輪廓。比如，在提到資本主義在蘇聯已經復辟的時候，中共對蘇聯的批判是：「赫魯曉夫所實行的是徹頭徹尾的修正主義路線。在這種路線下，不僅舊的資產階級分子猖狂地活動起來，而且在蘇聯黨政領導幹部中，國營企業和集體農莊的負責人中，文化，藝術和科學技術等部門的高級知識分子中，產生出大批的新資產階級分子……隨著赫魯曉夫逐步地篡奪了黨和國家的領導權，他們就在黨、政、經濟、文化等部門占據了同志地位，形成蘇聯社會上的特權階級22。」這與後來中國的「文化大革命」中提出的「走修正主義道路的當權派」的模式幾乎完全相同。可見發動「文革」的一些基本思想，早已經在毛澤東的心中醞釀了。

二、中美關係的破冰

1.毛澤東的「美國情結」

毛澤東對美國一向是有內心的好感的。早在國共內戰期間，毛澤東就曾經一度認爲，戰後中國所能指望得到的大國援助，不會是來自蘇聯，而是來自美國。一位美國專家福爾曼(H. Forman)曾經在一篇發自中國的報告中，引用了毛澤東的一段話，他說：「我們不會遵循蘇俄的共產主義社會和政治

22　〈一九六〇年國際共運總路線的論爭〉，林蘊暉，《國史劄記·事件篇》（上海：東方出版社，二〇〇八），頁二七四。

模式。我們以爲，我們可以做的是與林肯在國內戰爭時期所做的事情更具有相似性：解放奴隸[23]。」事實上，從抗日戰爭後期開始，美國方面對於國民黨政權的腐敗專制，對於蔣介石本人的領導能力就已經產生了懷疑，與美國關係密切的所謂「第三勢力」，即自由派知識分子和民主黨派也經常向美國介紹共產黨的主張，這一切都使得美國口頭上支持國民黨的正統政權，但是暗地裡與共產黨保持密切接觸，甚至有拋棄國民黨轉而支持共產黨的傾向。一九四九年，解放軍渡過長江之後，留在南京的美國駐華大使司徒雷登根據美國國務卿艾奇遜的授權，與中共當局接觸，周恩來指示黃華以私人身分同司徒雷登會面。當時司徒雷登表示願意同中國建立新關係，希望新中國政府能廣泛吸收民主人士參加[24]。本來，司徒雷登還準備去北京同周恩來會談，但是毛澤東很快發表了關於「一邊倒」的外交政策，司徒雷登才黯然返回美國。但是這已經足以表明，中美之間關係的改善是有基礎的。

此後，如同有關朝鮮戰爭一章中所分析的，史達林看到中美結盟的可能性之後，迫使中共協助北韓金日成的統一計畫，朝鮮戰爭的爆發使得中美友好的可能性化爲泡影，中國只能採取一邊倒的政策，與蘇聯結盟。對此毛澤東內心是心知肚明的。一旦與蘇聯的關係陷入僵局，毛澤東首先想到的，就是美國。

23 沈志華，〈中蘇同盟建立的曲折歷程〉，北京：《炎黃春秋》二〇一一‧三，頁一。

24 章立凡，〈畸形發展與逆流〉，閔琦等著，《轉型期的中國：社會變遷》（台北：時報文化公司，一九九五），頁八六。

2.毛澤東的目光轉向美國

爲什麼要跟美國打交道？當時中國內部的形象化的說法是「不能用兩個拳頭打兩個帝國主義，應該學會利用他們的矛盾[25]。」可見中美之間從一開始的互動，就是建立在相互利用的基礎上的，不具備任何利用以外的因素。這與今天的中美關係不同，今天的中美關係已經有了相互依存和相互需要的成分。

其實中美之間雖然沒有正式的外交關係，但是雙方私下的接觸管道是很暢通的。在東歐國家捷克和波蘭，中美之間一直保持大使級會談的機制。二十二年一共進行了一百三十六次談判[26]。一九七〇年三月，柬埔寨發生政變，西哈努克國王被廢黜，一個月後，美軍進入柬埔寨。中方爲表達抗議，停止了華沙談判，毛澤東也在五月二十日發表聲明，強烈譴責美國。不過我們以後看到，不到半年，毛澤東就改變了對美國的口徑。

改善對美的關係，需要美國方面的了解和配合，因此如何傳遞這個資訊，就成了毛澤東首先要考慮的問題。一九七〇年十月一日，毛澤東邀請曾經到延安採訪過共產黨的美國記者斯諾登上天安門城樓，參加國慶典禮，並特意安排他站在自己身後。此舉實際上是在向美國釋放信號，但是據基辛格後來說，當時他們並沒有從這個動作中感受到毛發出的資訊。

25 李菁，〈基辛格的「波羅行動」〉，《三聯生活周刊》二〇〇九・一，頁三八。

26 李菁，〈基辛格的「波羅行動」〉，《三聯生活周刊》二〇〇九・一，頁四三。

毛澤東看到美國沒有反應，決定進一步釋放信號。十二月十八日，他突然決定接見斯諾，進行了長達五個小時的談話，在談話中提到：「我是不喜歡民主黨的，我比較喜歡共和黨，我歡迎尼克松上台……他如果想到北京來，你就捎個信，叫他偷偷地，不要公開，坐上一架飛機就可以來嘛。談不成也可以，談得成也可以嘛，何必那麼僵著？」通過這種方式，直接向尼克松發出了邀請。毛澤東在談話中還直接點到了建交的問題：「中美兩國總是要建交的，中國和美國就一百年不建交？我們又沒有占領你們那個長島[27]。」隨後，毛澤東下令把跟斯諾的談話，以中央文件的方式下發到全國的每個黨支部，等於向全黨傳達資訊，宣布中央已經決定，準備與美國恢復關係。這之後，很多正遭到「文革」衝擊，在幹校勞動的有外事工作經驗的人被調回了北京，這也表明北京爲中美破冰開始進行認眞準備。

爲了更加明確地向美國發出和解的信號，中國採取了一個外交史上有名的動作，就是所謂「乒乓球外交」。即中方高調邀請美國乒乓球隊訪華，然後周恩來又罕見地在人民大會堂會見了球隊。即使美國方面再遲鈍，這一次也清楚地了解到了毛澤東的心意。隨後，在周恩來的要求下，外交部邀請美國《紐約時報》的專欄作家詹姆斯・萊斯頓於七月初到中國，由新聞司司長陳楚親口告訴他基辛格訪華，中美之間已經決定尼克松訪華的消息。不難想像這個大新聞讓萊斯頓多麼震驚，對於一個新聞記者來說，得到這樣的獨家新聞是一生職業的巔峰。萊斯頓連夜發出報導之後，當即闌尾炎發作送進醫

27　李菁，〈基辛格的「波羅行動」〉，《三聯生活周刊》二〇〇九・一，頁四一。

院急救，據他自己笑說：是這個消息震動了他的闌尾[28]。

而在美國方面，跟中國來往也是有一定風險的。因爲在五〇年代麥卡錫主義之後，美國國務院對於跟共產國家打交道都如同驚弓之鳥，心態上極爲保守，不願意惹麻煩。所以尼克松才決定由基辛格出面，繞開國務院。整個國務院系統完全被蒙在鼓裡。而尼克松決定走這一步，有很複雜的考量。主要是個人因素，因爲此舉可以提高他的政治地位。

3. 波羅行動

尼克松與基辛格秘密訪華的行動，代號是「波羅行動」，意指此行就像七百年前馬可波羅到東方探險一樣。

一九七一年七月九日，基辛格秘密訪問中國。外交部組成特別小組，到巴基斯坦迎接基辛格。組員包括：外交部歐美司司長章文晉、禮賓司副司長王海容、禮賓司副處長唐龍彬、英文翻譯唐聞生。而美方有基辛格和三位助手以及二名特工[29]。其中一個就是後來的駐華大使溫斯頓・洛德。

爲了保密，他們乘坐的飛機是巴基斯坦總統葉海亞・汗的專機改造的，外表重新塗漆，塗成巴基斯坦國家航空公司。當時有一個插曲，就是如何安排假裝前往巴基斯坦訪問的基辛格失蹤幾天而不引起外界疑問。所以按照事先安排好的戲碼，「基辛格在招待晚宴上突然表現出肚疼難忍的樣子——巴

28 李菁，〈基辛格的「波羅行動」〉，《三聯生活周刊》二〇〇九・一，頁四五。

29 李菁，〈基辛格的「波羅行動」〉，《三聯生活周刊》二〇〇九・一，頁三七。

基斯坦當時正流行瘧疾，葉海亞馬上高聲宣布，因爲伊斯蘭堡太熱，基辛格應當到靠近群山的總統別墅休養。基辛格還故作遲疑，但是葉海亞則言辭懇切地堅持。」於是，基辛格就以休養爲名消失在公眾的眼光中，實際上他秘密去了中國。

這裡還有一個有趣的小插曲：由於基辛格的行動十分保密，即使是跟來的美國特工也不了解實情。所以當葉海亞宣布送基辛格去療養之後，有一名負責的特工人員還專門去了那個休養地了解安全情況，回來後告訴基辛格那邊不安全，不適宜去療養。基辛格哭笑不得，只好把這位特工扣押在巴基斯坦。直到基辛格從中國回來，這位特工還不知道到底發生了什麼事[30]。另外一個有趣的細節是：行前，基辛格要求溫斯特·洛德嚴格保密，連自己的夫人都不能告訴。洛德的夫人是華裔作家包柏漪，因爲這層關係，洛德很想告訴她自己就要去中國了，但是又不敢違反紀律，於是就在臨行前一天晚上，故意站在他們家朝向東方的窗口很久時間，想給夫人一點暗示。當然，包柏漪完全沒有猜到[31]。這樣的細節，也可以看出中美雙方對於這樣重大的外交行動，都極爲小心謹慎。

七月九日，基辛格到達北京，下午就與周恩來進行了會談。之後的四十八小時一共進行了六次會談，長達十七個小時。最大的成果就是商定了關於這次基辛格來訪，和尼克松即將訪華的公告。十一日基辛格就返回巴基斯坦，他沒有忘記宣布肚子已經不疼了。

30 李菁，〈基辛格的「波羅行動」〉，《三聯生活周刊》二〇〇九·一，頁三九。
31 李菁，〈基辛格的「波羅行動」〉，《三聯生活周刊》二〇〇九·一，頁四〇。

4. 尼克松的破冰之旅

尼克松訪華之前，送給中國最大的禮物就是讓中國進入了聯合國。一九七一年十月二十六日，聯合國大會先是否決了美國提出的恢復中國席位需要三分之二多數通過的提案，後來又以七十六票贊成，三十五票反對，十七票棄權的壓倒多數，通過了由阿爾巴尼亞和阿爾及利亞等二十三國提出的關於恢復中國在聯合國合法權利的提案。顯然，美國不再在聯合國中就此問題堅持立場，是中國能夠進入聯合國的重要因素。美中之間開始交往，使得很多本來看美國眼色行事的國家終於投了贊成票。

一九七二年二月二十一日，尼克松訪華，首站到達北京。中方對此極為重視，甚至為了不刺激尼克松，特地在北京更改了幾個地名：例如「反帝醫院」改成「首都醫院」，「工農兵大街」改回到「地安門大街」。而尼克松也做了努力，比如，美國總統到任何一個國家訪問，都要乘坐總統專機「空中一號」，但是在中國國內，乘坐的是周恩來的專機「伊爾十八號」，以示對中國主權的尊重。而「空中一號」就跟在後面飛[32]。

尼克松到北京三個小時後，就跟毛澤東會面。雙方握手的鏡頭傳遍了全世界，也改變了全世界。

這次北京之行，美國人見識到了很多社會主義國家才會有的奇異情況，也算是開了眼界。根據後人的記載，按照預定行程，二十四日尼克松要去長城。但是二十三日晚上開始下雪。當天晚上周恩來陪尼克松去看體育表演，中間出去打了一個電話。第二天尼克松發現，北京大街上的雪都不見了，路

32　李菁，〈1972：跨過最遼闊海洋的握手〉，《三聯生活周刊》二〇〇九・一，頁五一。

邊是高高的雪堆，他們一路順暢地到了長城。原來前一天夜裡，周恩來一聲令下，北京市動員六〇到八〇萬人掃雪，一路從釣魚台掃到長城[33]。這裡還有一個小故事。尼克松登長城的時候，零下好幾度的天氣，路邊居然有人下象棋。這顯然是事先安排好的。結果可能是這些被組織來「下象棋」的人太緊張了，尼克松夫婦經過，他們居然頭都不抬一下。尼克松一看就說：「眞是做給我們看的。」立刻有人把這件事報告給了周恩來，把周恩來氣壞了，第二天見面的時候向尼克松坦承：「我們有些做法比較虛假[34]。」

中美破冰，雙方都是爲了制衡蘇聯，中美之間的矛盾和不同之處仍然遠遠大於相同之處。但是從與美國在朝鮮大打出手，到邀請美國總統訪華，中間不過二十年時間，也反映了中共作爲一個實用主義的政黨，其切身利益高於意識型態的特性。

33 李菁，《一九七二：跨過最遼闊海洋的握手》，《三聯生活周刊》二〇〇九．一，頁五七。
34 李菁，《一九七二：跨過最遼闊海洋的握手》，《三聯生活周刊》二〇〇九．一，頁五八。

第八講

「文化大革命」的發動和開展

一、「文化大革命」的醞釀

1. 階級鬥爭理論是毛澤東思想的核心

七千人大會以後，在劉少奇，鄧小平等人的支持下，中共中央逐漸減緩政治運動的力度，致力於發展生產，中國的經濟形勢和社會形勢都有明顯的改變。到一九六三年，全國原油產量達到六百四十八萬噸，實現了中國石油的基本自給。一九六四年十月十六日，第一顆原子彈爆炸成功。一九六三年全國農業用電量比一九五七年增長了十倍以上。到一九六四年，全國性的醫療衛生保健網已經初步形成。從一九五七年到一九六六年，工業總產值增長了一・七倍，糧食增長百分之四十四・四，高等院校增長百分之九十一・二一。這種增長如果能夠持續，中國總體國力的增長和人民生活水平的提高是可以預期的。

但是，毛澤東在此時，已經開始策畫發動另一場大規模的政治運動——無產階級文化大革命。而毛澤東此舉的核心理念，就是關於階級鬥爭的看法。

毛澤東對於階級鬥爭的重視，是由來已久的。對於他來說，階級鬥爭不僅僅是穩定政權，更是對人的改造和對社會的改造的主要途徑。一九五六年的波匈事件，對毛澤東是進一步的刺激，他在總結經驗的時候說過：「東歐一些國家的基本問題就是階級鬥爭沒有搞好，那麼多反革命沒有搞掉，沒有在階級鬥爭中訓練無產階級，分清敵我，分清是非，分清唯心論和唯物論。現在呢，自食惡果，燒到自己頭上來了[2]。」「反右運動就是他開始強調階級鬥爭的標誌。這次運動之後，一九五七年九—十月召開的中共八屆三中全會上，毛澤東就以個人意志改變了原先八大的結論，宣布「無產階級和資產階級的矛盾，社會主義道路和資本主義道路的矛盾，毫無疑問，這是當前我國社會主義的主要矛盾。」從此，中國重新回到階級鬥爭和政治運動的老路上[3]。以後廬山會議也是他開始重視階級鬥爭的進一步表現，只是因爲大躍進的失敗，使得他的計畫暫時停頓，但是沒有放棄任何努力。而發動「文化大革命」，是他的階級鬥爭理論進一步發展的結果。

---

1 林蘊暉等編，《人民共和國春秋實錄》（北京：人民大學出版社，二〇〇二），頁六六七—六八二。

2 楊繼繩，《鄧小平時代：中國改革開放二十年紀實》（上卷）（北京：中央編譯出版社，一九九八），頁三九—四〇。

3 席宣、金春明，《文化大革命簡史》（北京：中共黨史出版社，一九九六），頁六。

2. 文藝領域裡的鋪墊

所謂「無產階級文化大革命」，是從文藝領域開始的。早在一九六三年十二月十二日，毛澤東就在看了第一一六號〈文藝情況匯報〉後寫了一段批語，表達對文藝工作的不滿，他說：「各種藝術形式——戲劇、曲藝、音樂、美術、舞蹈、電影、詩和文學，問題不少，人數很多，社會主義改造在許多部門中，至今收效甚微，許多部門至今還是『死人』統治者。」

到了一九六四年五月，他對文藝工作的不滿不僅持續而且升高，在中宣部的〈關於全國文聯和各協會整風情況的報告〉的草稿上，他批示說：「這些協會和他們所掌握的刊物的大多數（據說有少數幾個好的），十五年來，基本上（不是一切人）不執行黨的政策，做官當老爺，不去接近工農兵，不去反映社會主義的革命和建設。最近幾年，竟然跌到了修正主義的邊緣。如不認眞改造，勢必在將來的某一天，要變成像匈牙利裴多菲俱樂部那樣的團體。」這樣的批評，已經從政策檢討上升到了政治鬥爭的高度。

值得注意的是，文藝領域一直是毛澤東的夫人江青可以發揮影響力的地方。事實上，上述中宣部那份關於文聯的文件，報告本身還沒有定稿，江青就提前把它送給毛澤東了[4]。江青的積極性與她個人的野心和權力慾有關，而毛澤東也正是看到了這點，從而加以利用。關於江青的政治慾望是何時開始膨脹的，現在還看不到太多的資料說明，不過可以明確的一點是，她的政治表現，是與毛澤東的背

4　薄一波，《若干重大決策與事件的回顧》（中共黨史出版社，二〇〇八），頁八五八。

後支持分不開的。同時，文革從文藝領域開始，江青的影響是關鍵性的。

3.《海瑞罷官》

「兩個批示」之後，文藝和社會科學領域陸續開始了大批判。哲學上批判楊獻珍的「合二爲一」論；經濟學界批判孫冶方的生產價格論，史學界批判翦伯贊的「歷史主義」等。表面上看來，這是又一次思想改造。但是，很快人們就發現，運動的矛頭其實指向更大的目標，那就是黨內的高級幹部。而這個攻擊，也是先從文化領域開始的。具體說，就是《海瑞罷官》事件。

一九五九年四月五日，毛澤東在上海召開的中共八屆七中全會上，提出要敢於講眞話，敢於批評他的缺點，爲此專門講了海瑞[5]的故事。毛澤東還專門點名，要彭德懷看看《明史．海瑞傳》。對於習慣於揣測毛澤東意圖的人來說，這樣的舉動，顯然有給彭德懷平反，肯定他在廬山會議上的反對意見的意思。至少作爲一名明史專家，北京市副市長吳晗就是這麼認爲的。一九六〇年三月，他寫成五場新編歷史劇《海瑞罷官》，這本來是迎合最高層的旨意而寫的，沒有想到卻被當作開啓文化大革命這場戰役的一顆信號彈。

一九六五年十一月十日，姚文元在《文匯報》發表〈評新編歷史劇《海瑞罷官》〉，指責這齣戲「用階級調和論代替了階級鬥爭論」，並定性說「是一株毒草」。姚文元還把《海瑞罷官》說成是階級鬥爭的表現，提出「階級鬥爭是客觀存在，它必然要在意識型態領域裡用這種或者那種形式反映出

5　海瑞是明朝一位爲了上書批評皇帝，不惜被罷官的官員。

來，在這位或那位作家的筆下反映出來，而不管這位作家是自覺的還是不自覺的，這是不以人們意志爲轉移的客觀規律。《海瑞罷官》就是這種階級鬥爭的一種形式的反映[6]。」隨後，毛澤東在十二月二十一日同陳伯達，關鋒等人講話的時候，表態支持姚文元的文章，並且說：要害是罷官。嘉靖皇帝罷了海瑞的官，一九五九年我們罷了彭德懷的官。彭德懷也是海瑞。本來是一齣戲劇，現在成了黨內有人要向黨進攻的政治問題了。

應當說，《海瑞罷官》事件是毛澤東一手策畫，江青直接執行的。一九六二年毛澤東在中共八屆十中全會上發表「千萬不要忘記階級鬥爭」的講話後不久，江青就找宣傳，文藝部門的人談話，提出要批評《海瑞罷官》，但是沒有人響應；一九六四年，她又跳過《人民日報》總編輯吳冷西，直接找到《人民日報》文藝部編輯，文藝評論家李希凡，還是要他寫批判《海瑞罷官》的文章，也被後者婉拒[7]。江青和毛澤東都看到了，在北京推動這場政治運動遇到阻力，於是目光轉向了上海。

一九六五年二月，江青到上海，在當時上海負責人柯慶施的支持下，找了張春橋和姚文元討論批判《海瑞罷官》的事情。這樣的工作，毛是不可能不知情的。事後的一九六七年，毛澤東在接見阿爾巴尼亞軍事代表團的時候，承認這是他策畫的，他說：那個時候，我們這個國家在某些部門，某些地方被修正主義把持了，眞是水潑不進，針插不進。當時我建議江青組織一下文章批判《海瑞罷官》，

6　姚文元，〈評新編歷史劇《海瑞罷官》〉（原載一九六五年十一月十日《文匯報》），林蘊暉等編，《人民共和國春秋實錄》（北京：人民大學出版社，二〇〇二），頁六三四。

7　余煥春，《人民日報風雨錄——中國新聞內幕》（香港：明報出版社，二〇〇〇），頁三。

就在這個紅色城市無能爲力，無奈只好到上海組織[8]。這裡毛講的「某些地方」就是北京，而他指責的其實就是北京市委書記，當時主持中央書記處工作的彭眞。

爲什麼挑選《海瑞罷官》這齣戲，就是因爲吳晗是北京市副市長。毛和江打擊吳晗，矛頭其實是彭眞。而打擊彭眞，矛頭其實已經直指彭眞的靠山——劉少奇。爲了打倒黨內的最大對手，毛澤東可以說是機關算盡，謹愼布局。而此時，劉少奇和黨內絕大多數幹部，包括周恩來在內，都還被蒙在鼓裡。因爲整個寫作的過程，對於他們來說完全保密。正是因爲不明就裡，彭眞對於姚文元的文章進行了反擊，因爲他要維護自己的手下。所以在姚文元文章發表後的十八天內，北京的大小報刊都沒有轉載。在以後被迫轉載的時候，北京市的口徑還是要求把《海瑞罷官》的問題，限定在學術討論的範圍內，而這正好中了毛澤東的圈套。

4.從「二月提綱」到「五一六通知」

當時在文學藝術和社會科學領域的工作，是由以彭眞爲首的「文化革命五人小組」負責領導。一九六六年二月三日，彭眞召集五人小組會議，提出關於《海瑞罷官》的問題，已經查明吳晗同彭德懷沒有關係，因此不要提廬山會議，不要談政治問題。在這個基調上，五人小組向中央提交了〈文化革命五人小組關於當前學術討論的匯報提綱〉，這就是著名的「二月提綱」。在提綱中，強調學術爭論

8 薄一波，《若干重大決策與事件的回顧》（北京：中共黨史出版社，二〇〇八），頁八六七。

要擺事實，講道理，「報刊上公開點名作重點批判要慎重，有的人要經過有關領導機關批准[9]。」「二月提綱」試圖把文化領域的爭論限定在學術框架內，對於一心想發動文化大革命的毛澤東來說，無疑是一種限制。毛澤東想放開手腳搞文化大革命，就勢必要先搬掉絆腳石。彭眞於是就在劫難逃了。

爲了打倒彭眞以及背後的劉少奇，毛澤東想到了林彪。

一九六六年二月，江青到蘇州找林彪，在得到他的支持後，在上海召開了部隊文藝工作座談會，會後寫成紀要送給毛澤東，這就是所謂〈林彪同志委託江青同志召開的部隊文藝工作座談會紀要〉。這份紀要明確提出：「文藝界被一條與毛澤東思想相對立的反黨反社會主義的黑線專了我們的政。這條黑線就是資產階級的文藝思想，現代修正主義的文藝思想和所謂三〇年代文藝的結合，因此要堅決進行一場文化戰線上的社會主義大革命，徹底搞掉這條黑線[10]。」這個提法，就是「無產階級文化大革命」的濫觴。紀要並且把文革的使命上升到「這是關係到我國革命前途的大事，也是關係到世界革命前途的大事。」的高度。

三月二十日，林彪親自致信中央軍委的常委們，信中提出「十六年來，文藝戰線上存在著尖銳的階級鬥爭，誰戰勝誰的問題還沒有解決。文藝這個陣地，無產階級不去占領，資產階級就必然去占領，鬥爭是不可避免的。這是在意識型態領域裡極爲廣泛，深刻的社會主義革命，搞不好會出修正主

9　薄一波，《若干重大決策與事件的回顧》（中共黨史出版社，二〇〇八），頁八七〇。

10　薄一波，《若干重大決策與事件的回顧》（中共黨史出版社，二〇〇八），頁八七一。

義[11]。」這樣的說法，明顯是呼應毛澤東的主張，政治上向毛表態，同時也是對江青的直接支持。隨後，毛澤東對紀要做了多處修改，然後在四月十日批發全國。而以毛澤東夫人身分，又得到林彪的支持，江青的地位大幅提高，成爲實際上的文化大革命的主要領導人，用後來的話說，就是「旗手」。三月底，毛澤東同江青、康生、張春橋等談話，對於文化大革命要如何進行做了原則上的指示，他說：我歷來主張，凡中央機關做壞事，我就號召地方造反，向中央進攻，各地要多出些「孫悟空」，大鬧天宮……要支持左派，建立隊伍，走群眾路線[12]。以後組織衝擊國家機關，支持紅衛兵等等，都是這些主張的體現。可見，在發動文革之前，毛澤東就做了全面的準備和思考。這是他精心策畫的一次政治行動。

一九六六年五月四日到二十六日，中央政治局召開擴大會議，並於五月十六日通過了〈中國共產黨中央委員會通知〉（史稱「五一六通知」）。通知宣布：撤銷二月提綱和原來的文化革命五人小組。毛澤東親自在通知中加上批語，對開始文化大革命下了指示：「必須同時批判混進黨裡，政府裡，軍隊裡和文化領域各界裡的資產階級代表人物，清洗這些人，」並且耐人尋味地提出「例如赫魯曉夫那樣的人物，他們現正睡在我們的身旁。」能夠被認定爲赫魯曉夫這一級別的黨內人物，劉少奇的名字已經呼之欲出了。

「五一六通知」一出，文化大革命正式開始了。

11 〈林彪同志給中央軍委常委的信〉（原載《紅旗》一九六七年第九期），林蘊暉等編，《人民共和國春秋實錄》（北京：人民大學出版社，二〇〇二），頁六四八—六四九。

12 薄一波，《若干重大決策與事件的回顧》（北京：中共黨史出版社，二〇〇八），頁八七二。

二、「文化大革命」的發動

1.「中央文革小組」掌握了大權

一九六六年五月二十三日，中央政治局擴大會議決定，停止彭眞、陸定一、羅瑞卿的中央書記處書記的職務，以及楊尙昆的書記處候補書記的職務，同時，彭眞的北京市委第一書記和市長的職務也被撤銷。四個人的問題被定義爲「彭羅陸楊反黨集團」。毛澤東決定調陶鑄到北京擔任中央書記處常務書記，並兼任中宣部長；調葉劍英擔任書記處書記，兼任中央軍委秘書長。北京市委、北京衛戍區、北京市公安局都進行改組。北京市公安局從局長到副局長抓了八個主要領導[13]。同時，中央調李雪峰擔任北京市委第一書記。這樣，在毛澤東的眼裡，北京市這個「針扎不進，水潑不進」的堡壘算是被完全攻克了。

在中央一級的領導調動方面，新設立的中央文革小組，以陳伯達爲組長，康生擔任顧問，以江青、王任重、劉志堅、張春橋爲副組長，成員還包括謝鏜忠、尹達、王力、關鋒、戚本禹、穆欣、姚文元等。這樣的文革領導班子中，主要是以江青爲首的文革派與軍隊勢力的結合，其中也有部分的老幹部派作爲平衡，反映出毛澤東對政治力量重新組合的構想。

13　吳德，《十年風雨紀事——我在北京市工作的一些經歷》（北京：當代中國出版社，二〇〇四），頁五。

2.第一把火是在北大點燃的

五月二十五日，北京大學哲學系黨總支書記聶元梓等七人，在北大第三學生食堂的東牆上貼出了題爲〈宋碩、陸平、彭珮雲在文化大革命中究竟幹些什麼？〉的大字報，批評北京市委大學部部長宋碩，北大黨委書記陸平和黨委副書記彭珮雲壓制文化大革命的發展，其實矛頭對準的是北京市委。這篇文章的出籠，背後推動者是中央文革小組的康生，他派妻子曹軼歐到北大，鼓動聶元梓起來造反[14]。

六月一日，《人民日報》發表〈橫掃一切牛鬼蛇神〉的社論，中央廣播電台播放了北大聶元梓等七人的大字報，「文革」首先在高校開展起來。儘管在北京主持中央日常工作的劉少奇和鄧小平一再發電報，請求毛澤東回來針對新的形勢作出決策，但是當時毛澤東以安全爲理由拒絕返回北京，讓劉少奇和鄧小平面對這個他們始料未及的局面。毛這顯然是作壁上觀，等待劉鄧犯錯誤的機會。

而劉少奇，鄧小平面對高校已經混亂起來的局面，依照過去的傳統，採取了派工作組下去穩定局勢的辦法，對於造反派基本上採取壓制的政策，比如規定「大字報不要上街」、「不要示威遊行」、「不要搞大規模聲討會」等，希望運動能在可控制的範圍內展開。但是另一方面，有毛澤東作爲靠山的「中央文革小組」，根本不把中央的指示放在眼裡，他們暗中支持學校裡面的造反派抵制工作組。此時，中央內部的分歧已經非常清楚，連起來參加文革的大學生都可以感受到了。隨後，清華大學的

14 李雪峰，〈鮮爲人知的「文革」發動內情〉，蕭克等著，《我親歷的政治運動》（北京：中央編譯出版社，一九九八），頁三二七。

學生領袖蒯大富，提出了要打倒「反革命修正主義頭子，中國最大的走資派劉少奇。」的口號。這如果沒有來自中央的暗中支持，顯然是不可能的。大家都等著看毛澤東的態度。

此時的劉少奇，顯然對於毛澤東內心的眞實想法還是完全不清楚。六月十三日，劉少奇在〈批轉中南局〈關於文化大革命的情況和意見的報告〉〉和〈批轉〈關於無產階級文化大革命的意見和部署〉〉兩份批示中表示：「當牛鬼蛇神紛紛出籠開始攻擊我們的時候，不要急於反擊。要告訴左派，要硬著頭皮頂住，領導上要善於掌握火候。等到牛鬼蛇神大部分暴露了，就要及時組織反擊[15]。」劉少奇在這裡提出的，完全是毛澤東發動一九五七年「反右」運動的時候所執行的策略，可見劉少奇還以爲這一次發動群眾起來，是毛澤東又一次的「陽謀」，目的是引出反革命言論然後一網打盡。這當然是一個致命的錯誤判斷。劉少奇完全沒有料到他所謂的「牛鬼蛇神」，背後的主使者正是他最得罪不起的人物——毛澤東。這一次，他自己成了毛澤東「陽謀」的目標。

3.毛澤東的態度

七月八日，毛澤東從臨時居住的住所給江青寫信，透露了他發動文革的一些心聲。他說：「天下大亂，達到天下大治。過七、八年又來一次。」對於林彪的想法，毛澤東內心很清楚，他說「我猜他們的本意，爲了打鬼，借助鍾馗。我就在二十世紀六〇年代當了共產黨的鍾馗了，」毛也知道自己發動文革，歷史上可能會留下罵名，「事物總是要走向反面的，吹得越高，跌得越重，我是準備跌得

15　陳曉農編著，《陳伯達最後口述回憶》（香港：陽光環球出版香港有線公司，二〇〇五），頁二七九。

粉碎的，」但是又說「那也沒有什麼要緊，物質不滅，不過粉碎罷了。」表明了發動文革的堅定決心[16]。他的用意在最後幾段清晰呈現：「這是一次全國性的演習，左派、右派和動搖不定的中間派，都會得到各自的教訓。」他認爲不斷的政治清洗和群眾運動，是社會管治的基本手法，是防止權力被侵蝕，防止幹部隊伍的革命意志衰退的主要方式。同時，發動文化大革命，權力進行重組，在各種政治勢力之間建立起新的平衡，這就是毛發動「文化大革命」的政治動機。

七月十八日，毛澤東終於返回北京，十九日就找人談話指出：「派工作組是錯誤的。回到北京後，感到很難過，冷冷清清。有些學校大門都關起來了。甚至有些學校鎮壓學生運動。誰去鎮壓學生運動？只有北洋軍閥。凡是鎮壓學生運動的人都沒有好下場[17]！運動犯了方向，路線錯誤，要趕快扭轉，把一切框框打個稀巴爛[18]。」二十日，先前因爲發表批判工作組言論而被關押的清華大學學生蒯大富就被釋放。之後，毛於二十三日召集北京市委負責人聽取匯報。耐人尋味的是，這次重要的匯報，劉少奇、鄧小平都沒有參加。會上，毛澤東明確站到了中央文革的立場上，他表示派工作組是錯誤的，指責工作組是壓制人民。在毛澤東的壓力下，七月二十九日北京市委在人民大會堂，召開全市大專院校和中等學校文化大革命積極分子大會，宣布撤銷工作組。劉少奇在大會上發言檢討，他並且

---

16 〈毛澤東給江青的信〉，林蘊暉等編，《人民共和國春秋實錄》（北京：人民大學出版社，二〇〇二），頁六九二。

17 一九八九年中國爆發的學生運動中，學生們就打出了寫有毛澤東這段話的牌子，諷刺鄧小平鎮壓學運的做法是違背毛澤東思想。

18 米鶴都，《我是怎樣投入文革的——蒯大富訪談錄》，香港：《明報月刊》二〇一一・一，頁一三七。

承認「至於怎樣進行無產階級文化大革命……我老實回答你們，我也不曉得。我想黨中央其他許多同志，工作組的成員也不曉得[19]。」這樣的說法委婉地表達他心中的不滿，但是同時也等於是讓外界了解到，他已經不在權力核心之中了。

劉少奇代表的黨委行政這一系統被剝奪權力，造反派成爲不受法律和權力約束的力量，接受中央文革領導小組的指揮，而後者成爲當時中國眞正的最高權力機關。各地的黨委和政府首腦開始受到造反派的鬥爭。北京市委受到衝擊無法辦公，只好轉移到京西賓館工作，結果中央文革小組的江青還批評說不敢面對群眾，要求他們搬回去接受衝擊[20]。當時還是北京市委第二書記兼市長的吳德，被北京工學院的造反派要求去做檢討，結果當場被扣留，批鬥了好幾天。批鬥還沒有結束，又被他原來工作的吉林省的一批造反派矇住眼睛，拉到一個不知道的地方審問。吳德是給周恩來打電話，才得到釋放的[21]。北京市長尚且如此，其他人的處境也就可想而知了。至此，各級行政機構全面癱瘓。

4. 紅衛兵橫空出世

六月二十四日，清華附中學生貼出題爲〈無產階級的革命造反精神萬歲〉的大字報，提出「革命就是造反」，「我們就是要掄大棒，顯神通，施法力，把舊世界打個天翻地覆，打個人仰馬翻，打得

19 吳德，《十年風雨紀事——我在北京市工作的一些經歷》（北京：當代中國出版社，二〇〇四），頁一一。

20 吳德，《十年風雨紀事——我在北京市工作的一些經歷》（北京：當代中國出版社，二〇〇四），頁一七。

21 吳德，《十年風雨紀事——我在北京市工作的一些經歷》（北京：當代中國出版社，二〇〇四），頁一四—一五。

落花流水。」認爲中國社會「越亂越好」[22]。八月一日，毛澤東致信清華大學附中的紅衛兵，對上述大字報的內容表示「熱烈的支持」[23]，紅衛兵、造反派於是成爲文革的先鋒。

七月，各校學生在新華門外搭帳篷，包圍中南海，要求批鬥劉少奇；八月五日，毛澤東進一步爲文革加溫，發表了〈炮打司令部——我的一張大字報〉，公開批評過去五十多天裡「從中央到地方的某些領導同志，卻反其道而行，站在反動的資產階級立場上，實行資產階級專政，將無產階級轟轟烈烈的文化大革命運動打壓，顛倒是非，混淆黑白，圍剿革命派，壓制不同意見，實行白色恐怖，自以爲得意，長資產階級的威風，滅無產階級的志氣，又何其毒也[24]！」對以劉少奇爲首的政治局進行了全面的否定。

一九六六年八月一日到二日，中共中央在北京召開了八屆十一中全會。八月八日，中共中央做出了〈關於無產階級文化大革命的決定〉，並在次日的《人民日報》上公布。〈決定〉指出：「當前開展的無產階級文化大革命，是一場觸及人們靈魂的大革命……在當前，我們的目的是鬥垮走資本主義道路的當權派。」並提出「黨的領導敢不敢放手發動群眾，將決定這場文化大革命的命運，」還說

22 〈無產階級的革命造反精神萬歲〉（原載《紅旗》一九六六年第十一期），林蘊暉等編，《人民共和國春秋實錄》（北京：人民大學出版社，二〇〇二），頁七一一。

23 〈毛澤東給清華大學附屬中學紅衛兵的信〉（原載一九六六年八月十九日《人民日報》），林蘊暉等編，《人民共和國春秋實錄》（北京：人民大學出版社，二〇〇二），頁七一二。

24 毛澤東，〈炮打司令部——我的一張大字報〉（原載一九六七年八月五日《人民日報》），林蘊暉等編，《人民共和國春秋實錄》（北京：人民大學出版社，二〇〇二），頁七〇三—七〇四。

「不要怕出亂子……要充分利用大字報，大辯論這些形式，進行大鳴大放[25]。」反映了發動群眾起來造反是文革的主要方式。八月十八日之後，毛澤東先後八次在天安門廣場接見全國各地的紅衛兵和群眾，達一千三百多萬人次。群眾的情緒被鼓動到了最高點，毛澤東個人的威望也到了歷史的高點。

5. 紅色恐怖

八月外交學院的學生帶頭火燒英國代辦處，事態發展就已經開始失控。隨即，各地都發生了規模不等的武鬥事件，「文革」達到高峰，暴力也達到高峰。湖南零陵地區道縣在一九六七年七—九月間，發生了群眾性殺害「四類分子」（地主，富農，反革命，壞分子）及其子女的事件，共有四千五百一十九人被殺和被迫自殺。道縣事件後來還迅速波及到全區其他十個縣，造成全區共有九千三百二十三人被殺和自殺，其中「四類分子」子女四千零五十七人，未成年者八百六十二人。此外，致傷致殘的還有二千一百四十六人[26]，可見地方上「文革」初期暴力程度的一斑。

在北京大興縣，紅衛兵大開殺戒，「一九六六年八月，大興縣是十三個公社的四十八個大隊，僅在五、六天時間內，就殺死地富反壞右及其家屬三百二十五人，有二十二戶人家被殺，其中有八十多歲的老人，也有出生僅三十八天的嬰兒[27]。」教育學者楊東平回憶他當時親眼目睹的暴力行爲：「我

25 〈中國共產黨中央委員會關於無產階級文化大革命的決定〉（原載一九六六年八月九日《人民日報》），林蘊暉等編，《人民共和國春秋實錄》（北京：人民大學出版社，二〇〇二），頁六九三—六九八。

26 謝承年，《道縣「文革」殺人遺留問題處理的經過》，北京：《炎黃春秋》二〇一〇・一一，頁四三。

27 夢波，《勞改紀實》，蕭克等著，《我親歷的政治運動》（北京：中央編譯出版社，一九九八），頁一〇〇。

第一次親眼看到北京女紅衛兵是在附近農村的一戶地主家。她們讓『地主婆』跪在一塊磚上，用北京話罵，用皮帶抽。人要是翻倒了，讓她再跪在一塊磚上，繼續打，就聽慘叫聲，還看見鮮血淋漓，我們誰也沒有見識過這種場面……那個老太婆後來被打死了。」更值得研究的，是他下面的一段心路剖析：「我不忍心看，申請到外面巡邏，邊走邊自責：看人家階級感情多深，鬥爭精神多強！我的小資產階級感情怎麼總是克服不了呢？天生就不配做一個革命者[28]。」暴力是有示範作用的，當暴力作為革命的表現的時候，這種示範作用的擴張就會更加強烈。這也是「文革」開始之後，暴力行為在全國蔓延的主要原因。

在進行血腥鬥爭的紅衛兵中，主力是一些幹部子弟。「文革」剛一發動，一些北京的幹部子弟中就提出了「血統論」的主張，口號是「老子英雄兒好漢，老子反動兒混蛋。」當時鼓吹「血統論」最積極的兩個組織，都是由幹部子弟組成的，一個是「西糾」（「紅衛兵西城區糾察隊」），另一個是「聯動」（「首都紅衛兵聯合行動委員會」，後稱「中央，北京黨政軍幹部子弟聯合行動委員會」）[29]。進行武鬥的主要是這兩個組織。而「西糾」的成立還得到周恩來的支持。周曾經派親信周榮鑫等和「西糾」聯繫，給「西糾」提供物資，讓「西糾」維持秩序[30]。

作為幹部子弟的組織，「西糾」和「聯動」得到周恩來的支持是順理成章的，因為周恩來本身，

---

28 《楊東平：積極的悲觀主義者》，李宗陶，《思慮中國：當代三十六位知識人訪談錄》（北京：新星出版社，二〇〇九），頁二二五。

29 今日中共領導集團中「太子黨」的一批代表人物如薄熙來等，當年都曾經參加過這樣的紅衛兵組織。

30 陳曉農編著，《陳伯達最後口述回憶》（香港：陽光環球出版香港有線公司，二〇〇五），頁三〇一。

就是中共黨內老幹部派的總後台。他試圖建立自己在「文革」中的穩固地位，勢必要自己派系內部的人出來引領風潮。但是，周恩來沒有想到的是，毛澤東發動「文革」，目的就是打倒黨內的老幹部，即他所謂的「走資本主義道路的當權派」；而幹部子弟組成紅衛兵，其勢力勢必衝擊到以江青、林彪、陳伯達爲首的「文革」派，雙方必然發生衝突。果然，不久之後，幹部子弟組成的紅衛兵組織就遭到「文革領導小組」的批評，「聯動」的主要負責人幾乎都被逮捕，一直到一九六七年四月才被釋放。也正因爲如此，這一股「紅色恐怖」的浪潮才被遏制住。幹部子弟的失勢，使得周恩來在社會上失去了奧援，「文革」的主導權徹底落到了「文革」派的手上。

一九六七年的春天，各地開始發生武鬥的情形。北京市公安局準備發出通知，要求不能打死人。據吳德回憶，毛澤東看了這個通知的草稿之後提出批評，說你們還是想壓制群眾，文化大革命剛開始發動，你們不能像消防隊救火一樣[31]。顯然，毛澤東對於武鬥是從容甚至支持的。以紅色暴力推動群眾運動，是毛澤東一貫的主張，這也充分反映在文化大革命的手段上。

暴力手段已經開始使用，很難完全控制在中央政府的規劃中。武鬥在全國開展之後，一些地方出現了軍事上的獨立性。例如江西撫州地區派系對立嚴重，中央派軍隊進入試圖進行調解，但是撫州軍分區負責人夏紹林反對中央這一決定，指揮當地部隊和民兵進行伏擊，根據記載：「派飛機去散發〈中共中央關於處理江西問題的若干決定〉，他們打飛機，將飛機的機身打了兩個洞。「……他們的

31　吳德，《十年風雨紀事——我在北京市工作的一些經歷》（北京：當代中國出版社，二〇〇四），頁二八。

實力還不小呢，控制了臨川、金溪、資溪、南城、黎豐、宜黃、崇仁、樂安等八個縣[32]。」顯然，在全國武鬥開始之後，有些地方完全進入了無政府狀態。事實上，各級地方政府對於毛澤東和中央到底爲什麼要發動「文革」，以及如何進行「文革」，完全沒有清晰的把握，只能放任群眾起來造反……雲南省委第一書記在「文革」開始後，就曾經公開在幹部大會上說：「這次文化大革命，怎麼搞，你們不清楚，省委也不清楚。今後，省委也不能領導你們了，你們就各人顧各人吧[33]。」

與此同時，在受到衝擊最嚴重的知識分子群體中，出現了大量的自殺現象。根據謝泳的不完全統計，一九六六年自殺的著名知識分子包括：北京大學英語系教授俞大因、哲學系教授沈乃璋、數學力學系教授董鐵賓、西語系講師吳興華、哲學家李達、復旦大學副校長陳傳綱、教授周予同、華東師大教授姚啓均、京劇演員馬連良、言慧珠、武漢大學教授楊端六、南開大學外語系教授吳恕求、作家老舍、傅雷、葉以群、詩人陳夢家等[34]。

32 汝其，〈支左日記〉，韓少功、蔣子丹主編，《民間檔案：民間語文卷》（昆明：雲南人民出版社，二〇〇三），頁二三。

33 〈縣委書記自述〉，韓少功、蔣子丹主編，《民間檔案：民間語文卷》（昆明：雲南人民出版社，二〇〇三），頁一三九。

34 謝泳，〈一九四九年至一九七六年間中國知識分子及其他階層自殺現象之剖析〉，何清漣主編，《二十世紀後半葉歷史解密》（Sunnyvale, CA, USA: 博大出版社，二〇〇四），頁一〇〇—一〇二。

三、從「一月革命」到「二月逆流」

1.全國範圍的奪權浪潮

一九六七年一月，全國出現造反派奪取行政機關權力的浪潮。

一月十日，黑龍江造反派組織組成省級機關接管委員會，奪了省級機關的權。十四日，山西革命造反總指揮部發布「第一號通告」，宣布奪取省委、市委的權。十六日，哈爾濱軍工學院等二十三個單位的造反派在哈軍工集會，宣布成立「哈爾濱紅色造反者聯合接管公告」。十七日，湖南長沙市造反派奪了市委的權。十八日，全國財貿系統造反派舉行「反對經濟主義」誓師大會。二十一日，聶元梓部署北京大學「新北大公社」連夜派出大批人員到高教部，中宣部，統戰部，中監委，中組部和北京市奪權。二十一日，廣東省造反派宣布奪了省委、省政府及廣州市委、市政府的權，並於次日在《南方日報》上刊登了奪權通告。同日，徐州市兩大紅衛兵組織「毛澤東主義紅衛兵造反總部」和「八一紅衛兵革命造反司令部」聯合宣布接管市委市政府和公檢法的一切權力。

這樣的舉動得到中央的肯定和支持。一月二十一日，新華社報導了財貿系統的奪權大會，標題就是〈把財貿系統的大權奪回到無產階級革命派手裡〉；同日，還轉載了首都出版系統造反派發出的號召奪權的呼籲書，《人民日報》次日跟進轉載，還配發評論員文章〈出版毛主席著作的大權我們掌〉。二十五日的《人民日報》轉載了山西省委的奪權通告，並爲此發表社論，稱之爲「山西省無產階級文化大革命的偉大勝利[35]。」這一批官方媒體的支持，代表奪權行動是中央文革在背後推動和支持，並得到毛澤東的首肯的。這些社論，文章也是向全國發出的訊號，號召在全國範圍內奪權。所謂「一月革命」，就是全國範圍的奪權行動。一月之後，各地的黨委，政府機構都陷入癱瘓，喪失了具體的行政權力。

2.老帥們看不下去了

「文革」開始不久，「文革」前一直主持軍委工作的羅瑞卿已經被打倒；後來接替他的賀龍不久也遭受衝擊。在能夠鎮住軍隊的元帥中，林彪稱病不肯管日常事務，於是自從一九五二年廣東地方主義事件後一直沒有被拉入權力核心的葉劍英，就成爲不二選擇。

一九六六年一月，葉劍英被任命爲中央軍委副主席，不久，又被任命爲中央書記處書記兼軍委副主席兼秘書長，主持中央軍委的日常工作。在文革早期，政府機關和黨的系統已經遭受嚴重衝擊的情況下，軍隊是持超然的立場。中共中央有通知，不許任何人，任何組織衝擊人民解放軍的機關；在軍隊內部，明令不許上街遊行，一般不參加地方的批判大會。毛澤東此刻要利用軍隊的穩定作爲一種支持，來集中力量打擊黨政勢力中他認爲的資產階級分子。

但是以江青爲首的中央文革小組不想放過軍隊這一塊，所以軍隊受到的衝擊也愈來愈嚴重。受到

35 何蜀，〈文革中所謂的「上海一月革命」——毛澤東製造的一個「文革樣本」〉，何清漣主編，《二十世紀後半葉歷史解密》（Sunnyvale, CA, USA: 博大出版社，二〇〇四），頁三二六。

衝擊最嚴重的蘭州、新疆等幾個軍區，司令和政委只能住在北京的京西賓館，通過軍線電話遙控來指揮軍隊[36]。文革派與「老幹部派」在軍隊是否開展「文革」的問題上，形成了嚴重的分歧，並且發生衝突。這就是著名的「二月逆流」事件，也稱「懷仁堂」事件。

一九六七年一月十九日下午，軍委在京西賓館召開擴大會議，江青提出軍隊領導中有「走資派」，矛頭指向時任總政治部主任的蕭華。當晚，造反派就去蕭華家抓人，蕭連夜逃到葉劍英家避難。第二天的會議上，江青向葉劍英要人，徐向前摔了茶杯，葉劍英猛拍桌子，導致左掌骨折，可見當時的氣氛之緊張。

二月十四日下午，政治局擴大會議在中南海懷仁堂召開，會上，老帥們又與中央文革小組的成員發生衝突。葉劍英指責康生、陳伯達、張春橋等：「你們把黨搞亂了，把政府搞亂了，把工廠，農村搞亂了，你們還嫌不夠，還一定要把軍隊搞亂。」二月十六日的會上，譚震林宣稱「砍腦袋，坐監牢，開除黨籍，也要鬥爭到底。」當天晚上，張春橋、姚文元等就去毛澤東處告狀，毛十分震怒，連夜召開會議批評老幹部們，後來爲此連續開了七次政治局的生活會，葉劍英被迫做了檢討，而譚震林、陳毅和徐向前成了重點被批判的對象[37]。

老帥們沒有看清形勢的是，文革小組的背後正是毛澤東，是毛澤東擔心老帥們的軍隊勢力對自己構成威脅，要利用文革小組打入軍隊，奪老帥們的軍權。這次懷仁堂事件，正好給了毛澤東藉口，從

36　李菁，〈葉劍英：慰祝蒼生樂大同〉，《三聯生活周刊》二〇〇九．二七，頁四四。
37　李菁，〈葉劍英：慰祝蒼生樂大同〉，《三聯生活周刊》二〇〇九．二七，頁四五。

此一舉鏟除老帥們的實力，軍隊成了毛澤東本人絕對掌握的政治工具。此時長年稱病的林彪，就成了毛澤東唯一的選擇。

懷仁堂衝突之後，軍隊內部進行大清洗，林彪從此出面掌控軍隊一切事務，成了中國的第二號人物，毛澤東的接班人。而他的親信紛紛進入軍隊的中樞位置，其中，黃永勝擔任總參謀長，吳法憲擔任副總參謀長和空軍司令員，李作鵬擔任副總參謀兼海軍第一政委，邱會作擔任總後勤部長。黃永勝更是擔任軍委辦事組的組長。葉劍英等原來的老帥們的權力，完全落到了林系將領的手中。一九六九年，中蘇爆發「珍寶島」衝突，林彪借機將葉劍英等老帥遷出北京，等於把他們徹底隔絕到了北京的權力中心之外。老幹部一派，只剩下了周恩來一個人。他們一直要到林彪出事之後，才重新回到權力核心。

3. 文革的細節

當年的批鬥會倒是什麼樣的呢？據曾經被批鬥的外交部幹部何方回憶：「這一時期最令人驚心動魄的，我看就是八月份部黨委召開全部大會批鬥孟用潛。大會由副部長喬冠華主持，安排副部長韓念龍，部長助理宦鄉和已進駐研究所兩、三個月的工作組人員相繼發言。會議事先做了周密部署，糊了十幾頂高帽子，下面有人領呼口號。除孟用潛外，還將研究所其他領導人和業務骨幹十多個人拉來陪鬥。都戴著高帽子，手拄兩根哭喪棒(用白紙包的木棍)，在台前跪成一排。而孟用潛的高帽子裡安裝有圖釘，用手一按就鮮血直流。他們在辦公樓樓道裡排著隊被遊鬥，經過人群時，人們隨時可以打他們和羞辱他們。孟用潛在遊鬥時走了一半路就已經暈倒[38]。」而根據何方自己說，外交部的批鬥在當時還算是相對來說非常和平的。

何方的回憶還提到他與兒子之間的通信，可以被視爲當時比較標準的通信內容，今天看起來不可思議，但是是文革時期時代氣氛的眞實寫照。他說：「總是在稱呼之後，接著就寫：『首先讓我們共同敬祝我們心中最紅最紅的紅太陽，我們的偉大的領袖毛主席萬壽無疆！萬壽無疆！萬壽無疆！敬祝我們學習的光輝榜樣，我們偉大領袖毛主席的親密戰友，我們的林副統帥永遠健康！永遠健康！永遠健康！』中間只有幾句諸如『我們一切都好，請不要掛念』之類的話，就用一連串萬歲的口號結束了：『最後讓我們高呼：戰無不勝的毛澤東思想萬歲！無產階級文化大革命勝利萬歲！偉大領袖毛主席萬歲！萬歲！萬萬歲[39]！』」

即使是婚喪嫁娶這樣的生活事務，也充斥著「紅色話語」。當時的一封「結婚賀信」是這樣的：

××同志：

元旦是你舉行婚禮的日子。

我們決定在這個具有新的革命性的快樂的日子裡，親自到你家來，向你以及你最親密的戰友××同志表示最衷心的祝賀。

「海內存知己，天涯若比鄰。」我們的友誼是在尖銳的，激烈的階級鬥爭中建立的，是經歷了疾

38 何方，《從延安一路走來的反思——何方自述》（香港：明報出版社，二〇〇七），頁四三八—四三九。

39 何方，《從延安一路走來的反思——何方自述》（香港：明報出版社，二〇〇七），頁四九一。

風暴雨，驚濤駭浪的嚴峻考驗的。今後不管社會上發生了什麼事，我們都決心同你們以及全體貧下中農團結，戰鬥、困難、勝利都在一起。顆顆紅心向太陽，永遠忠於毛主席。這是我們共同的心情和誓言。

順致無產階級的敬禮！

你的革命戰友 ××× ×××

一九六七・十二・二十六[40]

中小學教科書的編寫，也充分體現了當年的時代氛圍。那時候北京市小學一年級的語文課本，每課配有線條簡單的黑白插圖。第一冊第一課只有五個字：「毛主席萬歲！」第二課是「敬祝毛主席萬壽無疆！」第三課是「高唱東方紅。」第四課是「學習毛主席語錄。」第五課是「中國共產黨萬歲！」第六課是「工人階級必須領導一切。」第七課是「沒有貧農，便沒有革命。」第八課是「沒有一個人民的軍隊，便沒有人民的一切。」第九課是「槍桿子裡面出政權。」第十課是「中國人民共和國萬歲！」第十一課是「筆桿子，槍桿子，奪取政權靠著兩桿子，鞏固政權也靠這兩桿子[41]。」這充分表現了當時中國的官方論述中，不同社會成分的排列順序，分別是：黨、工人、貧農、軍隊和國家。而作爲大獨裁者的毛澤東，排在所有這些社會成分之前。

40 〈百姓應用文一束（一九六四—二〇〇〇）〉，韓少功、蔣子丹主編，《民間檔案：民間語文卷》（昆明：雲南人民出版社，二〇〇三），頁二一〇—二一一。

41 淺寒，〈給自己的備忘率（二）〉，瀋陽：《萬象》二〇一〇・一二，頁六九。

4. 關於樣板戲

〈紅燈記〉、〈沙家浜〉、〈紅色娘子軍〉、〈龍江頌〉、〈海港〉、〈白毛女〉、〈智取威虎山〉、〈奇襲白虎團〉這八部現代京劇，是在江青的直接指導下[42]，所謂的「文藝爲工農兵服務」以及發揚「洋爲中用，古爲今用」精神的典型作品，以「三突出(在所有人物中間突出正面人物；在所有正面人物中間突出英雄人物；在所有英雄人物中間突出主要英雄人物)」爲創作標準，改編傳統戲劇形式，尤其是京劇，來表現現代革命的故事情節。一九六七年五月三十一日，《人民日報》發表評論〈革命文藝的優秀樣板〉，將八部文藝作品定爲樣板，樣板戲一詞至此正式產生。

早在一九六四年六月五日到七月三十一日，由文化部舉辦的「全國京劇現代戲觀摩演出大會」在北京舉行，全國有二十九個劇團帶著三十五個劇目興致勃勃地來京亮相，共演出了二四四場。周恩來、康生、陸定一、江青、郭沫若等都出席了大會並觀看了部分演出。其中現代京劇〈紅燈記〉、〈沙家浜〉、〈智取威虎山〉、〈紅色娘子軍〉等被確定爲八個保留節目。一九六七年恰逢毛澤東〈在延安文藝座談會上的講話〉發表二十五周年，五月一日至六月十七日，江青在北京舉辦了「八大革命樣板戲匯演」，京劇〈智取威虎山〉、〈紅燈記〉、〈沙家浜〉、〈奇襲白虎團〉、〈海港〉，芭蕾舞劇〈紅色娘子軍〉、〈白毛女〉以及交響樂〈沙家浜〉等八大樣板戲集中獻演二一八場，歷時

42　二〇一〇年第十一期《炎黃春秋》上胡金兆的文章〈「京劇革命」源頭補遺〉說：「江青懂戲，曾在山東實驗劇院學話劇時，向清朝內廷供奉，尚小雲的業師孫怡雲學過京劇，一度還隨京劇班跑過江湖，唱二牌青衣。一九三二年到北平唱戲，著名紅生李洪春曾爲她配演。」(頁七九)

一個多月，觀眾多達三十三萬。毛澤東、林彪、周恩來等中央領導人，都觀看了這次「文藝革命」成果的隆重展現。一九六七年五月十日的《人民日報》上發表了江青在一九六四年的那篇題爲〈京劇革命〉的講話，一九六七年第六期《紅旗》雜誌發表題爲〈歡呼京劇革命的偉大勝利〉的社論，稱京劇革命已經出現了一批豐盛果實[43]。

樣板戲的主題就是兩個：一個是「造神」，戲劇中大量出現「太陽」的意象，暗示毛澤東和共產黨就像太陽一樣光芒萬丈，帶給中國光明的前途。比如〈紅色娘子軍〉裡，洪常青面對敵人的槍口的時候，台詞是「灑熱血迎黎明，我無限歡暢，望東方已見那光芒四射、噴薄欲出的一輪朝陽。」〈白毛女〉中，白毛女報仇雪恨以後，山洞外一輪紅日冉冉升起，全體演員合唱：「太陽出來了[44]！」〈智取威虎山〉的第八場戲中，「當楊子榮唱到『抗戰寒化冰雪我胸有朝陽』的時候，(舞台上)頓然間霞光四射，彩雲萬朵，一道璀璨的晨光，染紅高聳如雲的峭石之尖，與『東方紅，太陽升』的旋律相映成輝[45]。」另一個就是壓抑人性，鬥私批修。所有的主人公都不食人間煙火，更不會談情說愛，一切的情節都圍繞在鬥爭和革命上。應當說，從技術的角度上看，樣板戲集結了全國最頂尖的戲劇人才，舞台美術、音樂，以及演員的表演水平等都是一流的。但是這樣的美學，是典型的「法西斯美學」。

---

43 劉一凡、江沂，〈細說八大樣板戲拍攝中鮮爲人知的故事〉http://news.qq.com/a/20090902/002708.htm(二〇一〇・一一・二八)。

44 吳迪，〈從樣板戲看「文藝爲政治服務」的造神功能〉，何清漣主編，《二十世紀後半葉歷史解密》(Sunnyvale, CA, USA: 博大出版社，二〇〇四)，頁三四二。

45 吳迪，〈從樣板戲看「文藝爲政治服務」的造神功能〉，何清漣主編，《二十世紀後半葉歷史解密》(Sunnyvale, CA, USA: 博大出版社，二〇〇四)，頁三四四—三四五。

5.上山下鄉

一九六七年到一九八〇年，大約有一千六百萬高中畢業生在毛澤東的號召[46]下，註銷城市戶口，到農村去生產勞動和居住，這就是「上山下鄉運動」。毛澤東號召青年到農村去，表面上的，以及打動了廣大青年的理由，是到農村鍛鍊自己，改造社會，並宣稱這是「教育革命」的一部分，也就是「文化大革命」的一部分。但是眞實的原因，是因爲此時毛澤東已經感覺到紅衛兵的力量可能失控，不能讓他們繼續造反，以免有一天養虎遺患。同時，由於「文化大革命」的開展，中國經濟發展速度下降，工作機會愈來愈少，讓有待就業的青年到農村去自生自滅，也是解決就業問題的釜底抽薪之計。法國學者Michel Bonnin認爲，這「在中國甚至世界的歷史上，是個史無前例的改造一代人的大社會實驗，也是個表面上憑『自願』申請的大規模集體流放[47]。」

但是毛澤東沒有想到的是，這樣一批本來是「文化大革命」中堅力量的年輕人，到了中國社會的最底層之後，看到了現實生活中的世界，從而開始對中共意識型態產生懷疑。艱苦的生活打破了他們原來對於革命的玫瑰色的幻想，整整一代人開始在幻滅的基礎上重新思考，從而埋下了對於中共的專制制度懷疑乃至於批判的種子。從這個意義上講，紅衛兵一代到農村去，代表「文化大革命」的高潮已經成爲過去，人民，尤其是年輕人的激情，終於開始冷卻了。

---

46 毛澤東的號召是：「知識青年到農村去，接受貧下中農的再教育。」

47 潘鳴嘯(Michel Bonnin)，〈上山下鄉運動引起的爭議〉，紐約：《北京之春》二〇〇七・二，頁五三。

第九講
文化大革命的結束：從林彪事件到天安門事件

一、毛林聯盟的解體

1. 毛澤東跟林彪翻臉了

有三件事導致毛澤東決定廢黜林彪。第一件，就是關於是否設立國家主席的爭議。一九七〇年三月八日，毛澤東提出召開四屆人大，林彪想利用這個機會擴大權力，而這個機會，就是「國家主席」職位的設定。四月十一日，林彪正式提出建議設立國家主席，被毛澤東拒絕。但是林彪並未放棄，以後又多次自己或由政治盟友提出類似建議。七月份，擔任中央軍委辦事組主任的林彪的妻子葉群在與林彪的親信，空軍司令員吳法憲談話的時候明白表示：「如果不設國家主席，林彪怎麼辦？往哪裡擺[1]？」這樣頻繁的動作，不能不引起一貫多疑的毛澤東的警惕。

七月十二日，中共中央成立以毛澤東爲主任，林彪爲副主任的「中共中央修改憲法委員會」，會上，毛澤東第四次明確表示不設立國家主席。八月三日，毛澤東要求解放軍重新學習一九二九年十二月紅軍第四軍第九次黨代表大會的決議〈關於糾正黨內的錯誤思想〉，該決議提到「小團體主義」，批評那種「只注意自己小團體的利益」的現象[2]。這已經是毛澤東對林彪及其盟友發出的警告性的暗示了。

八月二十三日，中共九屆二中全會在廬山舉行，是爲「第二次廬山會議」。開幕式上林彪講話，提出了「天才論」的觀點。陳伯達在會上，再次提出設立國家主席的建議，還推崇林彪「也是一個天才」。次日的分組會上，林彪的盟友，包括吳法憲、李作鵬、邱會作等紛紛發言，呼應陳伯達的建議，並提出要毛澤東做國家主席。林彪的親信還在各個分組會議上，散發刊登了陳伯達發言的華北組會議六號簡報[3]。在毛澤東看來，林彪未免太不把他的警告放在眼裡了。而更重要的是，明明是毛澤東已經明確表示反對的事情，一經林彪重新提出，就得到這麼多高級幹部和高級將領的呼應，這不能不讓毛澤東開始警覺。根據林彪親信邱會作出獄以後，在香港出版的《回憶錄》中的記載，在林彪講話之後，話音一落，全場爆出熱烈掌聲。坐在主席台下第一排的許世友、陳錫聯竟跑上去與林彪握手。隨後廬山會議又組織全體中央委員，兩次聽林彪的講話錄音，然後分組討論，大家均表態擁護林

1 《權力鬥爭與軍人的政治角色：一九四九—一九七三年的中國》，頁二八〇。
2 《權力鬥爭與軍人的政治角色：一九四九—一九七三年的中國》，頁二八一。
3 《權力鬥爭與軍人的政治角色：一九四九—一九七三年的中國》，頁二八二。

彪。鄧穎超還爭功說，林副主席是毛主席的「親密戰友」這四個字，是她在八屆十一中全會上第一個提出來的等等。面對這樣的場面，毛澤東冷眼旁觀，沒有講話。邱會作認爲毛澤東看到林彪受歡迎的程度，肯定心裡別有滋味[4]。

八月三十一日，毛澤東寫了〈我的一點意見〉，對陳伯達進行批判，稱他「採取突然襲擊，煽風點火，唯恐天下不亂，大有炸平廬山，停止地球之勢。」明眼人都看得出來，毛澤東批判陳伯達是醉翁之意不在酒，他眞正的矛頭所指是林彪。此時，全黨上下都已經知道，毛林二人，已經到了翻臉的時候了。而林彪自己，當然就更清楚自己的處境了。但是此時的林彪是否像中共後來向世人公布的那樣，開始進行暗殺毛澤東，反動軍事政變的陰謀，是很值得懷疑的。「文化大革命」研究的權威學者宋永毅就曾經指出：「廬山會議以後，林彪也很少和黃吳李邱聯繫，更從來沒有談論過什麼『政變』的具體計畫。簡言之，說林彪等人策畫了反革命政變是莫須有的。林彪在廬山會議的態度，不過是『不說話，不干擾，不自責』而已[5]。」事實上，林彪爲了逃避被清洗的命運，最後選擇的根本不是什麼軍事政變，而是出逃。

第二件事，是在一九六九年八月底，中國情報部門獲悉，蘇聯軍方正在積極謀畫對中國進行一次突然的核襲擊。爲此，中共中央十月十五日開會，決定把毛澤東、林彪、朱德等中國黨政軍主要領導人疏散到南方各地去，以免領導集體被一網打盡。十月十八日下午，林彪下令全軍進行疏散，二炮部

4　蔡詠梅，《羅瑞卿楊成武文革倒台眞相——讀邱會作回憶錄》，香港：《開放》二〇一一．五，頁四八。

5　宋永毅，《爲林彪翻案和一些値得注意的傾向》，香港：《動向》二〇一一．五，頁七四。

隊要做好發射的準備等等[6]。按理說，這是中共中央已經決定的事情，林彪只是執行政治局的決定，但是按照程序，林彪的這個指令，本來應當先通報軍委主席毛澤東，但是他沒有這麼做，這令毛澤東極爲震怒。

第三件事，涉及關於中國軍隊發展的歷史論述問題。一九六七年五月的時候，有關軍隊歷史的論述，開始出現「人民解放軍是毛主席親自締造和領導的，林彪同志直接指揮的偉大的人民軍隊。」的說法。這個說法也令毛澤東不滿，曾經多次表示過，締造者就不能領導嗎？毛澤東一貫主張「槍桿子裡面出政權」，軍隊在他看來就是政治權力的基礎，因此他對於軍隊的動向也最爲關心。彭德懷在廬山會議上被批判，主要的原因之一，就是彭在軍隊中已經形成了自己的勢力。現在，這樣的命運輪到當年落井下石，批判彭德懷並因此而得到軍隊實權的林彪了，這是歷史的諷刺。

2. 林彪之死與「五七一工程紀要」

九月十三日，林彪帶妻子葉群，兒子林立果以及幾名親信從山海關駕機出逃，結果飛機在蒙古的溫都而汗失事，機上人員全部死亡。

對於林彪是如何墜機的，至今官方還堅持原來的說法，就是油沒有加滿，因此墜機。對此，外界一直有所質疑。因爲以林彪的長期軍隊生涯的經驗，既然已經做好了出逃的準備，怎麼可能連飛機的

6 〈解讀：毛澤東討嫌「四個偉大」〉，林蘊暉，《國史劄記・事件篇》（上海：東方出版社，二〇〇八），頁三三三。

油都不加滿待命呢？即使是沒有出逃的事情，任何一架待命的飛機，基本的程序也應當包括把油加滿。在毛澤東晚年受到重用，當時也曾經參與過處理林彪事件的原國務院副總理紀登奎，對日本學者日吉秀松談到過林彪摔死的事情：「分析過多種可能，但都是可能，準確的原因，誰也說不清[7]。」雖然他說不清，但是由他的話，至少有一點我們很清楚，他並沒有肯定官方的說法。紀登奎還回憶：「那架直升機（指周宇馳乘坐的直升機）是毛澤東親自命令攔截下來的，那上面有林彪反黨集團的全部罪證。」日吉秀松就指出，那是很奇怪的事情，如果連其下屬都不放走，很可能攜帶了更多機密的林彪的飛機卻放走，這有可能嗎[8]？這些，都給歷史留下了疑點。

當年中共據以給林彪集團定罪的關鍵證據，就是所謂的〈五七一工程紀要〉。這份紀要，據說是在林彪摔死之後，在林立果的辦公室中抄到的。

一九七二年一月十四日中共中央辦公廳發出編號爲〇一六二四九三的絕密檔案，向各級黨的機關通報了林彪一案的材料，其中就公布了〈五七一工程紀要〉的全文，因此這份檔案的內容早就不是秘密。這份據說於一九七一年三月二十二日到二十四日，由林立果主持制定的檔案，在對中共統治集團的性質，對於文化大革命的描述，以及對於毛澤東發動文革的策略這三個方面的分析，即使今天看來也是十分精當準確，鞭辟入裡的。

〈五七一工程紀要〉的針對目標是毛澤東，因此主要的篇幅也著重在對於毛澤東的分析，這又包

7　日吉秀松，《毛澤東老朋友談林彪之死》，香港：《開放》二〇一〇・六，頁七〇。
8　日吉秀松，《毛澤東老朋友談林彪之死》，香港：《開放》二〇一〇・六，頁七一。

括兩個部分：一是對毛個人的判斷；二是對毛發動文革的分析。在對於毛個人的部分，〈紀要〉指出：實際上他已成了當代的秦始皇。他不是一個眞正的馬列主義者，而是一個行孔孟之道，借馬列主義外衣，執秦始皇之法的中國歷史上最大的封建暴君。」關於毛澤東的封建主義本質，在一九七六－一九七八年的思想解放運動的討論中是一個基本的共識，因此整個八〇年代知識界都很關注「清除封建餘毒」的問題，這樣的反思都是基於對毛澤東的封建本質的認識而來。而這種認識在〈紀要〉中居然已經有明確的呈現。

而〈紀要〉中更爲精彩的部分，則是對於毛澤東發動和操控「文革」的手法的詳細分析。〈紀要〉指出：「他們所謂打擊一小撮，不過是每次集中火力打擊一批，各個擊破。今天利用這個打擊那個，明天利用那個打擊這個。今天一小撮，明天一小撮，加起來就是一大批。不僅挑動幹部鬥群眾，群眾鬥群眾，而且挑動軍隊鬥軍隊，黨員鬥黨員，是中國武鬥的最大倡導者。他們製造矛盾，製造分裂，以達到他們分而治之，各個擊破，維持他們的統治地位的目的。他知道同時向所有人進攻，那就等於自取滅亡，所以他每個時期都拉一股力量，打另一股力量，今天拉那個打這個，明天就拉這個打那個；今天用甜言蜜語拉的人，明天就加以莫須有的罪名置於死地。今天是座上賓，明天就成了階下囚。從幾十年的歷史看，有哪一個開始被他捧起來的人，到後來不曾被判處政治上的死刑？有哪一股政治力量能與他共事始終。他過去的秘書，自殺的自殺，關押的關押，他爲數不多的親密戰友和身邊親信也被他送進大牢，甚至連他的親生兒子也被他逼瘋。他是一個懷疑狂、虐待狂，他的整人哲學是一不做，二不休。他每整一個人都要把這個人置於死地而方休，一旦得罪就得罪到底，而且把全部壞事嫁禍於人。說穿了，在他手下一個個像走馬燈式垮台的人物，其實都是他的替罪羊。」

〈五七一工程紀要〉對毛澤東的政治手腕和政治人格的刻畫卻極爲深刻生動。沒有對毛澤東有刻骨銘心的認識與了解，是無法做出如此一針見血，高速濃縮的描寫的。也只有曾經與毛澤東共事過幾十年的人，才能有這樣的認識。這篇論述，如果說僅僅是出自於年輕而沒有就近觀察毛澤東的機會的林立果，很難令人相信。只有林彪，才有可能得出這樣精闢的結論。即使林彪沒有親自參與〈紀要〉的撰寫，但是這樣的評價，也顯然是在林彪的想法的影響下出籠的。對毛澤東本人這樣的認識，黨內顯然不可能只有林彪一個人，但是能夠如此清晰地加以總結並表達出來，目前看到的史料只有林彪一人。林彪這樣的眼光，以及他對毛的清晰認識，毛澤東本人不可能不了解，這樣的助手放在身邊，毛澤東當然寢食難安。相互的了解，這也許就是毛林最後決裂的原因之一。

〈紀要〉不僅在對毛澤東的分析上有精闢的見解，而且對於文革期間中國的社會現狀也做出了深刻的分析。〈紀要〉指出：「十多年來，國民經濟停滯不前，群眾和基層幹部，部隊中下幹部實際生活水平下降，不滿情緒日益增長，敢怒而不敢言，甚至不敢怒，不敢言。青年知識分子上山下鄉，等於變相勞改。紅衛兵初期受騙被利用，充當炮灰，後期被壓制變成了替罪羔羊。機關幹部被精簡，上五七幹校等於變相失業。工人（特別是青年工人）工資被凍結，等於變相受剝削。」〈紀要〉還鮮明地指出了文革期間中國社會的性質：「他們的社會主義實質上是社會法西斯主義。」應當說，對於文革的這種認識，在一九七一年絕對是先知先覺，當時即使在社會上，對於文革本身的認識能夠這樣清楚的也沒有多少。這些認識到了粉碎四人幫之後，成爲耳熟能詳的說法，其中很多描述，即使在中共官方的國史，包括〈關於歷史問題的若干決議〉中都可以見到，但是〈五七一工程紀要〉仍然作爲所謂「林彪江青反革命集團」的犯罪證據，這種自相矛盾眞是一種歷史的諷刺。

重讀〈五七一工程紀要〉，我們不能不有兩個疑問：

第一、一九七二年一月十四日，這份文件連同其他很多與所謂「林彪反革命集團」的材料一起，由中共中央辦公廳下發到各省市自治區黨委，各大軍區，各省軍區，各野戰軍黨委，軍委各總部，各軍兵種黨委，中央和國務院各部委領導小組，黨的核心小組，有資格看到這份「紀要」的中共黨員幹部達三十萬人。值得探究的是，這些人看到〈紀要〉中有關於他們的「副統帥」對毛澤東，對文革的這些看法之後，內心有何感想？是否也會引起共鳴？

第二、林彪對毛澤東本人能有這樣清晰的認知，中共黨內部不可能只有他一人。那些跟毛澤東一起共事幾十年的中共高層領導，不可能不對林彪的看法，在內心深處有所共鳴。問題是：帶著如此清晰的認識，仍舊對毛澤東的做法堅決擁護，或者沉默以對，這些毛澤東的同事，在某種程度上算不算毛澤東最新的共謀？共謀的程度又是如何？

重讀〈紀要〉，同時也是重讀「文革」的歷史，我們可以清晰地看到中共的國家機器呈現出「共犯結構」的特點。如果批判「文革」，最後變成只是對毛澤東個人的批判，恐怕會使得歷史淺薄化，而無助於我們深入的反思。如果我們的反思沒有深入到中共這個集團中的其他人的角色，甚至不深入到每一個參與者這樣的層次，這樣的反思也無法爲未來提供堅實的思想基礎。

3. 毛澤東為什麼跟林彪翻臉？

毛澤東爲什麼要跟林彪翻臉，這恐怕不是單一因素可以解釋的。

首先，毛澤東準備跟美國恢復關係，以建立制衡蘇聯的聯盟。這個轉變，林彪這些曾經與蘇聯有過軍事合作的高級將領內心是不贊成的。毛澤東勢必要鏟除反對的聲音，才能做出重大的政策調整。

第二，經過「二月逆流」之後的整肅，軍隊內部已經是林彪的勢力一統天下：高文謙在《晚年周恩來》一書中就曾經提到：「林彪……非但基本上掌握了軍隊的局面，軍委辦事組幾乎是他清一色的人馬；而且是各省，市和中央各部委的第一把手，多半是奉命支左的軍隊幹部，而在政治上的影響也愈來愈大，儼然成爲左右政局的一大勢力[9]。」中共「九大」產生的中央政治局有二十一個委員，林彪的勢力占了三分之一；在九屆中央委員(一百七十名)和中央候補委員(一百零九名)中，軍人占了百分之四十九[10]。毛澤東當然有所察覺也會感受到威脅。毛澤東是不允許任何人的政治實力強大起來的。

第三，對於文革的態度，是毛澤東最關心的事情，也是他考驗其他高級領導人的重要指標。文革發動五年後，黨內一些人，包括「中央文革小組」的組長陳伯達，都認爲應當結束文革的政治鬥爭，把工作的重心轉移到恢復生產上來。一九七三年八月，周恩來代表中共中央在〈中國共產黨第十次全國代表大會上的報告〉中，提到林彪，陳伯達的罪行的時候，曾經說：「林彪夥同陳伯達起草了一個政治報告。他們反對無產階級專政喜愛的繼續革命，認爲『九大』以後的主要任務是發展生產[11]。」由此可見在毛澤東的心目中，這是一次圍繞著文革是否繼續進行下去的路線鬥爭。

9　高文謙，《晚年周恩來》（香港：明鏡出版社，二〇〇三），頁二七五。

10　楊繼繩，〈內參引發的軍隊大搬家〉，北京：《炎黃春秋》二〇一一．三，頁六四。

11　王年一等，〈毛澤東逼出來的「九一三林彪出逃事件」〉，何清漣主編，《二十世紀後半葉歷史解密》(Sunnyvale, CA, USA: 博大出版社，二〇〇四)，頁二六八。

第四，在文革開始之後，以林彪為首的軍事實力集團和以江青為首的文革派，逐漸由政治聯盟開始變成政治對立，毛澤東也被迫要在兩種力量之間做出選擇。他當然會倒向最為積極推動「文化大革命」的江青集團一邊。

林彪事件在文革的發展過程中是一個轉折點。已經明確樹立為接班人和副手的林彪，居然與毛澤東對立並出逃，這不僅使毛澤東的威信受到打擊，也使得他的心境也受到很大的衝擊。以林彪事件為起點，整個「文化大革命」從高潮逐漸降溫，人民對於參加運動的熱情也逐漸下降。更重要的是，自從林彪事件之後，民間對於文革和毛澤東的神聖性開始產生懷疑。長期研究文革的學者印紅標對此給予高度評價：「已經在文革中被調動起改造社會的積極性的民間力量，在對毛澤東思想和文革本身產生懷疑的同時，開始了反思與思考的進程，這是八〇年代思想解放運動的濫觴，也是公民意識開始萌芽的階段[12]。」

二、老幹部派重出江湖

1. 鄧小平恢復職權

一九七〇年七月，毛澤東開始準備打倒林彪和陳伯達，為此把在湖南流放的葉劍英召回北京，並

---

12 印紅標，〈文革後續階段的民間思潮〉，香港：《二十一世紀》二〇一〇．二，頁四二。

在廬山會議上把調查陳伯達的任務交給了葉。「九一三」事件之後，原來的軍委辦事組撤銷，原來的負責人黃永勝，吳法憲，李作鵬和邱會作全部受牽連下台，軍隊人事大改組。葉劍英以軍委副主席的身分重組軍委辦公會，再次負責軍隊的日常工作。此後，毛澤東明確說「不要再講二月逆流了」，老幹部逐漸重新得勢。

一九七三年在周恩來的努力下，鄧小平重新獲得毛澤東的肯定。四月十二日晚上，鄧小平出席周恩來爲歡迎西哈努克親王和夫人視察柬埔寨解放區後回到北京而舉行的盛大宴會，這是自「文革」被打倒後，他首次在公開的場合同中外人士見面[13]。此後他作爲國務院副總理，主管國務院的外交工作，並列席政治局會議。

一九七三年八月，中共「十大」召開，葉劍英當選中共中央副主席，「眞正進入黨和國家的權力中心」[14]。埋下了以後解決四人幫問題的隱線。在這次會議上，毛澤東再一次採取慣用的勢力均衡，相互制約的手段，既安排朱德、董必武、劉伯承等進入政治局，鄧小平、譚震林、李井泉、廖承志等老幹部進入中央委員會；同時也讓江青、姚文元、張春橋、王洪文進入政治局，王洪文還擔任黨的副主席，與另外兩個副主席周恩來，葉劍英形成兩派對峙的局面。

十二月二十二日，鄧小平的權力得到進一步的擴張，根據毛澤東的意見和中共中央政治局會議決

13　中共中央文獻研究室，〈復出的步伐——鄧小平在一九七三年〉，北京：《新華文摘》二〇一〇．八，頁一〇一。

14　李菁，〈葉劍英：慰祝蒼生樂大同〉，北京：《三聯生活周刊》二〇〇九．二七，頁四七。

定，鄧小平任政治局委員，參加中央領導工作，同時出任中央軍委委員，參加軍委領導工作[15]。周恩來的身體健康此時已經出現警訊，毛澤東需要找一個有能力的人主持經濟等方面的日常工作，而環顧黨內，他認爲鄧小平是不二人選。

作爲劉少奇的重要助手，被打成「走資本主義道路的當權派」第二號人物，鄧小平似乎受到毛澤東特別的對待。對比於劉少奇、賀龍、陳毅等開國功臣的下場，鄧小平幾乎沒有受到太大的衝擊，他只是失去權力而已。顯然，毛澤東對於鄧小平，在內心中始終還是有正面評價的。這也許與鄧小平不可能成爲毛澤東的權力的挑戰者有關，但是鄧小平在政治上的可靠，一定也是原因之一。儘管毛澤東始終懷疑，鄧小平一旦掌握權力，就會重新「走資本主義道路」，放棄階級鬥爭，但是在毛澤東看來，政治上的可靠，也包括對一黨專制的堅持，對高壓統治的堅持，以及對毛澤東本人和毛澤東思想的堅持。在一九七八年以後的幾十年歷史中，當鄧小平成爲中國最高決策者的時候，我們看到，這些堅持，鄧小平基本上都做到了。從這個意義上說，毛澤東在對鄧小平的判斷上，是相當有眼光的。

2.「文革」進入尾聲

一九七四年，第四屆全國人大準備召開，這次會議涉及未來幾年國家最高層的人事安排，黨內圍繞這些人事安排的鬥爭激化。十月，王洪文飛到長沙，向毛澤東告周恩來的狀。周恩來聞訊後，儘管

15 中共中央文獻研究室，〈復出的步伐——鄧小平在一九七三年〉，北京：《新華文摘》二〇一〇．八，頁一〇四。

已經重病，仍舊趕赴長沙面見毛澤東，於十二月二十三日到二十七日，與毛一共談了四次。這幾次會談的紀錄一直沒有公開，其實非常關鍵。其結果，顯然，周恩來在毛澤東那裡爭取到了一定的勝利：在四屆人大上，朱德繼續擔任全國人大委員長，周恩來繼續擔任總理，鄧小平出任副總理，主持政府日常工作，毛澤東讓鄧小平接周恩來的班的意向已經十分清楚。同時，軍隊方面，葉劍英出任了國防部長。而文革派沒有爭取到這些關鍵的職位，已經在戰略上處於劣勢，為日後的失敗埋下了伏筆。

到了一九七五年，眼看毛澤東病重，他死後的權力分配問題，已經成了「文革派」和「老幹部派」亟待著手進行的安排。此時，鄧小平擔任中共中央政治局常委、中央副主席、中央軍委副主席兼總參謀長；以及國務院副總理，並代替病重住院的周恩來主持國務院的日常工作。儘管表面上看起來，鄧小平掌握了黨政軍大權，但實際上，這是非常脆弱的權力，因為這一切都來自於毛澤東的個人意願，鄧小平作為曾經被批鬥下台的「文革」前領導人，在「文革」末期執政，這本身就有一些尷尬之處，更何況，在中央政治局內部，還有江青、王洪文等對他構成很大的權力牽制。毛澤東內心對鄧小平應當是不放心的，讓他出來主持國務院工作，應當是看中鄧的才能，希望能有人像周恩來一樣穩定國內的經濟形勢和行政業務，因此，與其說是毛信任鄧，不如說是非常時期毛澤東採取的不得已的措施。鄧小平對這一點應當是心知肚明，因此他上台之後，也加緊團結老幹部派的政治盟友，為毛澤東死後的政治博弈提前布局。

首先是在意識型態領域，面對「文革」派全面掌握宣傳部門的情況，鄧小平急於建立自己的理論班底。一九七五年七月五日，國務院宣布成立國務院政治研究室，由胡喬木、吳冷西、胡繩、熊復、于光遠等人負責組建。六月八日，鄧小平特別指示，研究室成立以後，不僅要做研究，還要「分管中國科學院哲學社會科學部」[16]。顯然，這個機構的成立，就是爲了組建自己的智囊團，並在意識型態上逐漸建立發言陣地。

其次是在人事方面。鄧小平上任以後，以治理整頓爲名，在各級地方推行落實幹部政策，實際就是把一些過去受到批判以及仍在關押中的老幹部解救出來，以爲他所用。同時，他提出清理經濟戰線中的派性問題，其眞正的用意是打壓「文革」中冒出來的保守派力量。在中央層面，五月下旬到六月初，在毛澤東的默許下，鄧小平連續主持政治局會議，集中批評江青、王洪文等「四人幫」、江，王被迫分別做了檢討。會後，王洪文離開中央到浙江，上海「調查」，黨中央的日常工作也由鄧小平主持。

軍事方面，葉劍英是鄧小平長期的盟友。一九七五年中，各大軍區主要負責人來北京開會，葉劍英把軍區的一些司令員，政委找到他家，先把毛澤東在政治局會議上對於四人幫的一些批評的談話紀錄拿給他們看，然後讓他們表態，「等於是爲後來粉碎四人幫進行精神動員。」並且提出「只能聽軍委的，聽毛主席的話。」言下之意，毛去世之後，只能聽軍委的，不要聽黨中央的話。這其實已經違背了「黨指揮槍」的原則，說明在中共的內部，只要出現權力鬥爭，是有軍隊凌駕並試圖控制黨和政府的可能性的[17]。

一九七六年四月五日，人民群眾聚集到天安門廣場，要求悼念周恩來，並對江青等「四人幫」的

---

16 鄧力群，《十二個春秋：鄧力群自述》（香港：大風出版社，二〇〇六），頁二。

17 李菁，〈葉劍英：慰祝蒼生樂大同〉，北京：《三聯生活周刊》二〇〇九・二七，頁四七。

政策表達不滿。在毛澤東的同意下，當局排除警察和工人糾察隊，以棍棒暴力鎮壓了這場群眾運動，事後有三八八人被捕關押[18]。在聽取了王洪文等人的匯報後，毛澤東相信是鄧小平在背後策動了這次群眾運動。四月七日，中央政治局通過關於華國鋒任中共中央第一副主席，國務院總理的決議和關於撤銷鄧小平黨內外一切職務的決議。第二天，《人民日報》刊登〈天安門廣場的反革命政治事件〉一文，給天安門事件定性。

關於「四五」運動在歷史上的意義，當年的參與者王軍濤曾經有過這樣的總結：「首先，這是中華人民共和國歷史上的一個轉折點。從這一天起，中國人民開始對毛澤東說『不』。」「其次，這場運動中，中國新一代年輕人登上了政治舞台。後來，這一代人進入高校讀書。北京之春時期他們創辦獨立刊物，發動競選運動；八〇年代發起新啓蒙運動，這場運動導致了一九八九年民主運動。」「最後，這場運動催生了中國現代民主運動[19]。」正如王軍濤所說，這場運動在中國當代政治運動歷史上，具有承先啓後的作用。

天安門事件之後，鄧小平下台，葉劍英也受到影響。一九七六年二月，中央一號文件發布，軍委日常工作由陳錫聯主持。但是此時，葉劍英在軍隊的威望已經無法取代，即使是陳錫聯也暗中接受葉劍英的建議。

18　傅頤，〈北京市委與天安門事件的平反〉，楊天石主編，《改革風雲》（上海：世紀出版集團，上海辭書出版社，二〇〇五），頁六一。

19　王軍濤，〈四五運動：中國政治史上的一件大事〉，紐約，《北京之春》二〇〇六・四，頁二四。

三、「四人幫」被捕，「文革」結束

1.毛澤東等中共元老相繼逝世

一九七六年是中國當代史上重大事故最多的一年，也是令人眼花撩亂的一年。一月八日，周恩來去世；三月八日，吉林省下了一場罕見的隕石雨，民間盛傳，將有偉人辭世；四月五日，發生天安門事件；七月六日，朱德去世；七月二十八日，唐山大地震；九月九日，毛澤東去世；十月六日，「四人幫」被捕。

這裡最爲重大的時間，當然還是九月九日，毛澤東逝世。毛的逝世，代表著一個時代的結束。九月十八日，在天安門廣場舉行了一百萬人參加的追悼大會。每個單位、學校、居委會都設立了靈堂。聯合國大廈降半旗致哀。而全國，乃至於全世界最爲關注的問題，就是誰是毛之後的接班人。

毛逝世的時候，黨內的權力格局是：政治局常委：華國鋒、葉劍英、張春橋、王洪文。政治局委員包括：江青、姚文元、李先念、劉伯承、許世友、韋國清、李德生、陳錫聯、紀登奎、汪東興、吳德、陳永貴。這樣的格局，基本上還是「老幹部」派和「文革」派的對立，而唯一比較站在中立位置的，就是名義上的最高領導人華國鋒。因此，華國鋒的立場，在這盤政治棋局中就變得舉足輕重了。

2. 抓捕「四人幫」

華國鋒最後決定倒向「老幹部」派。這當然是很明智的選擇，因爲他也清楚，如果不借助「老幹部」的力量，他就只是「四人幫」手中的政治傀儡。江青作爲毛澤東的遺孀，早晚有一天會取代他的位置。

華國鋒要解決四人幫的問題，找了幾個方面的人商量。第一，找了李先念和葉劍英，這是黨內老幹部的代表；第二，找了汪東興，因爲他是大內總管，沒有他的支持無法調動警衛部隊；同時，他也是毛澤東的親信，有他的支持可以有更高的合法性；第三，找了吳德和陳錫聯，吳是首都第一把手，中央要穩定住局勢，首都的穩定是最重要的；陳錫聯是主管軍隊工作的，也是北京軍區司令員，調動部隊沒有他的配合是不行的。華國鋒和葉劍英此時對於抓四人幫會不會引起內戰是沒有把握的。

十月六日這天，北京軍區在清華，北大附近都秘密安排了兵力，擔心學生和造反派會從學校裡衝出來；外地進京的所有路口都被監視，防止外地部隊進北京[20]。當天晚上，華國鋒、葉劍英坐鎮中南海，對四人幫宣布了隔離審查。晚上十點，在玉泉山葉劍英的住處召開了政治局會議，通過華國鋒擔任黨中央主席的決定。會議上，有人提出是否在中央通報全國的文件中提到對文革的評價問題，葉劍英做了個手勢，豎起大拇指，說毛主席還是這個[21]。這說明「老幹部」派還是決定維護毛澤東的歷史

20　吳德，《十年風雨紀事：我在北京工作的一些經驗》（北京：當代中國出版社，二〇〇四），頁二四五。

21　吳德，《十年風雨紀事：我在北京工作的一些經驗》（北京：當代中國出版社，二〇〇四），頁二五〇—二五一。

地位。

「四人幫」被捕，中國可以說是在一夜之間風雲變色。不要說一般老百姓，就是很多省部級以上的高級幹部，事先也完全不了解。這正是中國政治的特點，因爲很多的政治運作都是黑箱作業，外界是很難準確預料政治的發展方向的。

3.反思「文革」的五點思考

毛澤東爲什麼要發動「文化大革命」？

關於毛澤東發動「文革」的動因，是「文革」研究的重點。對此學界可說是眾說紛紜。西方最權威的「文革」研究專家，是哈佛大學的羅德里克・麥克法誇爾教授（Rodrick MacFarquhar）。在他的三卷本《文化大革命的起源》中，他認爲是兩個因素把中國帶到了「文革」的深淵：一個是共產黨領導高層的原則分歧，一個是毛澤東爲維護個人權力進行的鬥爭。換句話說，一個原因是政策性的，集體性的；一個原因是政治性的，個人性的。

對此，一些曾經參加過文化大革命的當事人，今天所謂的「新左派」是不能同意的。他們認爲毛澤東發動「文革」是爲了實現他改造社會的理想，是毛澤東的浪漫主義理想性格導致他發動了「文革」。也有學者指出毛澤東發動「文革」，是爲了尋找一個更好的統治方式，換言之，是要「找到一種鞏固政權，使權力在不斷的自我更新中充滿活力的形式[22]。」

22 〈陳家琪：抵制遺忘〉，李宗陶，《思慮中國：當代三十六位知識人訪談錄》（北京：新星出版社，二〇〇

而官方在「文革」結束後，把這場浩劫歸咎於黨內權力過於集中和對毛澤東的個人崇拜，因此一開始傾向於從制度的層次去解釋原因。這就是鄧小平提出進行政治改革的歷史背景。但是，當中共的統治合法性鞏固之後，對「文革」的反思就停止了，更談不上對制度進行重新思考了。

毛澤東發動「文革」的原因並非單一的，而一定是綜合性的結果。在以上的種種論述之外，我們還應當重視的，是作爲百年實踐的一個主題目，「革命」在中國建國以後的延續性。在某種程度上毛澤東信奉的「無產階級專政下繼續革命」的理論，是鴉片戰爭以後中國社會的主要訴求的延續。這樣的社會氣氛，使得毛澤東的個人權力慾望，可以在革命的外衣下顯得莊嚴肅穆，充滿了吸引力。在這個意義上講，毛澤東個人確實引領了中國走向「文革」，但是他本人，其實也是歷史潮流下製造出的作品。

誰的責任？

中共官方在總結文革的教訓的時候，儘管承認這是「史無前例的浩劫」，但是在追究責任方面，把一切責任都推給所謂「林彪、江青反革命集團」，尤其是「四人幫」。但是我們要知道，四人幫沒有政治實力，也沒有群眾基礎，他們能夠呼風喚雨，完全是依靠毛澤東的背後支持。這就是江青後來在法庭上說的「我就是主席的一隻狗」。因此，毛澤東一去世，四人幫立刻被捕。對此，即使是在黨內，也曾經有過不同的聲音，例如陳雲在一九八〇年十一月兩次與起草〈關於建國以來黨的若干歷史問題的決議〉的具體負責人胡喬木談話的時候就說：「黨中央作爲一個教訓來說，有責任，沒有堅決

（續）

九），頁七八。

鬥爭。加入中央常委的人，除毛主席外就是彭德懷，那麼局面會不會有所不同？應該作爲一個黨中央的集體，把自己的責任承擔起來[23]。」但是儘管他自己有這樣的認識，但是當鄧小平提出爲了維護黨的統治，必須繼續維護毛澤東的權威的時候，他也沒有反對，而把意見埋在了心裡。我們有理由相信，黨內不少人其實跟陳雲有類似的想法，但是在黨的利益的要求下，他們都選擇了放棄眞相和良知。

不去追究眞正的責任者毛澤東，就不是眞正的追究。四人幫當然有歷史責任，但是他們只是毛澤東的替罪羊。這就是至今文革仍不能被公開反思的關鍵原因——中共仍然不願意追究毛澤東發動和領導文化大革命的責任。

初期爲何得到擁護？

文革初期，還是得到群眾一定程度上的支持。爲什麼呢？第一，在建國二十年之後，群眾對於中共內部的官僚主義和特權腐敗確實存在強烈的不滿，毛澤東正是利用了這樣不滿的情緒，才能調動人民參加運動的積極性；第二，長期的政治運動也積累了不少的個人恩怨，很多人也借助政治運動發洩這些恩怨。在政治運動中，我們也不可以忽視人性發揮的作用。

對此，「文革」時期的紅人，「中央文革小組」組長陳伯達的兒子陳曉農曾經有過反思。他指出：「群眾之所以會擁護的原因，就在於這個運動在初始階段，帶有相當程度的思想解放的成分。從過去長時期的領導至上，一變而爲群眾至上，這是一個大變化，這是一個很多民眾長久以來可望而不

23 〈陳雲談「文化大革命」未能避免的原因〉，林蘊暉，《國史劄記・事件篇》（上海：東方出版社，二〇〇八），頁三一九。

可即的大變化。它使很多被單位領導的權威壓抑得過久的群眾，在極短的時間內獲得了精神上的解脫[24]。」

學者陳家琪也分析過當時民眾參與「文革」的心理：「我們從小通過『仇恨教育』，對『上層人士』（有錢，有地位的人）充滿不信任感，這是『造反有理』的心理基礎。『文革』前，『上層人士』的腐敗生活被掩蓋著，我們不知道。『文革』一開始，揭發出來了[25]。」

對社會的最大負面影響是什麼？

「文化大革命」對中國的社會和經濟生活也造成重大衝擊。根據一九七八年十二月十三日葉劍英在中共中央工作會議上的講話，包括受牽連的在內，在「文革」中受害的達上億人，占全國人口的九分之一。從經濟方面來看，根據李先念在一九七九年十二月二十日全國計畫會議上公布的統計數字，「只是國民收入就損失人民幣五千億元，這個數字相當於建國三十年全部基本建設投資的百分之八十，超過了建國三十年全國固定資產的總和[26]。」換句話說，一場「文革」，把中國的經濟資產基本上耗費殆盡。

最大的問題是對中國社會道德的衝擊。這首先是在全社會培養了說謊的習慣。中共的政治是一種

24 陳曉農編著，《陳伯達最後口述回憶》（香港：陽光環球出版香港有線公司，二〇〇五），頁二八九。
25 〈陳家琪：抵制遺忘〉，李宗陶，《思慮中國：當代三十六位知識人訪談錄》（北京：新星出版社，二〇〇九），頁七九。
26 張祖樺，〈改革時期的政治力量及其政治取向〉，閔琦等著，《轉型期的中國：社會變遷》（台北：時報文化公司，一九九五），頁二六〇。

表達的政治，在這種政治中，人的表達變成很重要的政治行爲。因此在文革中，每個人都要被迫表達一些連自己都不相信的東西。久而久之，說謊就成了一種習慣。今天的中國社會，在政治表達上，仍然是說謊居主。從內心來講，還有幾個中國人眞的信仰共產主義呢？可是今天還是有大量年輕人在入黨的時候信誓旦旦地說信仰共產主義。這不是謊言是什麼？但是這種撒謊的行爲居然是社會最大的「政治正確」。這樣的社會教育的結果，就是「誠信」在中國的缺乏。

文革中出現的人性的墮落，不完全是人性本身的問題，在這一點上，民眾是無辜的。問題在於制度。因爲集權制度下暴力是壓倒一切的，人性相對來說就會顯得無力。雖然按理講人性的光輝應當壓倒暴力的邪惡，但是這往往需要時間來印證。在特定的歷史時期，過於殘暴的邪惡的確會壓倒人性，中國的文革就是例子。

「文革」的出現是否有文化根源？

毛澤東之所以能夠翻雲覆雨，是與中國的政治文化有關係的。在中國傳統的政治文化中，對於「偉大領袖」，或者說賢明聖君，一向是有很高期待的。中國的政治文化的特點，就是把個人消化在對聖人的崇拜中。毛澤東在當時中國人的心目中就是這種盲目崇拜的對象，所有關於他的一切都被神化，至於反抗就更是想都不會想了。

因此，防止第二個「文革」的發生，就是要改變中國的政治文化，要建立以個人自由爲基礎的公民文化，而不要把希望寄託在某一個人身上。有人問，「文革」是否還有可能在中國出現？我認爲還是有可能的。因爲中共的集權體制依舊存在，它所導致的中國社會道德墮落，人性喪失的現象依舊存在，而這些都是「文革」發生的溫床。

第十講
鄧小平時代的開始

一、鄧小平的四封信

鄧小平這個人，與毛澤東有很大的不同。個性上，鄧比較內斂，毛比較外露；鄧比較重視建設，毛比較重視破壞等等。毛澤東對鄧小平都有點忌憚三分，他曾經這樣評價鄧小平：「你呢，人家有點怕你，我送你兩句話，柔中寓剛，棉裡藏針，外面和氣一點，內部是鋼鐵公司[1]。」鄧小平顯然是接受了毛澤東的建言。

但是，毛澤東和鄧小平有兩點是完全一致的：第一，就是在政治鬥爭的權術方面，都善於搞不同政

1 中共中央文獻研究室，〈復出的步伐——鄧小平在一九七三年〉，北京：《新華文摘》二〇一〇・八，頁一〇四。

治力量之間的平衡，並因此而鞏固自己的權威；第二，都堅持政治上的獨裁專制，拒絕權力下放。

關於鄧小平與毛澤東的比較，政治學者劉軍寧曾經寫道：

「鄧小平時代的中國現代化模式，與毛澤東時代的中國現代化模式有相同之處，有繼承，但更多的是發展。比如，他們的相同之處在於，他們都是以堅持四項基本原則爲他們現代化道路的政治基礎。但是，他們也有很多的不同之處。如：在毛澤東時代，實現工業化的途徑是通過政府的計畫，而在鄧小平時代，尤其是鄧小平的現代化思想的模式中，中國的工業化則要靠社會主義市場秩序的形成來加以推動，而不僅僅靠政府的計畫。在毛澤東時代，中國企圖在封閉的基礎上，完全靠中國自己的力量建設一個現代化社會；而在鄧小平時代則是走開放引進的道路，把國門打開，借助外國的資金和技術來加速中國現代化。在毛澤東時代，社會發展的動力被界定爲主要依靠個人的道德理想，而在鄧小平時代，這一方面卻顯得實際得多，主要靠利益機制和調動人的生產積極性，換句話說，把利益當作是社會發展的基本動力。在毛澤東時代，中國現代化的一個重大缺陷就是輕視知識，輕視人才，輕視教育；在鄧小平時代，重視教育則被全面地提到了議事日程[2]。」

鄧小平歷經多次政治運動，還能倖存下來，很大程度上是因爲他具有剛柔並濟的政治性格，具有可伸可縮的政治身段。他一生中曾經寫過四封信，從而保住自己的政治前途，就是一個例子。

第一封是文化大革命剛開始的時候，作爲中共中央總書記，鄧小平被毛澤東劃入劉少奇的陣線，

2 張祖樺，〈改革時期的政治力量及其政治取向〉，閔琦等著，《轉型期的中國：社會變遷》（台北：時報文化公司，一九九五），頁二八一——二八二。

被打成「中國第二號走資本主義道路的當權派」而受到批鬥。一九六七年六月二十日到七月五日，鄧小平寫下了長達三萬字的〈我的自述〉給毛澤東，表達自己的心意。這封信使得毛澤東沒有像對待劉少奇那樣放任鄧小平被群眾批鬥至死，而是下放到江西去勞動改造，這與其他開國元勳的命運比起來，已經是不幸中的大幸了。

第二封信是一九七一年十一月，當鄧小平聽到林彪摔死的消息之後，感覺自己東山再起的機會來了，於是立即給毛澤東寫了一封四千多字的信，一方面批判林彪，另一方面懇求出來工作。

這封信沒有得到毛澤東明確的答覆，於是一九七二年八月三日，鄧小平寫了第三封信給毛澤東，並委託中共中央辦公廳的汪東興轉交，再次表示希望出來工作。在這封信中，鄧小平表示：「如果不是文化大革命和廣大深入的群眾運動這面無比巨大的照妖鏡，這樣迅速地把這幫牛鬼蛇神的原形顯照出來……那不但我們的社會主義祖國會變成資本主義復辟，而且會使我們的國家重新淪入半殖民地的地步……偉大的無產階級文化大革命，在打倒了劉少奇反革命的資產階級司令部之後，又打倒了林彪，陳伯達這個反革命集團，再一次為黨和國家消除了最大的危險，使我不禁歡呼文化大革命的偉大勝利，毛澤東思想的偉大勝利[3]！」這封充滿了對於毛澤東表達衷心的信，不禁充分肯定「文革」的意義，而且通過批判自己昔日的同道而向毛澤東表示徹底的悔過。

對毛澤東來說，肯定和擁護「文革」的路線，是能夠付出的基本條件。這封信很快得到毛澤東的批示，表示鄧小平在歷史上是做了一些好事的，暗示可以恢復工作。於是，在周恩來的大力支持下，

3　陳曉農編著，《陳伯達最後口述回憶》（香港：陽光環球出版香港有線公司，二〇〇五），頁二八一。

一九七三年三月鄧小平正式復出[4]。

一九七六年四五事件之後，鄧小平再次被打倒。毛澤東去世之後，他再一次看到機會，於是給華國鋒寫信，提出「永不翻案」並擁護華國鋒的領導，得到華的信任。在葉劍英，李先念等老幹部的支持下，鄧小平再次復出，很快就迫使華國鋒下台，成爲中共新一代領導集體的核心。這四封信都展現了鄧小平爲了自己的政治前途，不惜服軟認錯的手腕。

二、「兩個凡是」背後的權力鬥爭

1.「兩個凡是」的提出

一九七七年二月七日，《人民日報》、《解放軍報》、《紅旗》雜誌發表社論〈學好文件抓好綱〉，首次提出兩個「凡是」，即「凡是毛主席作出的決策，我們都堅決維護；凡是毛主席的指示，我們都始終不渝地遵循。」這篇文章，背後的推動者是汪東興。作爲毛澤東的長期貼身總管，汪對維護毛澤東的路線有特殊的使命感，而他主管的，正是意識型態領域。

汪東興也得到了華國鋒某種程度的支持。早在年初的時候，華國鋒就下令公安部對於「惡毒攻擊

4 楊繼繩，《鄧小平時代：中國改革開放二十年紀實》（上卷）（北京：中央編譯出版社，一九九八），頁五六—五七。

一些已經去世的和現在的中央領導同志」的言行要嚴厲鎮壓，這被稱爲「惡攻罪」。五月一日，由《人民日報》，《紅旗》雜誌，《解放軍報》發表華國鋒的文章〈把無產階級專政下的繼續革命進行到底——學習毛澤東選集第五卷〉，提出「要堅持和發展馬克思主義不斷革命的原理。」同時，四、五月間起草的中共十一大政治報告初稿中，仍然保留了「走資派」的提法[5]。華國鋒的支持也不難理解，這不僅是因爲他是毛澤東指定的接班人，更是因爲他是在文革中上台的，完全否定文革，勢必會觸及到他的統治權威以及合法性。

「兩個凡是」的提出，等於是宣布要延續毛澤東「以階級鬥爭爲綱」的基本路線，引起希望停止政治運動的黨內外的普遍不滿。文革中被批的老幹部派由失望轉變爲堅決抵制。而雙方的對峙，首先就是在意識型態上進行較量。

2. 鄧小平的反擊

一九七七年四月四日，還沒有完全復出的鄧小平致信中共中央，提出：「我們必須世世代代地用準確的，完整的毛澤東思想來指導我們全黨，全軍和全國人民。」什麼是準確的，完整的毛澤東思想？鄧小平後來在一九七七年七月二十一日，在十一屆三中全會的講話中有明確的解釋，他說：「毛澤東同志在這一個時間，這一個條件，對某一個問題所講的話是正確的；但是在不同的時間，條件對

5　李向前，〈鄧小平與十一屆三中全會〉，于光遠等著，《改變中國命運的四十一天——中央工作會議，十一屆三中全會親歷記》（深圳：海天出版社，二〇〇三），頁三。

同樣的問題講的話，有時分寸不同，著重點不同，甚至一些提法也不同。所以我們不能夠只從個別詞句來理解毛澤東思想，而必須從毛澤東思想的整個體系獲得正確的理解[6]。」所謂從整個體系去理解，實際上就是架空毛澤東的具體論述，這是對「兩個凡是」的直接對抗與挑戰。

這個主張的提出，等於是一個信號，也是一個動員令。五月二十四日，鄧小平找了王震，鄧力群談話，直接批評「兩個凡是」，表示：「按照兩個凡是，就說不通爲我平反的問題，也說不通一九七六年廣大群眾在天安門廣場的活動合乎情理的問題[7]。」因爲按照「兩個凡是」的原則，鄧小平是毛澤東親自決定永不敘用的，重新工作就沒有可能，因此鄧小平的出山也成爲老幹部派反擊「兩個凡是」的主要著力點。

2. 陳雲力挺鄧小平

一九七七年三月，中共中央召開粉碎四人幫以後的第一次工作會議。會前，陳雲就與王震等商量要在會上表示意見。儘管會議一開始，主持者華國鋒就說明，天安門事件還是「反革命事件」，而且要「繼續批鄧，反擊右傾翻案風」，但是陳雲完全不顧最高領導人的指示，在會上短短三百多字的發言，就講了兩個問題，一是爲天安門事件平反，二是呼籲讓鄧小平出來工作。陳雲和王震等的發言得到黨內其他人呼應，對華國鋒形成壓力，以至於最後會議快結束的時候，華國鋒只好改變態度，表示

6 馬立誠，《交鋒三十年：改革開放四次大爭論親歷記》（南京：江蘇人民出版社，二〇〇八），頁四。

7 馬立誠，《交鋒三十年：改革開放四次大爭論親歷記》（南京：江蘇人民出版社，二〇〇八），頁四。

「要在適當時機讓鄧小平出來工作[8]。」顯然，陳雲是不把華國鋒的權威放在眼裡的，華國鋒也確實拿陳雲和王震這些黨內元老沒有辦法。這次會議為鄧小平重新開始發揮政治影響力鋪平了道路。

一九七七年七月十六日到二十一日召開的十一屆三中全會上，鄧小平恢復了三副一正的職務，就是中共中央副主席，中央軍委副主席，國務院副總理和解放軍總參謀長。但是在八月十二日召開的中共十一大上，華國鋒在政治報告中仍舊把「無產階級專政下繼續革命」的理論，說成是「當代馬克思主義最重要的成果」，強調「以兩個階級，兩條道路的鬥爭為中心」，甚至宣布「文化大革命這種性質的政治大革命今後還要進行多次」。顯然，鄧小平儘管恢復職務，但是在黨內還面臨巨大的挑戰。開啓鄧小平時代，是需要進行政治鬥爭的，這個鬥爭，就從宣傳領域開始了。而在鄧小平的支持下，發動這場鬥爭的，就是鄧小平的堅決支持者——胡耀邦。一九七七年三月，中共中央決定恢復中央黨校，胡耀邦被任命為副校長，實際上主持中央黨校的工作。

三、「眞理標準問題」的討論

1. 一篇文章引發政治決鬥

8 朱佳木，〈陳雲與十一屆三中全會〉，于光遠等著，《改變中國命運的四十一天——中央工作會議，十一屆三中全會親歷記》（深圳：海天出版社，二〇〇三），頁三三—三四。

一九七八年五月十一日，《光明日報》發表特約評論員文章〈時間是檢驗眞理的唯一標準〉。文章抨擊了「兩個凡是」的思想。這篇文章，引發了全國性的思想解放運動。

這篇文章的背景是：一九七七年十二月，中央黨校副教育長馮文彬主持黨委會討論黨史教學計畫的時候，當時主持黨校校務的胡耀邦提出：「因爲是中央文件，就是正確的，這是什麼論啊？我看這十幾年的歷史如何，不要根據哪個文件，哪個領導人的講話，而應該看實踐嘛。」這前後，胡耀邦審閱之後安排黨校的《理論動態》雜誌，接連發表了幾篇主張以實踐檢驗眞理的文章。

當時擔任黨校理論研究組組長的孫長江有感而發，主動提出要爲《理論動態》再寫一篇題爲〈實踐是檢驗眞理的唯一標準〉的文章，而這時，《光明日報》的總編輯楊西光也送來一篇題爲〈實踐是檢驗一切眞理的標準〉，作者是南京大學哲學系教師胡福明。《理論動態》的吳江請孫長江把兩篇文章綜合起來，五月十日先在《理論動態》上發表，第二天《光明日報》以「特約評論員」名義發表，《人民日報》也進行了轉載[9]。

文章的主要觀點是：馬克思，恩格斯並不認爲自己講過的一切定論都是眞理，也不認爲自己做出的結論都不能改變；科學無禁區，躺在馬列主義毛澤東思想的現成條文上，甚至拿現成的公式去限制，宰制，裁剪無限豐富的飛速發展的革命實踐，這種態度是錯誤的等等。

9　張海榮著，《點擊一九七八年以來重大事件與決策：巨帆出海(一九七八—一九八九)》(長沙：湖南人民出版社，二〇〇九)，頁二五—二六。

2.保守派出面壓制

這篇文章引發的，顯然不是一般的理論探討，因爲文章提出的觀點，跟當時中共官方的意識型態是針鋒相對的，當然也是不能被主管意識型態的領導人允許的。

發表當天，當時的毛澤東著作辦公室的吳冷西就打電話給《人民日報》總編輯胡績偉，說這篇文章「犯了方向性錯誤，理論上是錯誤的，政治上問題很大。」第二天，《紅旗》雜誌總編輯熊復打電話給新華社社長，指責對方犯了錯誤。五月十七日，身爲中央副主席的汪東興在一次會議上，點名批評了這篇文章[10]，批判已經升級，政治壓力已經形成。

這時候，反對「兩個凡是」的政治力量也不甘示弱，準備反擊。五月三十日，鄧小平在同幾個官員談話的時候提到這個討論，表示連實踐是檢驗眞理的標準都成了問題，是「莫名其妙」。這個時候，支持鄧小平的中央軍委秘書長羅瑞卿正在籌辦全軍政治工作會議，他公開表示「全軍政治工作會議，就是要宣傳實踐是檢驗眞理的唯一標準。」而鄧小平聽說要開這個會，表示「我一定要講話」。六月二日，鄧小平在全軍政治工作會議上發表講話，除了繼續反對「兩個凡是」的提法外，還號召要「打破精神枷鎖，使我們的思想來個大解放[11]。」一九七八年九月鄧小平訪問朝鮮，回來後沒有直接回北京，而是在東北視察工作，沿途接見一些地方領導人，談思想路線的問題，批評「兩個凡是」。

10　湯應武，《抉擇：一九七八年以來中國改革的歷程》（北京：經濟日報出版社，一九九八），頁六一—六二。

11　湯應武，《抉擇：一九七八年以來中國改革的歷程》（北京：經濟日報出版社，一九九八），頁六二—六四。

3. 高級官員紛紛選邊站

鄧小平的明確表態扭轉了政治形勢，這之後，社會上，尤其是思想界，開始打出了思想解放運動的旗幟。黨內的改革派與民間這一次站到了一起。據統計，截至一九七八年底，中央及省級報刊刊登關於眞理標準問題的討論的專文達六百五十篇之多[12]，在全國範圍內形成熱烈的討論風潮，而主要的輿論，是支持鄧小平的。這樣的輿論，對華國鋒、汪東興等形成很大的壓力。同時，黨內高層也開始紛紛表態。到一九七八年十一月十日中央工作會議開幕前，已經有二十多個省市，自治區的黨委領導人公開表示支持這場討論[13]。政治力量的對比，明顯向不利於華國鋒一派的方向變化。

一九七八年十一月十日到十二月十五日，中共中央召開中央工作會議。這次會議，按照華國鋒在開幕式上的講話，本來是重點討論三個問題：一是如何進一步貫徹執行以農業爲基礎的方針，盡快把農業搞上去；二是商定一九七九年和一九八〇年兩年的國民經濟計畫安排；三是討論李先念在國務院務虛會上的講話[14]。看得出來，華國鋒是希望把會議的重點放到經濟建設和日常工作上，迴避敏感的政治問題。然而，黨內的氣氛與他的願望正好相反。

在會議前幾天的大會發言上，基本上代表們還是能夠圍繞華國鋒的建議進行的。但是當會議進入

---

12 湯應武，《抉擇：一九七八年以來中國改革的歷程》（北京：經濟日報出版社，一九九八），頁六九。
13 湯應武，《抉擇：一九七八年以來中國改革的歷程》（北京：經濟日報出版社，一九九八），頁七〇。
14 于光遠，〈改變中國歷史進程的三十六天〉，楊天石主編，《改革風雲》（上海：世紀出版集團，上海辭書出版社，二〇〇五），頁六。

到小組討論階段的時候，大家討論的重心就開始向政治議題轉移。胡喬木、萬里、習仲勛、鄧穎超等高層幹部，在會上先後表態支持實踐是檢驗眞理的唯一標準的討論，萬里甚至提出：「當前實踐是檢驗眞理的唯一標準和『兩個凡是』的爭論已經公開化了，這是黨內一場嚴肅的政治鬥爭。」趙紫陽在發言總更是直接點名《紅旗》雜誌，認爲「《紅旗》是我們黨中央的唯一理論刊物，過去許多重要文章都刊登，這次不登，一下子把分歧公開出來了……我認爲這個問題很需要解決，因爲它不僅是一個理論常識問題，而且是一個現實問題[15]。」

4. 陳雲的發言

在這次會議上，起了主要推動作用的，是陳雲。

早在葉劍英準備解決四人幫問題的時候，就曾經派人秘密接陳雲到西山寓所，詢問他的意見。當時陳雲明確表示：「這場鬥爭不可避免[16]。」十一月十日中央工作會議開幕，原來的議題僅僅是討論幾個有關加快工農業發展速度的問題並通過相應文件，但是到了後來，代表們討論最多的話題，卻圍繞著重大歷史遺留的問題，眞理標準討論的問題，對中央人事調整等敏感的政治問題。而之所以這樣，有專家認爲直接原因是陳雲在工作會議開始後第三天，即十一月十二日在東北組的發言[17]。

15　湯應武，《抉擇：一九七八年以來中國改革的歷程》（北京：經濟日報出版社，一九九八），頁七一—七二。

16　朱佳木，〈陳雲與十一屆三中全會〉，于光遠等著，《改變中國命運的四十一天——中央工作會議，十一屆三中全會親歷記》（深圳：海天出版社），頁三三。

17　朱佳木，〈陳雲與十一屆三中全會〉，于光遠等著，《改變中國命運的四十一天——中央工作會議，十一屆

陳雲在發言中提出三點主要的意見：第一，「中央決定從明年起把工作重點轉移到經濟建設上來，我完全同意；但是安定團結也是人民關心的事，幹部和群眾對此有顧慮。」這裡的安定團結，指的就是讓以鄧小平為首的老幹部回復工作的問題。

第二，中央雖然已經表示揭發批判「四人幫」的遺留問題應由有關機關解決，但是陳雲提出，有些影響大或者涉及面很廣的遺留問題，需要由中央考慮和做出決定。他還特別舉出了六個例子，包括薄一波的六十一人叛徒集團的問題，陶鑄和彭德懷的問題，最後再次提出了天安門事件的問題，認為應當由中央予以肯定。

第三，他提出中央專案組應將黨內部分的材料移交中組部處理。這條建議很關鍵，因為中央專案組一定會抵制平反冤假錯案，但是中組部當時的領導人胡耀邦，是最積極支持鄧小平和平反冤假錯案的[18]。把案子的卷宗交給胡耀邦，等於解除了反對派的所有權力。

陳雲這個講話，迅速得到代表們的普遍支持。十一月十六日，萬里在華東組發言時說，陳雲提出的六個問題要解決，不然人們心裡不舒服。十一月二十七日，聶榮臻在華北組發言時說，關於案件問題，陳雲在這次會上的發言首先提出來，我很同意。康克清在華北組的發言也說：凡是林彪，四人幫強加於人的一切誣蔑不實之詞，都應予以推倒。對過去遺留的一些問題，對一些人犯錯誤的問題，還

（續）

三中全會親歷記》（深圳：海天出版社），頁四〇。

18 朱佳木，〈陳雲與十一屆三中全會〉，于光遠等著，《改變中國命運的四十一天——中央工作會議，十一屆三中全會親歷記》（深圳：海天出版社），頁四〇。

是講清楚爲好[19]。

會議的主題也一改原來的規劃。在這種壓力下，十一月十四日北京市委就宣布，人民群眾到天安門廣場悼念周恩來，聲討四人幫，是「革命行動」，正式爲天安門事件平反。十一月二十五日的中央工作會議也宣布，針對陳雲提出的六個問題，中央要進行重新審查。華國鋒的「凡是派」的統治被衝開了一個口子，華的領導威望受到嚴重挫敗。

在閉幕式上，鄧小平以勝利者的面目出現，做了總結性的發言，題目是〈解放思想，實事求是，團結一致向前看〉。這篇講話把重點放在解放思想上，他提出：「一個黨，一個國家，一個民族，如果一切從本位出發，思想僵化，迷信盛行，那它就不能前進，它的生機就停止了，就要亡黨亡國。」在談到民主問題的時候，鄧小平說：「群眾提了些意見應該允許，即使有個別心懷不滿的人，想利用民主鬧一點事，也沒有什麼可怕。要處理得當，要相信絕大多數群眾有判斷是非的能力。一個革命政黨，就怕聽不到人民的聲音，最可怕的是鴉雀無聲。」

如果我們根據鄧小平這樣的講話，就判定鄧小平在改革初期具有民主主義傾向，支持政治改革，那是不符合歷史事實的。就在鄧小平發表這些言論之後不久，他就提出了「四項基本原則」來限制思想解放，並下令鎮壓西單民主牆運動，逮捕魏京生等民運人士。再對比以後發展的歷程中，他支持「清除精神污染」，「反對資產階級自由化」等政治運動，直至一九八九年的時候悍然下令用武力鎮壓學生運動，回顧他這一番講話就會顯得很諷刺。事實上，鄧小平本身對民主是沒有好感的，他理解

19　王炳林等著，《抉擇：共和國重大思想決策論爭紀實》（北京：人民出版社，二〇一〇），頁一五八—一五九。

的民主，就是「文化大革命」中那種群眾起來造反的情景，作為「文革」的受害者，他當然對人民作主的情景深懷恐懼。他在中央工作會議上有如此開明的講話，其實是政治鬥爭的需要，是要襯托華國鋒、汪東興等人的保守，並得到輿論與民意的支持。所有這些關於解放思想和民主的主張，應當都不是鄧小平內心真實的想法。

在講話的最後，鄧小平還提出了「讓一部分先富裕起來」的政策，他說：「我認為要允許一部分地區、一部分企業、一部分工人農民，由於辛勤努力的成績好而收入先多一些，生活先好起來。一部分人生活先好起來，就必然產生極大的示範效應，影響左鄰右舍，帶動其他地區，其他單位的人民向他們學習。」

總之，這次中央工作會議，無論是從政治上還是經濟上，都為接下來召開的「十一屆三中全會」定下了政策基調，因此被認為是「改變中國歷史進程的三十六天」[20]。

必須指出，這個時期的中共，是建國以後黨內民主發揮最充分的時期。這當然是因為缺乏最高權威。以後鄧小平樹立了個人權威，黨內的民主氣氛就日益減少了。

20 于光遠，〈改變中國歷史進程的三十六天〉，楊天石主編，《改革風雲》（上海：世紀出版集團，上海辭書出版社，二〇〇五）。

四、「十一屆三中全會」：老幹部派大獲全勝

十二月十八—二十二日：中國共產黨第十一屆中央委員會第三次全體會議在北京舉行。全會決定，全黨工作的著重點，應該從一九七九年轉移到社會主義現代化建設上來。全會增選陳雲爲中央政治局委員，政治局常委，中央委員會副主席；增選鄧穎超、胡耀邦、王震爲政治局委員。決定採取臨時措施，增補黃克誠、宋任窮、胡喬木、習仲勛、王任重、黃火青、陳再道、韓光、周蕙九人爲中央委員，將來提請十二大予以追認。全會選舉陳雲爲新成立的中紀委第一書記，鄧穎超和胡耀邦爲第二，第三書記，黃克誠爲常務書記，王鶴壽爲副書記。會議爲鄧小平平反，決定撤銷中央發出的有關「反擊右傾翻案風」運動和天安門事件的錯誤文件。會議還提出，當前這個時期特別需要強調民主，強調民主和集中的辯證統一關係。必須加強社會主義法制，是使民主制度化，法律化。十二月二十五日：中共中央政治局決定，任命胡耀邦爲中央秘書長，胡喬木，姚依林爲副秘書長，免去汪東興的中央辦公廳主任職務。次年一月十日：中共中央，中央軍委批准，耿飈任中央軍委常委，中央軍委秘書長。至此，鄧小平的政治盟友全面占領最高決策機構。

而另一方面，華國鋒的政治勢力已經被大幅壓縮。華國鋒的主要支持者汪東興，在這次會議上雖然還保留了中央副主席的職務，但是所有的兼職，包括中央黨校第一副校長，中央辦公廳主任，中央警衛局局長，毛澤東著作編輯委員會辦公室主任等等，一律被免去，等於失去了所有的實權，而實權部門，例如中組部、中宣部、中央辦公廳等，都由鄧系人馬進駐，其中，胡耀邦擔任了中央秘書長和

中宣部長，姚依林任中辦主任。至此，雖然表面上華國鋒還是最高領導人，但是鄧已經成爲眞正的決策者。而欠缺的，就是一個形式上華國鋒交出領導權的問題了。

一九七七年十二月，胡耀邦調到中央組織部擔任部長，迅速開始大規模平反冤假錯案的行動。經過他的力爭，一九七八年五月，中央決定將中央專案小組下屬的「一辦」（負責中央機關和各省市領導人的專案）和「三辦」（負責公檢法系統的專案）的全部檔案，移交給中組部，一共有三十九萬一千三百六十三件專案材料[21]。到一九八二年底，全國共復查被立案審查的幹部二百三十萬人，集團性冤假錯案近兩萬件[22]。

對於「文化大革命」在社會上造成的損害，當局也力圖彌補，尤其是對於過去的工商資產階級更加重視撥亂反正的工作。一月二十二—二十四日：中共中央統戰部在北京召開大型座談會，統戰部長烏蘭夫就落實對資產階級的八個政策問題作了闡述：一，「文革」中許多資產階級工商業者被查抄的存款，無論金額大小，全部解凍，一次發還，並且按照銀行的規定，發給利息；本人已經去世的，退還給配偶。其他財務，也要抓緊落實，退還；二，「文革」中資產階級工商業者被扣減了的高薪，一般應當恢復他們原來的薪金，並且補發過去被扣減的部分；三，「文革」中一些大中城市部分資產階級工商業者，被占用的私人房屋仍然屬於他們個人所有，被占用了的私房，應當歸還他們。在處理

21 張海榮著，《點擊一九七八年以來重大事件與決策：巨帆出海（一九七八—一九八九）》（長沙：湖南人民出版社，二〇〇九），頁四七。

22 張海榮著，《點擊一九七八年以來重大事件與決策：巨帆出海（一九七八—一九八九）》（長沙：湖南人民出版社，二〇〇九），頁五〇。

中，如存在實際困難，可根據統籌兼顧的原則，分別輕重緩急，有步驟地加以解決；四，對「文革」開始被下放到車間或門市部，從事體力勞動的資產階級工商業者的工作，要進行適當調整；對確有技術專長的，應當授予相當的技術職稱，如工程師、技藝師或顧問等，以用其所長；有業務管理經驗的，可以安排適當的業務工作；不宜繼續從事重勞動的，可以適當調整崗位和工種，分配力所能及的工作；五，積極組織資產階級工商業者和職工一起參加勞動競賽和評比；對於生產勞動和工作表現好的，應當實事求是地給予表揚和物質獎勵；對政治上表現好的，有突出貢獻的，可以評爲先進生產者和先進工作者；六，對資產階級工商業者的生活福利待遇等問題，病假期間的工資，一律根據生活困難情況或病假期間長短，按照本人的工資發給百分之五十至七十；已經按照職工待遇辦理的，不變。醫療待遇，非因公死亡，參照所在單位職工的待遇處理。退休問題，應當繼續執行一九六二年國務院的規定；七，按國家的政策，資產階級工商業者一九六六年九月以前應領還未領的定息，可以領取；八，對於資產階級家庭出身的子女，要堅持重在本人表現，不能唯成分論。在入黨、入團、升學、招工等問題上，都不應歧視他們[23]。

這樣的「撥亂反正」很大程度上贏得了民心，正如作家蘇曉康指出的：「八〇年代胡耀邦主持的『平反冤假錯案』，也算一次準『追溯正義』，而這點『正義』，恰是『鄧改革』的合法性來源[24]。」

---

23 中共中央書記處研究室綜合組編，《黨的十一屆三中全會以來大事記（一九七八—一九八五）》（北京：紅旗出版社，一九八七），頁一五—一六。

24 蘇曉康，〈滿街都是劊子手〉，香港：《開放》二〇一〇年十月號，頁九〇。

五、中美建交

要全面掌握權力，鄧小平需要全盤布局，而中美建交就是鄧小平下的第一個棋子。

一九七二年尼克松訪華之後，中美關係沒有進一步發展。卡特上台後，開始考慮與中國建交。這主要是因爲蘇聯在全球推行「霸權主義」，尤其是出兵阿富汗，使得美國迫切需要中國作爲盟友，以箝制蘇聯的擴張。同樣的，蘇聯的擴張，對中國來說也是一種威脅。中蘇交惡多年，且有很長的邊界線，蘇聯的勢力增長，不利於中國的國家安全。在蘇聯因素的影響下，中美兩國可以說是一拍即合。對於鄧小平來說，與美國發展關係，還有一個好處，就是有利於他在經濟改革方面的布局。鄧小平清楚地認識到，在十年文革之後，挽救統治的唯一方式，就是把經濟發展搞上去。而只有對外開放，引進外資，擴大對外貿易，中國的經濟才能有高速增長，閉關鎖國的結果只是經濟進一步惡化。而打開國門，第一個要面對的就是美國的全球影響力。因此，改善與美國的關係，也有利於中國的國內發展。

當時中美建交最大的問題，就是美國對台軍售問題。最後是中國做出讓步，僅僅表示不支持美國的這項政策，但是沒有把它作爲建交的必要條件。而美國做出的讓步，就是接受中國提出的三個條件：與台灣斷交，撤走美國軍事人員和設施，廢除美台安全條約。針對最後一條，美國實際上欺騙了中國，因爲隨即通過的〈台灣關係法〉，性質與美台安全條約大同小異。中國等於吃了一個啞巴虧。對於還是國際外交新手的中國來說，這也算是學到了一個教訓。

一九七九年一月一日，中美正式建交。一月二十八日，鄧小平出訪美國。此舉也確定了鄧小平的中國領導人的地位，等於是向全世界做出這個宣告。因此，雖然鄧小平是以副總理身分赴美，但是白宮還是按照國家元首的規格接待。美國總統在白宮舉行閱兵儀式，歡迎一個國家的副總理，這也是罕見的。而鄧小平也充分發揮友好而自然的風格，尤其是在德州看馬術表演時，戴上牛仔帽的一幕，讓美國人印象深刻，也開始讓全世界對中國有了不同的觀感。

六、西單民主牆運動

1.八〇年代的第一次民主運動

一九七八年十一月，西單民主牆引起國內外關注。

什麼是「西單民主牆」呢？曾經擔任《人民日報》總編輯的胡績偉有以下的回憶：

「西單牆是在北京西單十字路口東側路北的人行道旁，幾路公共汽車站都設在這裡。在這些公共汽車站的後面，是一排約有二百米長的灰色矮牆。因為這裡來來往往的人很多，常常有人在這排矮牆上貼尋人啟事和小廣告，引人注目。從一九七八年春開始，有些人在這裡貼大字報，看大字報的人很多，一傳十，十傳百，逐漸形成一個自發的聚攏人愈來愈多的場所……民主牆上大小字報的內容很多，有蒙冤受屈者的申訴，有批評建議，有揭發惡人醜事，有新聞消息，後期主要是政論。其中討論最多的是民主與法制問題。主要有以下幾點：一、從總結歷史經驗的角度來探討社會民主問題；二、主張民間辦報、民主辦報的問題；三、要求言論自由，廢除「惡毒攻擊罪」的問題；四、讚賞推崇西方民主的問題；五、公開評論毛澤東的功過問題等等。形式多樣，有詩詞、小說，有對話，有致某人的公開信，有贊成或反對的批註；有署眞名的，署筆名的，或不署名的；有的大字報具有一定的理論水平和文采，也有謾罵譏諷式的胡言亂語，有自我批判、自我表揚的等等[25]。」

十二月，魏京生，任畹町等在西單民主牆上開始張貼有政治主張的大字報，最著名的就是魏京生的〈第五個現代化〉，民主牆成爲新的民主運動的主要平台。這段時間，全國各地出現很多民間刊物，例如北京的《四五論壇》、《今天》、《北京之春》、《探索》等，上海的《民主之聲》、《海燕》、廣州的《人民之聲》等。其中，在北京最有影響力的三個刊物，是魏京生主持的《探索》、徐文立主持的《四五論壇》和王軍濤主持的《北京之春》，這幾個人在後來的民主運動中始終是領軍人物。

這些民辦報刊代表的思潮，直指中國的政治制度，針對中國弊病的分析，也爲以後的民主運動奠立了基本的範式。比如，《四五論壇》在〈章程〉中就提出：「我們一定要繼承和發揚『四五』精

25 胡績偉，〈胡耀邦與西單民主牆〉，香港：《爭鳴》二○○四．四，轉自：http://www.wlc.bravehost.com/hyb0078b.htm（二○一○．一二．一二）

神，衝破一切思想禁區，追求眞理，探索道路。爲民主而鬥爭，爲健全法制而鬥爭。」《北京之春》的發刊詞表示，中國徘徊不前的主要原因「一是蒙昧主義，二是專制主義26。」民刊的出現與發展，也是西單民主牆運動的重要一部分。

西單民主牆運動，是長期受到壓抑的民間民主力量的一次反彈，也是國家與社會之間較量的第一個回合。運動的主力，是當年所謂的紅衛兵。這一代人在後來被驅趕到農村「上山下鄉」之後，普遍對毛澤東以及「文化大革命」產生了幻滅，並進而開始思考中國的前途。文革末期，已經有很多經過沉澱到農村之後，進行了重新思考的知識青年，開始對極權專制的政治制度產生了懷疑乃至批判，也更深刻地體會到了社會中還是存在很多以權力爲基礎的不公正，不平等的現象。一九七二年十二月二十日，福建省莆田縣城郊公社下林小學教員李慶霖在寫給毛澤東的信中，就提到了會給知識青年帶來思想上的衝擊的環境：「在我們這裡已上山下鄉的知識青年中，一部分人並不好好勞動，並不認眞磨練自己，並不接受貧下中農的再教育，卻倚仗他們的親友在社會上的政治勢力，拉關係、走後門，都先後被招工、招生、招幹去了，完成了貨眞價實的下鄉鍍金的歷史過程。有不少在我們地方上執掌大權的革命幹部的子女和親友，縱使是地富家庭出身，他們趕時髦上山下鄉才沒幾天，就被『國家社會主義建設事業的發展需要』調用出去，說是革命幹部的子女優先安排工作，國家早有明文規定。這麼一來，單剩下我這號農村小學教員的子女，在政治舞台上沒有靠山，又完全舉目無親，就自然得不到『國家社會主義建設事業發展的需要』而加以調用了。唯一的資格是在農村滾一身泥巴，幹一輩子革

26　錢理群，《我的精神自傳——以北京大學爲背景》（台北：《台灣社會研究》二〇〇八），頁二五一。

命而已[27]。」

一九七一年以後，人們參加「文化大革命」的激情已經逐漸衰退，很多手裡有一定權力的人，開始利用手中的權力謀取個人利益，這就是上面信中提到的那些現象。這是「革命疲勞症」的自然反應。但是，對於這一批上山下鄉的青年來說，他們在毛澤東發動的「文化大革命」中本來是最具有理想主義的一個群體。他們完全是爲了響應毛澤東打倒官僚主義的號召，爲了建設一個人人平等的社會而放棄學業，參加革命的。現在在現實中，他們才發現，所謂的革命，其中充斥了種種的不平等。他們投入青春去追求的，其實正是他們本來最想要打倒的東西。這樣的幻滅，不能不使得他們開始重新審視自己所信仰的政治。

一九七三—七五年，南京青年徐水良撰寫文章，探討國家和經濟管理者特權存在的制度原因和變革「特權制」的理論，認爲雖然有了社會主義公有制，但是權力的形式還是資本主義的，即少數人對國家權力和社會公職的壟斷；一九七六年，雲南的陳爾晉寫長文《特權論》，認爲中國社會存在著走向修正主義的可能性，爲了避免這樣的發展，政治上要借鑑西方民主制度，採取社會主義的三權分立，保障人權，實行法制[28]。

他們的幻滅，在當年發表在《今天》上的著名詩人北島的〈履歷〉中有形象的描述：「我曾正步走過廣場／剃光腦袋／爲了更好地尋找太陽／卻在瘋狂的季節／轉了向，隔著柵欄／會見那些表情冷

---

27 〈教員李慶霖致毛主席書簡（一九七二）〉，韓少功、蔣子丹主編，《民間檔案：民間語文卷》（昆明：雲南人民出版社，二〇〇三），頁一九九。

28 印紅標，〈文革後續階段的民間思潮〉，香港：《二十一世紀》二〇一〇・二，頁四三—四四。

漠的羊／知道從鹽鹼地似的／白紙上看到理想……」當時還是地下狀態的思想啓蒙運動，在民主牆時期集中展現了成果，其主要的代表人物大多是曾經參與過文革，後來因爲理想幻滅而覺醒的知識青年。他們中的很多人，比如北島、王軍濤等，都成爲以後八〇年代思想解放運動和民主運動的主要人物。同時，大批下鄉的知識青年渴望返回城市就業，對於前途的迷茫和絕望，使得很多人對現實不滿，並採取了抗議手段。一九七八年十二月十七日，二十八位青年在天安門廣場示威，抗議中國西南地區惡劣的生活與工作環境，雖然抗議人群寥寥可數，然而這群示威者卻是代表五萬名曾被下放到雲南農村工作的青年……一九七九年一月八日，超過三萬名下放工人及其子女進入北京，他們在火車站周圍搭帳篷或是露宿街頭[29]。」這些上訪人群也成爲西單民主牆最主要的參與者。

2. 理論務虛派

一九七九年一月十八日到四月三日，理論工作務虛會召開，在胡耀邦的主持下，這次會議的民主氣氛非常濃厚，解放思想成爲會議的基調。會議上最引人注目的一篇發言，是胡績偉、楊西光、于光遠、曾濤、華楠、王德惠六人的一個聯合發言，題目是〈關於眞理標準討論的情況〉，主要針對阻撓眞理標準討論的《紅旗》雜誌和負責人熊復提出尖銳批評，實際上矛頭指向的是主管意識型態工作的黨中央副主席汪東興。

29　史景遷，《追尋現代中國——從共產主義到市場經濟》（台北：時報文化出版公司，二〇〇一），頁九一二—九一三。

很多學者專家，如鮑彤、阮銘、李洪林等在會上暢所欲言，大膽抨擊毛澤東和中國的政治體制，對歷次政治運動提出反思，其中一些主張對整個八〇年代的思想解放運動，都產生了深刻的影響。根據與會者的總結，這次會上被提出來的問題和意見非常廣泛，包括：毛澤東著作是全黨智慧的結晶；只進不出，只上不下的幹部委任制度已經落後；讓全國人民代表大會真正成爲最高權力機關；實行人治是「人存政舉，人亡政熄」，選舉制比終身制更有利於政局穩定的問題；關於法院要獨立審判，只服從法律，取消黨委審批案件制度的問題；警惕心的封建復辟以及同現代封建主義作鬥爭的問題；黨的領導人的見解也只是一家之言，可以批判，可以反對，不具有法令權威性的問題等等，甚至包括不應當有什麼政治犯，思想犯，更不應當有言論犯這樣比較敏感的問題[30]。這次會議上一批發言倡導民主的人，後來被稱爲「理論務虛派」[31]。

對於在八〇年代引領理論風潮的「理論務虛派」來說，他們不主張全面推翻一黨專政，而主張從制度上進行調整。具有代表性的主張，就是作家劉賓雁提出的「第二種忠誠」：他們雖然站在反對派的立場上，但是他們認爲自己的反對，是對正統馬克思主義的堅持和「忠誠」。政治學者閔琦總結他們的基本理論主張：

「他們不反對馬克思主義，但只贊成人道的馬克思主義；他們不反對社會主義，但主張非異化的

30 蘇紹智，《十年風雨：文革後的大陸理論界》（台北：時報文化公司，一九九六），頁九七—九八。

31 曾經參與過理論務虛會，以後在八〇年代思想理論界比較活躍的知識分子包括胡績偉、黎澍、張顯揚、童大林、馮蘭瑞、李洪林、吳明瑜、林牧、郭羅基、于浩成、李普、王若水、鐘沛璋、汪子嵩、吳江、阮銘、孫長江、蘇紹智等，都可看作是「理論務虛派」的代表人物。

民主的社會主義；他們不反對中共的領導，但要求中共以改革來完善和鞏固自己的領導；他們的改革取向是經濟上以市場爲目標，政治上以自由，民主爲目標；在自由和民主中，他們認爲最重要的是言論自由。他們的優勢是自身的身分和地位，使其能夠利用官方的報刊和講壇表達自己的意見，能夠利用接近中共決策者的機會影響決策[32]。」

一九八〇年十月二十五日中央黨史研究室副主任廖蓋隆在「全國黨校系統中共黨史學術討論會」上提出的政治改革方案，當時被稱爲「庚申綱領」。

這個方案提出：

一、最高權力機構全國人民代表大會縮爲一千人，分設兩院。區域院三百人，由各地區選派代表組成，社會院七百人，由社會各階層的代表組成。兩院共同立法，互相制約。人大要一年召開兩次會議。五十~七十人的常委會，應是精幹的，整年工作的。

二、實行黨政分開。一切政府職責範圍內的工作，都由各級政府獨立議決和處理。改變工會、青年團、婦聯、科協、文聯等群眾團體由黨包辦代替的狀態，群眾團體要代表群眾利益，工會領導要由工人選出，建立獨立的代表農民利益的農會。

三、司法獨立。法院作出判決無須送黨委審查。法律面前人人平等。

四、新聞獨立。除軍事機密外，人民有權知道一切事情。允許和鼓勵新聞工作者獨立負責地報導

32　閔琦，〈改革以來的政治參與〉，閔琦等著，《轉型期的中國：社會變遷》（台北：時報文化公司，一九九五），頁五一一。

新聞、刊登群眾來信和發表評論。

五、企業、事業管理體制改革。實行工廠管理委員會、公司董事會、經濟聯合體的經濟委員會領導和監督下的廠長負責制、經理負責制。黨委只管政治領導，而不擔任管理和日常行政工作。企事業單位要普遍建立獨立的職工代表大會制，並有權向上級建議罷免不稱職的領導人及選舉基層領導人。

六、黨的領導機構實行分權制衡制。全國黨代表大會實行常任制。黨中央設三個委員會：中央執行委員會（原中央委員會）、中央監察委員會和中央紀律檢查委員會。三委員會互相監督和制約。在中執委下面設常委會處理日常工作，取消政治局[33]。

這個「庚申綱領」雖然是根據鄧小平八月十八日的講話〈黨和國家領導制度的改革〉而提出的，但是具體的內容充分反映了理論務虛派的政治主張。

3. 鄧小平對民主牆運動「卸磨殺驢」

關於一九八〇年左右思想界的分野，陳子明曾經進行過完整的梳理，他把當時改革派的基本主張，分為兩個分支和四個類別：

第一個分支是經濟改革派。「他們承認現行經濟體制存在著嚴重的弊端，束縛了社會生產力的發展。因此，他們主張大幅度地進行經濟體制改革和調整，以利於解放社會生產力。」「但是，他們一

33 《議一議八十年代的現代化課題》，關天茶舍：http://www.tianya.cn/publicforum/content/no01/1/423971.shtml（二〇一一・八・二四）

般都認爲，現行政治體制基本上應予肯定，只需清除『文化大革命』給它蒙上的污垢，就可以使其顯現出固有的光彩。」

第二個分支是全面改革派。其中可以分爲三個類別。第一類是「經濟改革先行論」，第二類是「政治改革先行論」，第三類是「經濟政治並行論」[34]。

這些主張基本上是在體制內要求改革，但是體制外的力量，對於中國的民主化有更爲強烈的呼籲。

理論務虛會召開的同時，西單民主牆的言論更加活躍。三月二十五日，魏京生提出大字報〈要民主，還是要新的獨裁〉，矛頭直指鄧小平，說「人民必須警惕鄧小平成爲新的獨裁者」。這些都引起了黨內保守勢力的反彈，使得官方改革派與民間民主派的蜜月期迅速結束。

鄧小平曾經利用民間要求民主的聲浪，爲自己的復出增添民意基礎。在中共十一屆三中全會上，他曾經說：「民主是解放思想的重要條件」，強調「一個革命政黨，就怕聽不到人民的聲音，最可怕的是鴉雀無聲。」「群眾提了意見應當允許，即使有個別心懷不滿的人，想利用民主鬧一點事，也沒有什麼可怕。」更爲直接的表態，是一九七八年十一月二十六日他接見日本社會黨委員長的時候，公開表態：「群眾貼大字報是正常現象，是我國政治形勢穩定的一種表現，我們沒有權利否定或批判群眾發揚民主，貼大字報。」這些言論，都被認爲是在爲西單民主牆講話[35]。十一月二十七日晚上，幾

34　陳子明，〈一九八〇年競選運動中的政見〉，紐約：《北京之春》二〇〇七・一，頁七三。

35　錢理群，《我的精神自傳——以北京大學爲背景》（台北：《台灣社會研究》二〇〇八），頁二五五。

位外國記者向西單民主牆前面的與會者轉述了鄧的這番講話，結果當天晚上集會人數就驟增到了七千多人，並舉行了從西單到天安門廣場的遊行。二十八日的集會更加熱烈，人數達到兩萬[36]。可見鄧小平表態支持，是西單民主牆蓬勃發展的動力之一。

現在他覺得民間民主派的使用價值已經所剩無幾，於是決定下手鎮壓蓬勃發展的民主派力量。三月三十日，鄧小平在理論務虛會閉幕式上發表〈堅持四項基本原則〉的講話，爲未來三十年的政治路線定調，就是「堅持社會主義道路，堅持無產階級專政，堅持黨的領導，堅持馬列主義毛澤東思想。」這四個堅持成爲中國政治改革和政治開放的緊箍咒，顯示出中共能夠允許的，僅僅是不觸及制度本身的改革。

之後，北京之冬降臨，《中國人權同盟》的任畹町，《探索》的劉青，貴州「啓蒙社」的黃翔等民刊的主要成員紛紛被捕。三月二十九日，魏京生被捕[37]。十月十六日，魏京生被判十五年重刑，罪名是向外國人提供軍事情報和煽動反對無產階級專政和社會主義制度。十二月六日，北京市人民政府發出通告，宣布禁止在「西單牆」張貼大字報。一九八〇年九月，五屆人大三次會議在修改憲法的時候，取消了憲法上原來規定的「四大」（大鳴、大放、大字報、大辯論）的條文[38]。

至此，八〇年代第一次民主運動被鎮壓了下去。但是這次運動所產生的力量並沒有被消滅，反而

36 閔琦，〈改革以來的政治參與〉，閔琦等著，《轉型期的中國：社會變遷》（台北：時報文化公司，一九九五），頁四八六。
37 魏承思，《中國知識分子的沈浮》（香港：牛津大學出版社，二〇〇四），頁二五七。
38 湯應武，《抉擇：一九七八年以來中國改革的歷程》（北京：經濟日報出版社，一九九八），頁一五五。

深入到了社會各個階層，繼續進行民主的啓蒙工作。

4. 青年世代在競選運動中脫穎而出

一九七九年的五屆人大二次會議，對一九五三年通過的選舉法進行了修改，除了縣級人民代表直選產生，差額選舉和無記名投票等新規定外，新的選舉法在「代表候選人的提出」一章中規定了：「任何選民或者代表有三人以上附議，也可以推薦代表候選人。」「各黨派，團體和選民都可以用各種方式宣傳候選人。」這樣的規定已經接近於民主制度下的競選制度，因此爲公民參加選舉開啓了一點空間。

一九八〇年中國開展基層人民代表選舉，在北京等地的高等院校，一批「文革」後入學的「七七屆」大學生以民主實踐爲目的，投入了這次選舉。包括後來在八〇和九〇年代的思想界和社會運動中發揮過重要影響的胡平、王軍濤、張煒、房志遠、袁紅冰、楊百揆、張曼菱，以及劉少奇的兒子劉源等等。這次選舉雖然是基層性質，但是在選舉中，各位候選人提出來進行辯論的問題，確實關係到國家和社會發展前途的大問題，它實際上是青年知識分子對「文革」進行反思的一次成果呈現。其中還包括「文革」中父母被打倒的高幹子弟。劉少奇的兒子劉源現在已經是上將軍銜，是解放軍的最高領導集團成員，回顧一下他當初參加競選的時候，關於自己的參選動機的演講是很有趣的，他說：

「……這十幾年，我與全國人民共同經歷了一場可怕的大災難，我的家中死了四個，六個進監獄。我自己，起碼可以說不比任何人受的苦再少了。我甚至都不敢完完整整地回顧自己的經歷，那太令人不寒而慄了。但是，那一幕幕，一場場景象都深刻在我心裡，不時地浮現腦際，不讓我安寧。我想任何一個曾無言地與父母生離死別的孩子都會有這樣的感覺。我走過唾沫和侮辱的狹道，曾幾次被拋入牢房，在那裡埋葬青春；在餓得發瘋的日子，我像孤兒一樣生活過，像狼一樣憎恨世界。那些年，我咬著牙活下來。誰曾目睹過父母在刑場上遭受侮辱，在拳打腳踢中和家人訣別？誰曾親眼見過有人往才九歲的小妹妹嘴裡塞點著的鞭炮？大家能想像我心裡的滋味。我咬著牙，一聲沒吭。從十幾歲起，我就在鞭子下勞改，在鐐銬的緊鎖中淌著鮮血；多少年，在幾千個日日夜夜裡，每一小時我的心都在流著血和淚。每時每刻都忍受著非人的待遇和壓力。我緊緊地咬著牙，不使自己發瘋。為什麼？就是為了看到眞理戰勝邪惡的一天……今天，回顧以往的苦難，我絕不允許別人讓我們的子孫後代再經歷這樣的苦痛！我必須站起來為人民說話。為了避免災難重演，就必須鏟除產生封建法西斯的土壤，實現民主，不管有多難，路有多長，我們必須從現在起就去爭取民主[39]。」

「文革」的慘痛經歷，使得一些高級幹部的子女，在八〇年代表現出了相對其父輩較為認同民主制度的傾向，劉源並不是唯一的例子。根據曾經在中央辦公廳工作的吳稼祥的回憶，一九八七年左右，他曾經在中央政治改革研討小組，看到當時擔任人大常委辦公廳研究室副主任的鄧小平的女兒鄧榕的一篇發言，「充分肯定西方發達國家的議會制度，認為其中一些東西可為我國借鑑[40]。」八〇年代初期的思想解放運動中，這一批幹部子弟也扮演了一定角色。

根據曾經參與這次選舉的陳子明回憶，北京大學各次答辯會上提出討論的議題，一共有政治與理

39 胡平，〈毛澤東的幽靈與中共的命運〉，紐約：《北京之春》二〇〇六・五，頁七二—七三。
40 吳稼祥，《中南海日記——中共兩代王儲的隕落》（香港：明鏡出版社，二〇〇二），頁三一三。

論、經濟問題及改革、國際問題和外交政策、文化教育、青年、婦女和家庭，有關競選人個人，其他等共七大類問題。其中在政治理論方面，很多問題觸及制度本身，例如「共產主義是否是一種宗教？如果將大陸與台灣，北朝鮮與南朝鮮，東德與西德作比較，如何理解社會主義優越性？四個堅持是否起了禁錮人們思想的作用，是否把十年動亂後人們稍微放鬆了一點的思想又抽緊了？中國應當一黨專政還是多黨輪流執政等等[41]這些問題，在今天看來都是很有現實意義的。可見當年知識界的思考已經到了相當深刻尖銳的程度。

所有這些思考，集中指向的目標就是民主化。一九八〇年十一月十一日，于大海、王軍濤、胡平等十六名競選人聯名發表〈告北大同學書〉，開篇就指出：「我們競選的目的是推動人民民主運動的發展。」他們表示：「我們是民主改革的探索者，我們正在開拓一條通往政治民主化的道路。」「我們深信，北大民主選舉成功的經驗，將會對北京以至全國產生深遠的影響。」胡平更是在競選演說中呼籲：「一個是競選這種選舉形式，一個是言論出版自由，有了這兩個眼，民主這盤棋就全活了。公民權利構成了實現民主的基礎。世界上沒有什麼能比牢牢抓住自己的權利更重要的了。」王軍濤進而對中國的改革提出了五點必須注意的事項：「第一，改革應當以盡量穩妥，安定的方式進行，不要引起社會的大動盪和大動亂。」「第二，改革應當是全面的，應當適應生產力的發展，全面改革生產關係和上層建築及意識型態各個領域。」「第三，改革是爲了全體人民的利益和整個社會的發展，它所動員的社會力量應盡可能的廣泛。」「第四，改革不要急於求成。」「第五，改革應在科學的指導下

41 陳子明，〈1980年競選運動中的政見〉，紐約：《北京之春》二〇〇七・一，頁七〇。

進行。」後來成功當選海澱區人大代表的中國科技大學研究生會主席陳子明，還針對政治改革提出了具體主張：「第一，健全和完善黨內民主制：把『分權』的原則運用於黨內；第二，實行黨政分開，逐步由人治，黨治走向法治，民治。黨要靠黨員繳納的黨費而不是國庫的資金來支付各項開支；第三，政府三權分立，縮小國家的職能，發揮各個社會細胞和個人的能動性；第四，按照社會主義商品經濟的規律來改組我們的經濟結構和經濟體制[42]。」這些主張，隨後主導了整個八〇年代思想界對於改革的訴求，可以看作是八〇年代思想解放運動的先聲。

這次選舉，北大的胡平在官方的一再阻撓下當選，這是建國以來少有的民間人士通過現有法律程序當選民意代表的例子。當然，胡平隨後受到整肅，一九八七年被迫出國，至今仍然流亡海外。

42　陳子明，〈一九八〇年競選運動中的政見〉，紐約：《北京之春》二〇〇七・一，頁七二—七六。

第十一講

八〇年代的改革開放：從胡耀邦到趙紫陽

一、小崗事件與農村改革的啓動

1.「文革」造成的民生凋敝

與共產革命一樣，改革開放也是從農村開始的。這首先是因爲農村經過將近三十年的發展，人民生活水平不僅沒有進步，反而倒退。

根據新華社記者楊繼繩的統計，一九七八年，全國八億農民每人平均收入僅有七十六元，其中二億農民的年平均收入不到五十元。當時農民年平均口糧不到三百斤。一九七八年，全國有三分之一的地區生活水平不如五〇年代，還有三分之一地區的生活水平不如三〇年代[1]。

當時的一些地方幹部對於農村的狀況有比較深切的了解，因此對於改革有更加迫切的心情。當時擔任安徽省委書記的萬里，有一次到地方調查，在一戶農民家中發現一個老人和兩個姑娘不理他的招呼，蹲在鍋竈口怎麼也不肯站起來。在地方幹部一再催促下，老人被迫站起來，萬里才震驚地發現原來老人沒有穿褲子，所以不好意思站起來。而其實那兩個姑娘也沒有穿褲子。村裡人說，這個地方有的窮得全家幾口人只有一條褲子，天氣太冷時，就只能蹲在竈口取暖[2]。農村的貧窮深深地刺激了萬里，這是他後來堅決支持地方進行承包制嘗試的主要原因。

2.「要吃糧食，找紫陽；要吃米，找萬里。」

當時的一些地方領導已經開始嘗試進行一些政策上的放鬆。

一九七七年六月，萬里被派到安徽省擔任省委第一書記，十一月就搞了一個「省委六條」，強調尊重生產隊的自主權，允許農民搞正當的家庭副業，產品可以拿到市集上出售，生產隊實行責任制等等。這被認爲是解決四人幫問題以後，針對當時中央繼續堅持「左」的立場，第一個提出來農村一切工作以生產爲中心，第一個提出尊重生產隊自主權的地方領導[3]。

---

1 楊繼繩，《鄧小平時代：中國改革開放二十年紀實》（上卷）（北京：中央編譯出版社，一九九八），頁一八。

2 張海榮著，《點擊一九七八年以來重大事件與決策：巨帆出海（一九七八—一九八九）》（長沙：湖南人民出版社，二〇〇九），頁七八—七九。

3 蓋軍，〈偉大的歷史轉折——中共十一屆三中全會的歷史背景和歷史意義〉，見于光遠等著，《改變中國命

同時，在四川，主持工作的趙紫陽也提出「放寬政策，休養生息」的主張，開放農村集市貿易，恢復家庭副業。這兩個省的農民的生產積極性明顯提高。當時，全國流傳「要吃糧，找紫陽；要吃米，找萬里。」的說法未來政壇上的改革派逐漸浮出水面。

3. 小崗村的農民私分了土地

對於中國的改革開放來說，最具有標誌性意義的事件，發生在一九七八年十一月二十四日。這一天，小崗村十八個農民在嚴立華家秘密聚會，決定把土地私分，分田到戶，實行單幹。當時的安徽省委書記萬里默認了這樣的改變，這個模式於是逐漸推廣到全國，這一事件的後果，就是最終在農村實行了「土地聯產承包制」。

這一制度的核心就是所有權與經營權的分離，國家還享有所有權，但是農民享有經營權。這既是對延續三十年的公有性質的土地制度的直接挑戰，也是隨後中國一系列制度變遷的開始。一九八五年六月，人民公社徹底解散，五萬六千個公社被重新編制成九萬二千個鄉鎮政府和八十二萬個村民委員會[4]。農村的政權結構和生產組織結構發生了天翻地覆的變化。未來中國農村更加具有深遠意義的改革，應當是所有權也要還給農民，即實行徹底的土地私有制。這是題外話了。

但是也要看到，農村的承包制並沒有從根本上解決土地的產權歸屬問題。農民擁有的只是使用

（續）運的四十七天——中央工作會議，十一屆三中全會親歷記》（深圳：海天出版社，一九九八），頁三三四。

4　小島朋之著，翁家慧譯，《「中國」現代史》（台北：五南出版公司，二〇〇一），頁五七。

權，還不是所有權，這爲以後的所謂「三農」（農村、農業、農民）問題的產生了埋下隱患。清華大學政治經濟學研究中心教授蔡繼明，把這些問題歸結爲四點：

「其一是，村民對集體所擁有的土地，既不能出賣，也不能轉讓，村民的集體土地所有權是殘缺不全的。這種殘缺的集體土地所有權，排斥了村民集體在城市化和工業化進程中，對農地轉用的自主支配權和在徵地過程中的議價權，造成數以千萬計的農民在失去土地的同時，沒有獲得相應的非農就業崗位和社會保障，更沒有轉化爲城市居民；其二是，集體土地所有者缺位，沒有代表：鄉鎮政府是國家機關，許多鄉鎮又沒有集體經濟組織。所以，本來對集體土地僅僅具有經營，管理許可權的鄉鎮集體經濟組織或村民委員會，便往往以集體土地所有者的名義爲農民作主，在土地徵用、承包、流轉，以及機動地的處置中侵害農民的利益；其三是，集體土地所有權與穩定承包權相矛盾：當該地區出現新的農戶時，別的農戶享有的土地使用權必然要被重新分配。結果就是，隨著地區人口的變化，土地使用權的分配必須不斷做出調整；其四是，宅基地集體所有也與房產私有矛盾[5]。」這些矛盾的存在，目前仍然在中國農村地區產生負面效應。

爲什麼會出現小崗事件？這是因爲當時農業生產出現嚴重危機，人民公社制度使得農村進入凋敝狀態。而人民公社制度爲什麼會走到盡頭呢？

林毅夫曾經從理論上做過分析之後，認爲集體化運動的失敗，原因在於人民公社剝奪了農戶自由退社的權利。他認爲：集體化的成功，需仰賴農民的自我強制，而這種自我強制，只有憑藉一種可以

5 蔡繼明，〈中國土地制度改革〉，香港：《二十一世紀》二〇〇九・二，頁五—六。

自由進入或退出的規則才有可能維持。當公社的生產效率過低，以致農民對他們的報酬不能滿意的時候，動搖著有權利退出集體的組織，剩下來的人若要使得農業大規模生產的優勢，不至於被人為的低效率所吞噬，就需改善管理，使其經濟效益超過自營的農戶。這樣，又可以吸引動搖著再度自願進入集體的組織。中國集體化初期所以能夠取得成功，並且使農業生產的效率提高至少百分之四，乃是由於存在著這種進退自由的制度。自從一九五八年秋天，人民公社取合作社而代之，農家從集體組織當中自由退出的權利即被剝奪。這對集體內部的激勵機構是一個意味深長的衝擊，農民自我強制的機制無以支撐，農業生產隨之崩潰[6]。

林毅夫這裡進行的是冷冰冰的經濟學分析，但是人民公社無法帶來農村繁榮的道理很簡單：它從根本上違反惡劣的人性。當土地的所有權不歸屬個人的時候，個人是不可能有熱情對待土地的。每個人都是對自己所有的東西更加珍惜，而對集體的東西沒有那麼珍惜，這才是人民公社制度下，農業生產效率每下愈況的原因。

4. 改革是自下而上開始的

回顧小崗事件，重要的是要看到中國改革開放，或者制度變遷的起步，不是由國家力量帶動的，而是民間自發形成的。一九八〇年九月，中央召開省市區第一書記座談會，討論杜潤生起草的關於農業生產責任制的文件，結果，多數與會者都反對「只要群眾要求就允許包產到戶」這條原則，以至於

6　李鴻谷，〈嚴宏昌的家庭史〉，北京：《三聯生活周刊》二〇〇八・三八，頁四八。

兼任中央農委主任的萬里感慨地說：「農委的人，除了杜潤生以外，都是反對包產到戶的[7]。」可見，農村的改革，並非自上而下，有所規劃地進行的。基層民眾，是冒著政治風險開啓改革的嘗試的。

而國家起的作用，是事後的追認和推廣。即便是被稱爲「改革開放的總設計師」的鄧小平，本人也承認這一點。他後來在審閱江澤民代表中共中央委員會，向中共「十四大」所作的政治報告的初稿的時候，曾經回顧改革初期鄉鎮企業的發展，他說：「鄉鎮企業是誰發明的？誰都沒有提出過，突然一下子冒出來了，見效也快。家庭聯產承包制也是由農民首先提出來的。這是群眾的智慧，集體的智慧。我的功勞是把這些新事物概括起來，加以提倡[8]。」萬里也承認，包產到戶「是廣大農民的迫切要求，是他們的發明創造[9]。」曾經參與起草啓動農村地區經濟改革的重要文件——一九八二年的中央「一號文件」（即〈全國農村工作會議紀要〉）的杜潤生回憶說：「一九八一年，中央召開了農村工作會議。會後不久，國務院領導到東北考察，寫回一封信，建議：不要再強調不同地區不同形式了，讓群眾自願選擇，選上啥就算啥，領導不要硬堵了。我們就根據這個精神，起草了一九八二年的中央

7 〈見證兩個時期中國農村變革的走向〉，林蘊暉，《國史劄記·事件篇》（上海：東方出版社，二〇〇八），頁三四五。

8 〈《論黨》與劉少奇的晚年悲劇〉，林蘊暉，《國史劄記·事件篇》（上海：東方出版社，二〇〇八），頁三一八。

9 張廣友，〈萬里訪談錄〉，楊天石主編，《改革風雲》（上海：世紀出版集團，上海辭書出版社，二〇〇五），頁一一五。

『一號文件』10。」顯然，不是政府在引領改革，而是人民在引領政府改革。政府對於改革的啓動所做的最大貢獻，就是放棄了原來種種的限制，開放政策。

這一點很關鍵，因爲它決定了中國改革開放三十年的一個根本特點：是社會拉著國家向前走。國家落後於社會的進步。換句話說，這不是政府拉動型的改革開放，而是民間拉動型的改革開放，國家在制度變遷中是處於被動地位。只有理解了這個特點，才能對中國過去三十年的改革開放有一個正確的理解。爲什麼會這樣？這裡就有一個動機問題了，這個問題我們容後再討論。

二、城市的改革從開放開始

1.中國開始走向世界

改革開放，開放是很重要的一部分。完全如同清末改革思路一樣，中共首先想到的，就是派人到西方去學習經驗。

當時第一個出訪的代表團，是一九七八年五月，由國務院副總理谷牧率領的高級代表團，成員包括了水電部長錢正英、國家建委副主任彭敏、農林部副部長張根生、北京市革委會副主任、相當於副市長的葉林、廣東省革委會副主任王全國、山東省副主任楊波等中央和地方的主要負責人。當時中共

10　李鴻谷，〈中國思想力的生產模式〉，北京：《三聯生活周刊》二〇一〇．一〇，頁三九。

高級官員對於外面的世界可以說了解得很少。據說他們出訪西歐，就大出洋相，有一位不敢吃霜淇淋，大家問他爲什麼，他說他怕太冰。於是有人就告訴他說：「那你可以把它加熱了再吃啊[11]。」可見與西方的脫節是多麼大。

這次訪問歸來，代表團向中央提出三個意見和建議：第一，二戰後西歐發達國家經濟有很大發展，科技日新月異，我們已落後，他們有很多經驗值得借鑑；二，西歐的商品、資金、技術要找市場，都看好與中國發展關係；三，國際經濟運作有很多通行的辦法，包括補償貿易，生產合作，吸收外資等，我們都可以採用[12]。這些建議後來都被決策層採納，可以看作是對外開放政策的濫觴。

2.外資的引入是中國經濟發展的燃料

從改革一開始，外資就起了很多的作用，也奠定了中國經濟發展，以外資爲重要依靠之一的基本模式。一九七九年七月一日，全國人大二次會議通過了〈中華人民共和國中外合資經營企業法〉，開始引進外資。不過在開始的階段還是十分謹慎的，這從允許投資的項目就可以看出來。一九七九年下半年，全國一共才批准了六個合資項目，包括：餐館兩個、養豬場、包裝塑膠製造廠、錄音機裝配廠各一個，還有一個照相館[13]。

11 李鴻谷、吴麗瑋，〈谷牧：中國開放的操盤者〉，北京：《三聯生活周刊》二〇〇九．四三，頁六三。
12 楊繼繩，《鄧小平時代：中國改革開放二十年紀實》（上卷）（北京：中央編譯出版社，一九九八），頁二四五—二四六。
13 李鴻谷、吴麗瑋，〈谷牧：中國開放的操盤者〉，北京：《三聯生活周刊》二〇〇九．四三，頁六六。

最早開始參與中國改革開放的經濟發達國家就是日本。日本政府有一筆「海外協力基金」，利率低，擱置時限長，本息償還期長。中國派了谷牧去日本，爭取到這筆貸款。一九七九年日本給予中國五百億日元的貸款（約二·三億美元），年利率百分之三，還款期三十年。這是中國獲得的第一筆外國政府長期低息貸款[14]。

除了引進外資以外，在對內的部分，主要採取的改革措施，可以用「放權讓利」四個字概括。以國有企業改革爲例，早在十一屆三中全會的公報中，就提出：「我國經濟管理體制的一個嚴重缺點是權力過於集中，應該讓地方和工農企業在國家統一計畫的指導下，有更多的經營管理自主權。」這就爲以後的國有企業改革制定了一個基本框架。

一九八〇年二月一日，國務院發出〈關於實行「劃分收支，分級包乾」財政管理體制的通知〉。具體辦法是：按照經濟管理體制規定的隸屬關係，明確劃分中央和地方財政收支範圍。地方財政收支的包乾基數，以一九七九年財政收支預計執行數爲基礎計算確定。地方收入大於支出的，多餘部分按一定比例上繳；支出大於收入的，不足部分從工商稅中按一定比例留給地方；工商稅全部留給地方，收入仍然小於支出的，不足部分由中央財政給予定額補助。分成比例或補助數額原則上五年不變。中央對民族地區的補助數額每年遞增百分之十[15]。

三月十七—二十九日：全國利改稅工作會議在北京召開。四月二十四日，國務院批准了財政部

14 李鴻谷、吳麗瑋，〈谷牧：中國開放的操盤者〉，北京：《三聯生活周刊》二〇〇九·四三，頁六三。

15 中共中央書記處研究室綜合組編，《黨的十一屆三中全會以來大事記（一九七八—一九八五）》（北京：紅旗出版社，一九八七），頁七〇。

〈關於國營企業利改稅試行辦法〉，主要內容是：一，凡是有盈利的國營大中型企業，均根據實現的利潤交納百分之五十五的所得稅。稅後利潤，一部分上交國家，一部分按照國家核定的留利水平留給企業；二，凡有盈利的國營小型企業，根據事先的利潤，按八級超額累進稅率繳納所得稅。繳稅以後，由企業自負盈虧，國家不再撥款。但對稅後利潤較多的企業，國家可以收取一定的承包費，或者按固定數額上交一部分利潤。

此外，民營企業，鄉鎮企業的發展，在很多程度上「鬆綁」，政策的寬鬆也促進了社會中私有經濟成分的擴張，這爲公民社會的形成奠定了基礎。

3. 廣東的特殊地位

在對內的部分，主要進行的是向地方放權的改革。在十一屆三中全會之前，就有廣東省的領導提出中央應當向廣東下放權力，給廣東一些特殊規定，並得到中央的首肯。當時給廣東的特殊政策和靈活政策包括：外匯收入和財政實行包乾，一定五年不變的辦法，每年財政上繳十二億元；在國家計畫指導下，物資，商業實行新的經濟體制，適當利用市場的調節；在計畫、物價、勞動工資、企業管理和對外經濟活動等方面，擴大地方管理權限；試辦深圳、珠海、汕頭三個出口特區，積極吸收僑資，外資，引進國外先進技術和管理經驗。

改革開放，廣東省的作用是不能忽略的。整個中國的對外開放的大局，是廣東最先提出並積極推動的。一九七九年四月，中央在北京聽取廣東省委的工作報告。當時的廣東省委第一書記習仲勛在會上提出：「廣東要搞得好，得多給點自主權，類似聯邦制。否則，廣東就很難搞好。」現場主持會議的華國鋒否定了聯邦制的提法，但是也表示可以「給廣東放點權」，而與會的鄧小平會後找習仲勛談話，居然同意在廣東創辦特區16。隨後，谷牧率領國家計委等部門官員到廣東具體落實，回來後形成了著名的中發(一九七九)五十號文件，即〈中共中央，國務院批轉廣東省委，福建省委關於對外經濟活動實行特殊政策和靈活措施的兩個報告〉。

一九八〇年八月二十六日，第五屆全國人民代表大會第十五次會議，審議批准建立深圳、珠海、汕頭、廈門四個經濟特區，並公布了〈廣東省經濟特區條例〉。一九八一年五月二十九日到六月十四日，國務院主管特區工作的副總理谷牧召集廣東，福建兩省的主要領導人任仲夷、吳南生、項南、中共中央，國務院有關部門及特區的負責幹部，再加上錢俊瑞、許滌新、薛暮橋等經濟學家，共同討論出關於特區建設的十條政策性意見。這十條意見，基本上概括了特區之所以爲「特」的主要內容，也就是當時對外開放的基本輪廓，所以照錄如下：

一、深圳、珠海、汕頭、廈門經濟特區，不是政治特區。中華人民共和國在這四個經濟特區內，全面行使主權，堅持四項基本原則。它的「特」在於實行國家規定的特殊經濟政策和特殊經濟管理體制，與帝國主義強加於舊中國的「租界」有本質上的區別。

二、舉辦經濟特區是爲了吸收利用外資，引進先進技術，拓展對外貿易，加速經濟發展，同時在實踐中觀察與研究當代資本主義經濟，學習和提高參與國際經濟交往的本領，進行特區體制改革實

16 楊繼繩，《鄧小平時代：中國改革開放二十年紀實》(上卷)(北京：中央編譯出版社，一九九八)，頁二五一—二五二。

驗。

三、特區經濟的所有制結構，是社會主義經濟領導下的多種經濟成分並存。在工業生產方面，外商投資企業(包括中外合資經營企業，中外合作經營企業和外商獨資企業)所占比重可以大於內地。特區的經濟活動在社會主義計畫指導下，充分發揮市場調節作用。

四、各特區的發展規劃要因地制宜，全面規劃，各有側重。深圳、珠海建成綜合性經濟特區。汕頭，廈門先以發展加工業爲主。

五、特區要致力於經濟體制改革，特區的行政管理機構按照精簡，高效的原則設置。特區與非特區之間設立隔離管理線。特區用工實行勞動合同制。

六、對在特區舉辦的外商投資企業給予優惠和方便，企業所得稅按百分之十五徵收；簡化外商入出特區手續。

七、授予特區較大的經濟管理權限，屬於中央統一管理的外事、邊防、公安、海關、金融、外匯等方面的業務，由國務院主管部門結合實際情況，制定專項管理辦法，報國務院批准後實施。

八、特區的對外貿易在國家統一政策指導下，自主經營，並可代理各省、自治區、直轄市委託的不歸國家統一經營的商品的進出口業務。

九、特區貨幣流通以人民幣爲主，外幣限在規定範圍內使用；特區某些基礎設施，允許中外合資建設經營。

十、加強特區法制建設。後經全國人大決定，授權廣東，福建兩省人民代表大會及其常務委員會，可根據國家法律，法規和政策規定，制定該省經濟特區的單行法規[17]。

三、圍繞改革進行的爭論

1.中共「十二大」確立胡趙體制

一九八二年九月一日到九月十一日，中共召開第十二次全國代表大會。這次會議進行的人事改組中，華國鋒辭去政治局委員的職務，代表「凡是派」徹底退出歷史舞台，以及華國鋒時代的政治結束。這次會上，胡耀邦當選中共中央總書記，趙紫陽進入常委，接任總理，胡趙體制正式成形。

所謂胡趙體制，表面上看是由胡耀邦、趙紫陽分別主管政治和經濟事務。但是該體制有一個很大的特點，就是老人執政：胡耀邦和趙紫陽都不是最高決策者，而只是執行者，眞正的權力還是掌握在鄧小平和陳雲的手上。對於胡趙體制，海外評論家許行曾經做過具體分析：「所謂胡趙體制，實際上是以鄧小平、胡耀邦、陳雲、趙紫陽四人爲中心的。鄧小平是這個中心的中心，陳雲是這個中心的有力支柱，胡耀邦憑著他的一批過去共青團舊戰友的合作，賦予這個中心以新的理論和新的實幹活力，趙紫陽則將黨的政策貫徹到國家機構中去。這是中共自執政以來的第一代領袖與第二代領袖之間最忠

17　曹普，〈谷牧與一九七八—一九八八年的中國對外開放〉，楊天石主編：《改革風雲》（上海：世紀出版集團，上海辭書出版社，二〇〇五），頁一四八—一四九。

誠合作的所謂『傳、幫、帶』的典型[18]。」許行的分析在後來的政治發展中看來並不準確，因爲對於胡耀邦和趙紫陽的具體執行工作，鄧小平從政治上進行了大量干涉，而陳雲則是從經濟上進行了大量干涉，所謂「忠誠合作」和「傳、幫、帶」其實只是「垂簾聽政」的代名詞而已。

2. 陳雲成為保守派的旗幟

從在經濟改革的初期階段開始，陳雲就一直主張改革的步子要慢。陳雲從建國開始就主持中共的經濟工作，他的經濟思想是一貫的。早在一九五六年，他就曾經提出「三個主體，三個補充」的經濟政策框架，即「以國家經營和集體經營爲主體，個體經營爲補充；以計畫生產爲主體，在國家計畫許可範圍內的自由生產爲補充；以國家市場爲主體，國家領導的自由市場爲補充[19]。」這樣的思想路線，也體現在改革初期他的經濟主張上。

一九八〇年十二月六日的中央工作會議上，陳雲提出了著名的「摸著石頭過河」的理論，他說：「我們要改革，但是步子要穩。因爲我們的改革問題複雜，不能要求過急。改革固然要靠一定的理論研究，經濟統計和經濟預測，更重要的還是要從試點著手，隨時總結經驗，也就是要『摸著石頭過河』。開始步子要小，緩緩而行[20]。」這些主張以後貫穿了三十年經濟改革的總體過程，至今仍然是

18 許行，《改革期的中國政府》（香港：開拓出版社，一九八六），頁八〇。
19 張海榮，《點擊一九七八年以來重大事件與決策：巨帆出海（一九七八—一九八九）》（長沙：湖南人民出版社，二〇〇九），頁一二九。
20 新華社國內資料室，《十年改革大事記（一九七八—一九八七）》（北京：新華出版社，一九八八），頁二。

中共指導改革的基本模式。

本著這樣的指導思想，陳雲對於東部沿海地區，尤其是深圳等特區的經濟發展模式始終心存疑慮。一九八一年，陳雲在省市，自治區黨委第一書記會議座談會上就明確反對特區政策，說：「（經濟特區）現在只能有這幾個，不能增多。」「像江蘇這樣的省，不能搞特區[21]。」一九八二年二月二十一日到二十三日，中央書記處在北京召開了廣東福建兩省座談會。這個會議的背景，是沿海地區的走私活動猖獗，導致黨內一些保守派對於對外開放政策提出質疑。在這次會議做成的紀要中，引述了一段陳雲的講話，他說：「現在搞特區，各省都想搞，都想開口子。如果那樣，外國資本家和國內投機分子統統出籠，大搞投機倒把就是了。所以不能那樣搞[22]。」

一九八二年四月，陳雲在聽取工作匯報的時候，提出了後來著名的「鳥籠理論」，即：「搞活經濟是對的，但必須在計畫的指導下搞活，這就像鳥一樣，捏在手裡會死，要讓牠飛，但只能讓牠在合適的籠子裡飛，沒有籠子，牠就飛跑了。『籠子』大小要適當，但總是要有個『籠子』[23]。」這個理論的核心，就是堅持計畫經濟，不過允許部分的市場調節。「鳥籠理論」以後成爲貫穿整個改革時期的保守力量的旗幟，對中國經濟發展的影響是深遠的。

21 朱佳木，〈改革開放初期的陳雲與鄧小平〉，北京：《人民大學復印報刊資料・中國現代史》二〇一〇・一〇，頁一四六。

22 楊繼繩，《鄧小平時代：中國改革開放二十年紀實》（上卷）（北京：中央編譯出版社，一九九八），頁二五五。

23〈由「談不攏」到達成一致的訣竅〉，林蘊暉，《國史箚記・事件篇》（上海：東方出版社，二〇〇八），頁三五二。

3. 鄧小平支持胡耀邦進行改革

對此，鄧小平的態度非常明確強硬。一九八四年初，他同中央幾位負責人談話的時候，說「我們建立經濟特區，實行開放政策，有個指導思想要明確，就是不是收，而是放。」他還專門請這幾個負責人把他的講話向陳雲匯報。面對這樣強硬的態度，陳雲只好放棄原來的立場，表示完全贊成鄧小平的意見[24]。隨後，中央書記處和國務院召開會議，根據鄧小平的這個講話精神，建議開放天津、上海等十四個沿海港口城市，並做成了〈沿海部分城市座談會紀要〉，中國的開放政策才得以堅持。

在鄧小平的支持下，胡耀邦和繼任的趙紫陽，在八〇年代不斷推進經濟方面的對外開放工作。一九八八年四月十三日，第七屆全國人民代表大會第一次會議，通過了國務院提出的關於設立海南省和海南經濟特區的議案。海南的開發，採取了比深圳等經濟特區更爲開放的政策，把八〇年代的對外開放推到了頂峰。這些政策從一九八七年底谷牧召集的海南島開發籌備會議上提出的建議可以看到輪廓：一是海南要立足開發利用島內資源，大樓裡發展生產，擴大出口，逐步建立有自己特色的外向型經濟；二是在對外經濟貿易活動方面，建議國家允許外商投資者在海南成片開發經營土地（租用土地使用權的最高期限延長至七十年），對礦場資源和自然資源有償開發，對國營，集體企業承包，參股和投標購買；三是建議國家擴大海南的經濟管理權限和外商投資項目的審批限額；四是允許海南和國

24 朱佳木，〈改革開放初期的陳雲與鄧小平〉，北京：《人民大學復印報刊資料·中國現代史》二〇一〇·一〇，頁一四七。

內其他地區的群眾，以個人集資或合股舉辦工業生產企業和零售商業以及其他社會服務業，給個體，私營經濟以較大的發展空間；五是考慮到海南有個積累資金的過程，建議國家在財政、信貸、稅收等方面，在五年內給予支持，包括從海南徵收的能源建設基金，全部留給海南安排建設[25]。

這樣的政策，使得海南成爲全國最有活力的經濟發展地區，很多年輕的大學畢業生到海南打工，尋找發展機會，形成了「海南潮」。

四、八〇年代的政治開放

1. 中共內部的民主派

胡耀邦是堅定的黨內民主派。一九七九年六月，鄧小平已經發表關於四項基本原則的談話，西單民主牆運動已經被鎮壓下去，胡耀邦仍然堅持發表支持民主的觀點。在第五屆全國人民代表大會的小組會上，他發言說：「我始終支持任何人在社會主義制度下行使自己的民主權利，希望大家都在憲法的保護下享有最大的自由。儘管在中央工作會議上及這次人大會議上，不少同志點名也好，不點名也好，批評我背著中央搞違反四項基本原則的所謂民主化運動，助長無政府主義，但我堅持認爲我那樣

25　曹普，〈谷牧與一九七八—一九八八年的中國對外開放〉，楊天石主編，《改革風雲》（上海：世紀出版集團，上海辭書出版社，二〇〇五），頁一六一—一六二。

做是從大局著眼的，即使多數人反對，我仍然要保留自己的看法。」這段話，明確的傳達了內心對於民主與自由的尊重和期待，也反映了他率眞的個性。對於魏京生的被捕，他也曾經試圖干預，表示「奉勸同志們不要抓人來鬥，更不能抓人來關[26]。」在他的堅持下，保守派對於改革提出的種種意見，都沒有形成眞正的阻力。

另一個黨內的改革派代表人物，就是一九八七年後繼胡耀邦之後擔任中共中央總書記的趙紫陽。胡耀邦下台之後，新上任的中宣部長是思想左傾的王忍之。在他的帶動下，黨內保守派積極推動所謂「反對資產階級自由化運動」。三月份，中共中央書記處研究室在胡喬木，鄧力群的指使下，整理了一份〈資產階級自由化言論摘編〉，其中涉及了十二個人，都是準備進行整肅的，這十二個人是：于光遠、王若水、蘇紹智、吳祖光、張顯揚、孫長江、李洪林、于浩成、吳明瑜、嚴家其、張賢亮、管惟炎[27]。

但是趙紫陽對這場政治運動顯然不感興趣。他擔任總書記之後不久，就讓中央政治局秘書鮑彤起草了一個〈中共中央關於當前反對資產階級自由化若干問題的通知〉，於一九八七年一月二十八日發出。這份文件雖然在表面上肯定發動「反對資產階級自由化」運動的必要性，但是一方面提出這項運動應當是「長期性」的，從而減少了運動的特殊意義；另一方面，對運動的開展進行了各種限制，比如「不要聯繫經濟改革的政策，農村政策，科學技術研究，文學藝術風格技巧的探索，以及人們的日

26 錢理群，《我的精神自傳——以北京大學爲背景》（台北：《台灣社會研究雜誌》二〇〇八），頁二六九。

27 嚴家其，〈二十年前舊事重提〉，紐約：《北京之春》二〇〇七．六，頁七五。

常生活，」「不涉及民主黨派和黨外知識分子。」文件規定「這場鬥爭嚴格限於黨內」，但是即使是在黨內，文件也要求「農村不搞，只搞城市。」對於運動的方式，文件規定「主要是對廣大黨員進行正面教育」[28]，這也就是說，不允許進行過去政治運動常有的大批判。這樣的限制，使得「反對資產階級自由化」運動雖然具有合法性，但是在現實中無從開展。這樣，表面上趙紫陽遵循了鄧小平的意志，但是在具體工作中通過巧妙的政治手法的處理，使得民主派得到了保護。

一九八七年十月二十五日，趙紫陽在中共十三大上做政治報告，談到民主政治的時候提出：「重大情況讓人民知道，重大問題經人民討論，」「要建立社會協商對話制度……要制定關於社會協商對話制度的若干規定，明確哪些問題必須由哪些單位，哪些團體通過協商對話解決。對全國性的，地方性的，基層單位內部的重大問題的協商對話，應分別在國家，地方和基層三個不同的層次上展開，」並強調「各級領導機關必須把它作爲領導工作中的一件大事去做[29]。」在他的帶領下，有關政治體制改革的具體規劃也在進行之中。如果沒有六四事件的發生，趙紫陽的改革開放政策，應當可以發揮更大的影響。

在胡耀邦，趙紫陽的支持下，黨內一批民主派也在各個領域嘗試推動政治空氣的活躍。一九八六年春天，中央政治局常委，主管意識型態工作的胡啓立在上海搞調查研究的時候，在一次小型座談會上，提出要在思想文化戰線上形成「民主，和諧，相互理解和信任」的氣氛[30]。隨後，中宣部長朱厚

28 李洪林，《中國思想運動史（一九四九—一九九九）》（香港：天地圖書有限公司，一九九九），頁三七七。
29 新華社國內資料室，《十年改革大事記（一九七八—一九八七）》（北京：新華出版社，一九八八），頁七五。
30 鄧力群，《十二個春秋：鄧力群自述》（香港：大風出版社，二〇〇六），頁三七二。

澤在一九八五年七月，文化部召開的全國文化廳局長會議上，提出了著名的「三寬」主張，即對於不同的思想觀點採取寬容的態度，對於有不同意見的人寬厚一點，要創造一種寬鬆的環境。這是中共建國六十年中，來自宣傳部門的最具有民主性質的政策性宣示。擔任統戰部長的閻明復，甚至私下表達過可以跟國民黨在議會裡合作的思想[31]。意識型態主管部門的立場鬆動，給社會上的言論自由提供了空間。在體制內部、中央和國務院的主要智囊機構[32]中，也有很多學者，例如社科院政治學研究所所長嚴家其等人，提出了關於政治體制的大膽的改革建議。這些建議，最終導致了中共中央政治體制改革研究所的建立。

到了一九八六年底，胡耀邦進一步開放政治的想法更加明顯。十一月一日，胡耀邦在北京舉行的全國哲學社會科學「七五」規劃會議上講話，表示阻礙社會科學繁榮的阻力，首先來自黨的領導，「不正確的干預太多」。他還特別指出，「中央是絕不會打棍子的。幾年來打的棍子不是黨中央的，這一點你們心中有數，不用我說。」根據曾經擔任中宣部理論局長的李洪林分析，這裡胡耀邦幾乎是在點名批評黨內的左派胡喬木和鄧力群。李洪林認爲，「這是一個重要資訊，表明中央內部改革和反

31　根據吳稼祥的回憶，他說過，「國共已經有過兩次合作，都不成功，如果有第三次合作，不能再在戰場上『合作』，而應該在議會裡合作，既合作又競爭。」（吳稼祥：《中南海日記——中共兩代王儲的殞落》（香港：明鏡出版社，二〇〇二），頁一一四。

32　這些智囊機構主要包括中國社科院，國務院發展研究中心，中國科學院，中國軍事科學院，中國國際問題研究所，中國現代國際關係研究院，中國太平洋經濟技術合作全國委員會，中國科學技術協會，中國國際戰略學會，上海國際問題研究所等。

改革的力量對比，已經發生或即將發生變化，思想界的又一個春天要來到了[33]。」從後來的事態發展看，也許正是因爲胡耀邦在政治上開放的態勢已經愈來愈明顯，也引起了黨內一些保守派元老如王震、薄一波等的不滿，這也是導致胡耀邦在一九八七年被迫下台的原因之一。

一九八九年五月十六日趙紫陽會見來訪的蘇共中央總書記戈爾巴喬夫的時候，曾經談到政治體制改革的問題，從中可以看出他心目中對於下一步政治改革的基本想法。在談話中他表示：「十三大認爲，我國政治體制改革的關鍵首先是黨政分開。」對於具體的步驟，趙紫陽顯然有明確的思路：「關鍵是兩條：一條是黨要認眞堅持黨章所規定的『黨必須在憲法和法律範圍內活動』的原則，一條是積極制定並嚴格實施各種有關的實體法和程序法。有了這兩條，我相信，我國公民就可以在一黨領導的條件下，享有眞正的切實的民主和自由[34]。」趙紫陽的思路很清楚：第一，還是要以一黨領導爲原則；第二，政治改革的核心思想，是用法律約束黨的領導。

2. 啓蒙運動和社會上的思想活躍

八〇年代後半期知識界的思想解放，主要體現在提出了一些具有突破性的重大理論課題和知識界的整合上。

一九八三年三月八日，在中央黨校召開的「紀念馬克思逝世一百周年學術報告會」上，周揚作了

33　李洪林，《中國思想運動史（一九四九—一九九九）》（香港：天地圖書有限公司，一九九九），頁三四八。

34　〈趙紫陽談社會主義改革〉（原載一九八九年五月十七日《人民日報》），林蘊暉，《人民共和國春秋實錄》（北京：人民大學出版社，一九九二），頁一四二六。

題為〈關於馬克思主義和幾個理論問題的探討〉的長篇報告，提出「要承認社會主義社會中存在著異化現象」，「要重視人道主義，承認馬克思主義的人道主義[35]。」這篇報告以後得到原《人民日報》副總編輯王若水的呼應，但是也受到黨內保守派胡喬木，鄧力群等的批判，還引發了一場名為「清除精神污染」的政治運動。提出人道主義問題，主要是因為過去三十多年的實踐，國家意志壓倒了個人意願，本來應當服務於個人的國家政權，結果變成奴役人民的工具。因此，知識界希望喚醒人民對於個人主體性的認識。人道主義這個議題的提出，還陰錯陽差地得到了鄧小平的大兒子鄧樸方的支持，這是因為鄧樸方作為殘疾人士，對於人道主義的訴求有天然的傾向性。他也許沒有從個人的主題性去考慮，但是他對於人道主義議題的關心，也使得這個議題具有了某種合法性。

一九八六年八月二十三日，張賢亮在《文藝報》上發表〈社會改革與文學繁榮——與溫元凱書〉，首次提出「給資本主義平反」的問題。他說：「關於種種強加於資本主義頭上的污蔑不實之詞，現在是需要我們理論工作者大力給予『平反』的時候了。給資本主義平反，將會使我們更好地解決我國當代政治、經濟、法制改革中的種種實際問題。」隨後，理論界針對「補資本主義的課」「社會主義與資本主義的再認識」等課題展開熱烈討論。

關於毛澤東的評價，也成為思想界討論的話題。官方對於毛澤東以及毛澤東思想始終堅持維護的立場，這是鄧小平確立的原則。一九八〇年，在討論〈關於建國以來若干歷史問題的決議〉的時候，鄧小平的一番話，清楚地表達了他的想法，他說，毛澤東思想這個旗幟丟不得。丟掉了這個旗幟，實

35 蘇紹智，《十年風雨：文革後的大陸理論界》（台北：時報文化公司，一九九六），頁一四八。

際上就否定了我們黨的光輝歷史。對毛澤東同志的評價，對毛澤東思想的闡述，不是僅僅涉及毛澤東同志個人的問題，這同我們黨，我們國家的整個歷史是分不開的，要看到這個全局。不寫或不堅持毛澤東思想，我們要犯歷史性的大錯誤。對於毛澤東同志的錯誤，不能寫過頭。寫過頭，給毛澤東同志抹黑，也就是給我們黨，我們國家抹黑。這是違背歷史事實的[36]。自此以後，毛澤東畫像繼續掛在天安門城樓，毛澤東紀念堂還繼續矗立在天安門廣場最中心。但是，來自民間的不同聲音已經出現。

有「文壇黑馬」之稱的北師大青年講師劉曉波，在一九八八年十一月號的《解放月報》上發表文章，題目是〈混世魔王毛澤東〉，對毛澤東進行了徹底的否定。他指出：「沒有人比他(毛澤東)更心狠手辣，善於應變，流氓成性。最重要的不是否定作爲個人，作爲昏君的毛澤東，而是否定作爲整個專制政體的總代表的毛澤東。」同時，劉曉波也對中國的政治未來提出構想：「在政治上不能從一黨獨裁內部尋找力量來反一黨獨裁；在經濟上，不能從公有制，計畫經濟內部尋找動力來改革經濟；在思想上，不能從教條化的馬克思主義內部尋找新的思想；在廣義的文化上，不能從中國傳統文化內部尋找所謂的精華。而只能用多黨並存的民主制代替一黨獨裁，用私有制，市場經濟代替公有制，計畫經濟；用多元化的言論，思想的自由來代替思想一元化；用世界的(西方的)現代文化來代替中國的傳統文化。」無論是重新評價毛澤東還是提出反對一黨獨裁，劉曉波的觀點不僅具有挑戰性，而且具有前瞻性。

36　謝春濤，〈關於建國以來歷史決議的起草——龔育之訪談錄〉，楊天石主編，《改革風雲》(上海：世紀出版集團，上海辭書出版社，二〇〇五)，頁七九。

從一九八七年下半年開始，中國知識界掀起了新的一波呼籲實行民主改革的聲浪，而且呈現出十分活躍的局面。作家查建英後來對八〇年代的過來人進行了大量訪談，寫了《八十年代訪談錄》一書，可以作為當年的社會氣氛的寫照。她回憶說：「一九八七年我回來的時候，整個社會，尤其是北京、上海、南京這種大城市，大家都有生活在陽光底下的感覺，有不言自明的基本共識，就是推動文學，藝術和思想的自由度，參與社會改良。大家很嚴肅地對待很多事情，不像後來很多人調侃一切，認為認真多土啊。朱偉那時候在做一個期刊《東方紀事》，聚集了很多作家、學者：劉再復、林斤瀾、戴晴、李陀、史鐵生、陳平原、錢鋼，都在裡面，我也參加了，大家都為能辦一份自己的刊物而興奮[37]。」

一九八六年四月二十八—二十九日，一批主張政治改革的知識分子，包括陳子明、王軍濤、閔琦、王潤生、嚴家其、蘇紹智、于浩成、龔祥瑞、杜汝楫、梁治平、吳稼祥、陳兆鋼等在《中國社會科學》雜誌社召開了一次不公開的政體改革討論會。五月十六—十七日，這批人再次組織了一次大型的，公開的政體改革討論會，這一次引起了中央和新聞界的重視。他們帶動了民間關於民主化的討論熱潮。隨後，一九八六年七月十—十二日，中央黨校召集了一次上百人的大型「政體改革討論會」，中宣部部長朱厚澤到會並講話；八月十六—二十日，遼寧興城召開第一次全國規模的「政體改革討論會」，許多省一級的官員與會；十月六—十日，由全國十二個省市的青年社會科學聯合會發起的「經

37 〈查建英：我的八十年代〉，李宗陶，《思慮中國：當代三十六位知識人訪談錄》（北京：新星出版社，二〇〇九），頁二八六。

濟，社會，政治全方位的思考」討論會在西安舉行；十月九—十二日，在鄭州召開了全國性的「青年軟科學研究座談會」，以響應萬里提出的「決策要科學化，民主化」的呼籲；同一個月的十一—十二日，北大研究生會也召開了「政治、經濟、文化協調改革理論研討會」[38]。

當時擔任中國社會科學院馬列主義研究所所長的蘇紹智回顧說：「到了一九八九年春，體制內改革派的知識分子在將近十年的風風雨雨中，愈來愈認識到如果沒有黨外的壓力，則黨內的改革，特別是政治改革，不能到來。而體制外的民主激進派也認識到必須注意合法的鬥爭，和團結更多的群眾，首先是體制內的民主派人士。雙方在形成壓力集團，致力於爭取民主制度等方面，有愈來愈多的共識。新的現象就是雙方人士互相參加對方舉行的討論會，形成體制內的民主改革派與體制外的激進民主派之間的團結[39]。」

這樣的整合，典型的例子就是《經濟學周報》的誕生和影響。該報本來是一份由中國經濟學團體聯合會主辦的學術性報紙，歸中國社科院管理，創辦人中包括著名的經濟學家于光遠，馮蘭瑞等。應當說，這本來是一份專業性報紙，但是在一九八八年的時候，報紙開始轉向。

一九八八年三月，《經濟學周報》陷入負債經營的財務危機，在《光明日報》社的陳英茨和原工人出版社的何家棟的協調下，在民間創辦研究機構的陳子明介入，同意由他創立的北京社會經濟科學研究所系統內的三個所出資組建新的《經濟學周報》董事會，隨後報社進行人事調整，一批在八○年

38　閔琦，〈改革以來的政治參與〉，閔琦等著，《轉型期的中國：社會變遷》（台北：時報文化公司，一九九五），頁五○一—五○三。

39　蘇紹智，《十年風雨：文革後的大陸理論界》（台北：時報文化公司，一九九六），頁三○○。

代思想解放運動中活躍的青年精英進駐，最引人注目的，就是曾經參加過北京大學一九八〇年代初期人民代表競選而出名的王軍濤的加入，他擔任副總編輯。

改版以後，《經濟學周報》一改過去比較專業的辦報方向，轉而對重大的改革問題，社會問題，甚至是政治問題進行討論，並提出了一些具有挑戰性的論述，在當時的思想理論界和高等院校內產生了廣泛的影響。按照《經濟學周報》總編輯何家棟的總結，《經濟學周報》「第一個提出建立社會經濟新秩序的主張，第一個對公檢法聯合辦案持否定態度，而且不止一次提出『政府行為規範化是建立新秩序的前提』，『用規範化方式調整宏觀經濟』，『有效政府是現代化成敗的關鍵』，『我們需要一個硬政府』，主張建立法理權威，而不是政治權威、個人權威。第一個警告『流氓意識是社會公敵』，『遊民是導致社會動盪的爆炸源』，第一個提出官辦群眾組織不是政治優勢而是政治劣勢，第一個對發展戰略提出異議，認為『發展急於求成，改革推進不足』，要警惕改革疲勞綜合症[40]。」一九八八年底，《經濟學周報》發表中新社記者高瑜採訪嚴家其與溫元凱的對談〈關於時局的對話〉，在國內首次提到了胡耀邦下台是「非程序性政治變動」，同時警告全國小心改革的停滯與倒退。這篇採訪對全國的輿論和民心都產生了很大的影響。

一九八八年的思想界，最為轟動的就是政論片〈河殤〉的推出。以青年作家蘇曉康，謝選駿等人編寫製作的〈河殤〉，提出了黃河文明已經逐漸沒落，中國應當走向海洋文明的命題，引發了社會各

---

40 何家棟，〈在失敗中堅持，從失敗中學習〉，陳子華等著，《浴火重生：天安門黑手備忘錄》（香港：明鏡出版社，二〇〇四），頁一五。

界的討論，掀起了〈河殤〉熱。這部政論片因爲強調「新紀元」，而被當時的海外輿論認爲是趙紫陽身邊的幕僚在幕後策畫，旨在爲建立趙紫陽的「新權威」而製造輿論的動作。拋開政治背景不談，這部片子能夠形成全國範圍的討論熱潮，說明中國知識分子對於政治問題的關注已經到了一個高峰。曾經撰寫這一段時期的思想史的學者李洪林特別指出：「影片的解說詞，第一次通過公共媒體喊出了『中國知識分子始終依附於政治權力』，『沒能形成獨立的社會群體，並缺乏獨立的人格意識。』這種痛苦的聲音，表現了中國知識分子被壓抑了幾十年之後的覺醒，它應當說是延安整風以來，首次向中共貶抑知識分子的政策公開的挑戰41。」

一九八九年上半年，知識界還發動了幾次關於民主改革的聯名信，從聯署的名單上就可以看到，當時的知識界成功地完成了整合，這與一九九〇年代知識界出現巨大的分歧形成鮮明對照。例如在陳軍等人發起的要求中共對政治犯進行特赦的「二十三人聯名信」上簽名的，就有老中青三代知識分子的代表，如冰心、蕭乾、馮亦代、吳祖光、湯一介、張潔、宗璞、牛漢、邵燕祥、包遵信、芒克、王若水、北島、田壯壯、劉東、陳平原等。這樣的組合在中國知識分子一九四九年以後的歷史中是空前的。三月十四日，一批知識分子再次聯署，要求大赦政治犯，其中包括中青年知識界的骨幹力量，如戴晴、蘇煒、徐友漁、史鐵生、靳大成、柳鳴九、查建英、汪暉、嚴家其、張暖忻、鄭也夫、何懷宏、遠志明、黎鳴、李銀河等。

41　李洪林，《中國思想運動史（一九四九—一九九九）》（香港：天地圖書有限公司，一九九九），頁三八七。

3. 許良英：中國科學界民主運動的推手

八〇年代中國知識分子在推進思想解放和政治改革中發揮了積極作用，在全國性範圍內擁有巨大影響力的不在少數。限於篇幅，本書不可能一一列舉，就以科學界的許良英爲例。

一九二〇年五月三日出生在浙江臨海縣張家渡的許良英先生，在解放前是一位老資格的中共地下黨員。一九四二年他畢業於浙江大學物理系，其老師就是後來中國「兩彈一星」工程的主要功臣，著名核子物理學家王淦昌。在校期間，許先生加入了共產黨並從事學生運動。一九四七年先後出任中共浙江大學支部書記，杭州工委委員。一九四九年以後任中共杭州市青委學生部長[42]。當時也在杭州從事地下工作的原中共情報機關首腦喬石，曾經是與他平級的幹部，他在八〇年代積極參與自由化運動，八九年之後堅持發表反對派言論，當局儘管十分不滿，但是對他還是投鼠忌器。今年他九十大壽的時候，中國科學院黨委還專門送了祝壽的花籃。這都是因爲他的政治資歷深厚。

建國之後，許良英被調進北京工作。極爲缺乏自然科學領域人才的中共，當然希望能夠借重許良英先生的專業能力，爲中共在自然科學領域把關，一貫讓許先生到中科院負責出版物的政治審查和宣傳工作。但是許先生對於當官一貫沒有興趣，最後去中科院當了《科學通報》的編輯。一九五七年反右運動的時候，許先生發表了批評科學院黨政機構官僚作風的言論，自然難逃毛澤東的「陽謀」，成爲科學院全院批判的第一個「右派」，後來被定成「極右分子」，開除黨籍和

42 李衛平，〈許良英概評八九民運〉，香港：《開放》二〇〇六・六。

公職，下放到農村當農民進行勞動改造，這一去就是二十年。在人生的磨難中，許先生對於自己年輕時候的信仰發生了動搖並進行了反思，從一個共產主義的信仰者變成了民主思想的啓蒙者和傳播者。

粉碎「四人幫」之後，許良英再度調回北京，擔任中國科學院自然科學史研究所的研究員，長期從事科學史，物理學思想和科學哲學的研究，尤其是致力於愛因斯坦文集的編輯出版工作。其主持編譯的三卷《愛因斯坦文集》，被公認爲是迄今爲止最全面的愛因斯坦資料。在思想理論方面，他也進行了積極探索。傅國湧高度評價他在一九八○年爲中共中央書記處的科學技術知識講座第一講〈科學技術發展的簡況〉起草的講稿，認爲許良英在那篇講稿中「率先提出了科學和民主是現代社會賴以發展，現代國家賴以生存的內在動力的判斷[43]。」

而在談到自己的這個講話的思想來源的時候，許良英的自我剖析，反映了八○年代初中國對外開放，對他那一代知識分子產生的思想衝擊。他說：「六十多年前被列寧判定已處於『垂死』階段，以後又被毛澤東詛咒『一天天爛下去』的西方世界，不僅沒有死去，反而顯現出旺盛的生命力，甚至出現了不可思議的人間奇蹟：共產主義夢寐以求的消滅『三大差別』（工人與農民的差別，城市與鄉村的差別，體力勞動與腦力勞動的差別），竟在發達資本主義國家中初步實現，而我們這個『到處鶯歌燕舞』的極樂世界，卻只能在神話和謊言中討生活。這個富有諷刺意義的鮮明對照，使我充分認識到科學和民主是人類現代文明的兩大柱石。是現代社會賴以發展，現代國家

43 傅國湧、樊百華等，《脊梁：中國三代自由知識分子評傳》（香港：開放出版社，二○○一），頁六一。

賴以生存的內在動力[44]。」八〇年代初中國打開國門，對於思想解放運動的形成，起了關鍵的作用。中國的改革開放，我們過去多強調的是改革，尤其是體制改革本身，對於經濟這一層面轉型發揮的作用。但是開放帶給社會的影響，其實也是深刻的，尤其是在思想意識的形成方面。

在八〇年代風起雲湧的思想啓蒙運動中，許良英成爲科學界中最勇於發言的代表人物。他的主張，基本上圍繞著「科學」和「民主」兩個主題展開。

一九八〇年十月九日，在中國科學技術史學會的成立大會上，許良英做了題爲〈關於科學史研究的幾個問題的探討〉的長篇發言，在第一部分中，明確提出：「政治上的民主和學術上的自由，是科學繁榮的必要保證[45]。」在此基礎上，許良英還主張「實現現代化的最大思想障礙是封建遺毒，」「當前思想戰線的首要任務就是肅清封建遺毒[46]。」在整個八〇年代，思想文化領域中，民主派與體制力量的交鋒中，一個突出的主題就是「反對封建遺毒」的問題。許良英是比較早就提出這個命題的人之一。

在八〇年代的思想反思中，「民主」成爲「主旋律」，理論界關於「民主」的呼籲與闡釋鋪天蓋地，但是有兩個與民主息息相關的概念卻顯得相對被忽視。一個是「自由」，一個是「人權」。這反

44 許良英，〈序〉，《科學・民主・理性——許良英文集（一九七七—一九九九）》（香港：明鏡出版社，二〇〇一），頁一一。

45 許良英，〈試論科學和民主的社會功能〉，《科學・民主・理性——許良英文集（一九七七—一九九九）》（香港：明鏡出版社，二〇〇一），頁二七。

46 許良英，〈試論科學和民主的社會功能〉，《科學・民主・理性——許良英文集（一九七七—一九九九）》（香港：明鏡出版社，二〇〇一），頁三二。

映出那個時代的鮮明特色：急切擁抱普世價值，但是來不及對之進行深入的梳理和認識。在寫於一九八一年的《二十世紀科學技術簡史》的〈結束語〉中，許良英開始了他對「何爲民主」的探討，提出「在政治民主保證下的學術自由和思想自由，就是一種尊重少數，保護少數的寬容精神[47]。」這樣的思想認識，隱含了「人權」的概念，可惜在當時沒有引起足夠的重視，甚至作者本人也沒有進一步在這個方向上進行更多的展開。一直到了一九八六年，許良英對於「民主」的思考才開始推進到弘揚「自由」的價值上。一九八六年六月二十六日，他接受《光明日報》記者戴晴的採訪，題目開宗明義就是〈爲「自由」正名〉。在採訪中，他引用斯賓諾莎的話，肯定「政治的眞正目的是自由」並藉此公開否定「反對資產階級自由化」的提法。

而更加引起理論界關注的，是他對「民主集中制」的批判。民主集中制是社會主義政黨的組織原則，其核心是個人服從組織，下級服從上級，所有權力最終集中到最高領袖或寡頭統治集團手中。顯然，堅持民主集中制，就不可能有民主的發展空間。對此，許良英從引入阿羅的不可能性定理[48]入手，針對「少數服從多數」的原理提出新的解讀。他指出，少數服從多數的原則作爲權力集中的基礎，與民主制度中的「多數決定」是不同的兩回事，「無條件地要求少數服從多數，必然會無視少數

47　許良英，〈科學歷史的經驗和教訓〉，《科學・民主・理性——許良英文集（一九七七—一九九九）》（香港：明鏡出版社，二〇〇一），頁五八。

48　阿羅不可能性定理（Arrow's Impossibility Theorem），是指如果眾多的社會成員具有不同的偏好，而社會又有多種備選方案，那麼在民主的制度下，不可能得到令所有的人都滿意的結果。定理是由一九七二年度諾貝爾經濟學獎獲得者美國經濟學家肯尼思・J・阿羅提出。（百度：http://baike.baidu.com/view/626778.htm（二〇一〇・七・二四））

人的利益，甚至會剝奪他們生存的權利，這就造成了多數人的暴政，即暴民統治。」在這裡，我們看到了前述許良英論及「保護少數的寬容精神」的延續。從這樣的認識出發，許良英主張根本否定「民主集中制」：「『少數服從多數』是『多數決定』概念的畫蛇添足，是對後者的一種扭曲。同樣，也使人聯想起，『民主集中制』也是『民主制』概念的畫蛇添足[49]。」這樣尖銳的論點，即使是在各種自由化言論紛呈的八〇年代後期，也屬於相當離經叛道的，它在輿論上引起的轟動可想而知。當時各地的報刊摘要紛紛轉載，也可以看到那個時代思想的活躍，和知識分子對於主流意識型態的大膽挑戰。

最爲人津津樂道的事，就是在一九八六年，與方勵之、劉賓雁三人聯合發起「反右運動歷史學術討論會」，會議的聯繫地址就在他家。這是「第一次由私人發起主辦，涉及大量知名人士的非官方的自由討論會[50]。」這次討論會因爲獲得邀請的前著名右派分子錢偉長，向中共有關主管部門寫信告密而流產。後來方，劉二位在一九八七年的「反對資產階級自由化」運動中被開除黨籍，許先生找到中科院黨委「自首」，強硬表示「我也是當時的發起人之一，爲什麼不處理我？」竟大有對於自己沒有被處理而不滿之意，一時在北京知識界傳爲佳話。其實，當時還準備繼劉賓雁、王若望、方勵之之後

49 許良英，〈從一個譯名反思民主意識〉，許良英，《科學・民主・理性——許良英文集（一九七七—一九九九）》（香港：明鏡出版社，二〇〇一），頁一六八。

50 仲維光，〈呼籲民主自由的科學史家——許良英〉，博訊網：http://www.boxun.com/hero/zhongwg/9_1.shtml（二〇一〇・六・二）

再開除十個人的黨籍，那個名單上許良英排在第一名，但是後來不了了之[51]。

一九八八年底中國知識界思想活躍，流派紛呈，其中氣勢如虹的就是吳稼祥、蕭功秦等人提出的「新權威主義」。該派主張開明專制，因爲被認爲背後有趙紫陽系統的支持而炙手可熱。許先生公開反對這種觀點，認爲「實質上類似於一九一五年爲袁世凱稱帝做準備的籌安會」[52]，還曾經委託當時是北京大學歷史系一年級本科生的筆者，代表他去一九八九年二月在北京市委黨校召開的「新權威主義討論會」發表反對意見，形同「踢館」。一九八九年一月十二日，他在參加《國情研究》編輯部召開的「民主與權威」座談會上，系統陳述了他的觀點，指出「民主概念的性質類似於科學，不存在極端或者過分的問題。以反對極端民主爲藉口，對民主做種種限制，實際上是取消民主[53]。」許先生的意見代表的是「理論務虛派」的主張，該派的于浩成、蘇紹智等都公開表達了與他類似的意見，與中青年的學者形成一場論戰[54]。

一九八八年十一月十日，北京幾家民間學術機構聯合召開「全國首屆現代化理論研討會」，各個思想流派的代表人物幾乎都有出席。會上，許先生發表了〈駁民主緩行論〉一文，針對有人提出中國經濟落後，文化水平低，缺乏民主傳統，因此實行民主容易導致動亂等觀點逐一進行批駁，並再次提

51 許良英，〈當代中國大災難的開端：反右運動——紀念反右運動五十周年〉，紐約：《北京之春》二〇〇七・八。

52 許良英，〈爲王丹辯護〉，《科學・民主・理性——許良英文集（一九七七—一九九九）》（香港：明鏡出版社，二〇〇一），頁三三四。

53 許良英，〈中國的反民主逆流〉，香港：《九十年代》一九八九・五。

54 關於新權威主義論戰，筆者將另闢專章說明。

出要「摒棄民主集中制」。這篇文章在思想界引起比較大的回響。

作爲一個科學史學家，許良英先生念茲在茲的是民主理論的推廣與實踐。從這個意義上講，如果說「五四精神」的主軸是科學與民主的話，許先生可以說是「五四精神」的身體力行者了。更加難能可貴的是，與其他啓蒙派知識分子不同的是，作爲當年的地下組織負責人，許先生具有政治活動的組織能力和對政治形勢的清晰判斷。在八〇年代末期的自由化浪潮中，他因爲發起組織了一次簽名活動，而成爲科學界民主運動的推手。

一九八九年學潮爆發之前，知識界連續三波發起聯名信，要求當局加快民主化進程。其中，陳軍等發起的二十二人聯名信，因爲被當局點名批評而最爲外界知曉，但是其實另一封聯名信對當局的觸動更大，證據就是當時的統戰部部長閻明復專門找了發起人談話，聽取他們的意見。這在之前的異議知識分子聯名上書的歷史中是少見的，在以後更是絕無僅有了。這封信，就是許良英先生策動，由他和施雅風先生共同發起，於一九八九年三月六日公開發表的〈呼籲政治民主化的聯名信〉。

這封信甫一發表就引起轟動，是因爲在參加聯署的二人中，有二十七名科學家，而第一和第二名的領銜人，分別是在物理學界德高望重，輩分極高的中國科學院學部委員，中國科技大學教授錢昌照和中國科學院學部委員，中國原子能科學研究院名譽院長王淦昌。在過去十年的自由化風潮中，風雲一時的知識界代表人物，大多出身人文學科，科學家集體發聲可說是空前絕後的。錢昌照曾經擔任第五，六屆全國政協副主席，屬於「黨和國家領導人」的級別；王淦昌是中國發展「兩彈一星」的功臣，一九八六年曾經上書鄧小平，促成了發展中國高新技術的「八六三計畫」的制定，可見其地位與影響。在他們的領銜下，僅僅中國科學院就有二十一人參與聯署，包括很多國內知名的科學家，如中國科學院學部委員、中科院蘭州冰川凍土所研究員施雅風、全國人大常委、中國科學院學部委員、中國科學院大氣物理所研究員葉篤正、中國科學院生物學部研究院過興先、全國政協委員、中國科學院學部委員、中科院古脊椎動物古人類研究所研究員周明鎮、全國政協常委、中國科學院學部委員、中科院感光化學研究所研究員蔣麗金、中國科學院學部委員、中科院軟件所研究員胡世華、浙江大學物理系教授汪容等。簽名者中還包括社會科學界的著名人士，比如中國社會科學研究院美國研究所研究員茅於軾、北京大學經濟學系教授嚴任庚、全國政協委員、中國戲劇家協會副主席吳祖光、中國社會科學院歷史所副研究員包遵信、中國社會科學院馬列所研究員張顯揚、中國法制與社會發展研究所所長于浩成、福建社會科學院研究員李洪林、作家邵燕祥、中國政法大學教授杜汝楫、中國社會科學院哲學所研究員梁志學、國家環境保護局科技司司長張崇華等。這樣的陣容亮相，令外界耳目一新。而能夠有足夠的號召力和活動能力，聯絡到這樣的陣容的，環顧國內，非許良英先生莫屬。

根據許良英先生自己的回憶，這封信是因爲他和施雅風看到年初方勵之致鄧小平的公開信後，決定起而相應的產物。信的內容由許良英起草，而四十二人中，絕大多數都是許先生一個人，在心臟病時常發作的情況下，用幾乎一天一個人的速度，在一個月的時間內完成聯署工作的，用他自己的話說，「每個人都要談話一兩個小時[55]。」這個工作量是可想而知的。簽名者大多是許良英先生多年以來就有聯繫的朋友。其中葉篤正、過興先、薛禹谷等是許良英的大學老同學；中科院院士周明鎮更是

55　許良英，〈呼籲政治民主化的聯名信〉（題記），《科學．民主．理性——許良英文集（一九七七—一九九九）》（香港：明鏡出版社，二〇〇一），頁二〇一。

許良英同樓的鄰居。因此，說許良英是這次聯名信的主要推手，甚至是科學界關心民主化進程的主要推手，是不爲過的。

這封信在指出「改革在前進中遇到嚴重的障礙」後，針對當前局勢提出四項建言：「一、在堅持開放改革的前提下，盡力使政治體制改革(即)政治民主化同經濟體制改革同步進行；二、政治民主化的首要條件，是切實保證憲法所規定的公民基本權利，特別是保證公民的言論自由，出版自由和新聞自由的權利；三、防止由於發表不同政治見解的言論和文字而治罪的歷史悲劇重新出現；四、對不能產生經濟效益，但卻決定國家未來命運的數學和科學事業，應予以必要支持。」這不僅是許良英先生個人政治主張的凝聚，也代表了當時知識界對於政治民主化的主流看法。

這封後來被稱爲「四十二人聯名信」的呼籲書發表以後，境外媒體熱烈報導，掀起了國內要求民主化運動的一個新的高潮。由於簽名者中不乏知名科學家和黨員，也引起了當局重視。三月十八日當時的統戰部長閻明復，專門找了許良英夫婦和施雅風，進行了長達四個小時的談話。許良英還當即提交了一份一九七七年以來因言論被治罪的十六人名單。這算是這封聯名信的一個尾聲吧。

二〇〇一年，在國內被剝奪了言論權的許良英，在香港的明鏡出版社出版了他目前爲止唯一的一本言論集，名爲《科學・理性・民主》。在這本書所寫的序言中，他回顧了自己八〇年代的心路歷程：

「當時我依然自命爲馬克思主義者。雖然已認識到馬克思主義的許多論點已經過時，或者本來就是錯誤的，但以爲經過必要的修補和改造後，馬克思主義還會有生命的。可是事與願違。承襲毛澤東衣缽的鄧小平，從一九八一年開始，每隔一年發動一次『反對資產階級自由化』或『清除精神污染』

運動。一九八七年，主張寬容的總書記胡耀邦以反自由化不力的罪名遭罷黜，使我心中僅存的對共產黨的一線希望，和對馬克思主義的一點殘餘信念徹底破滅了。一九八八年十一月在全國現代化理論研討會上，我第一次公開提出，馬克思的最大歷史錯誤是主張專政，反對民主，並認爲整個人類的歷史是階級鬥爭的歷史，這導致史達林和毛澤東的暴政，也導致中國五四民主啓蒙運動在五四後一年就夭折了。中國要實現現代化，必須回到五四，開展民主啓蒙運動[56]。」

這段回顧值得研究八〇年代知識分子思潮的人再三玩味。因爲這不僅僅是許良英個人的反思，更是年輕時候曾經信仰過社會主義的知識分子反思的代表，也折射出了八〇年代的一幅思想和政治畫面。

56　許良英，《科學・民主・理性——許良英文集（一九七七—一九九九）》（香港：明鏡出版社，二〇〇一），頁一一一一二。

第十二講
六四事件

一、為什麼會發生一九八九年的民主運動

有四個因素導致了一九八九年民主運動的發生：

第一，中國的經濟改革從一九七八年左右開始，到了八〇年代末期已經十年。從一九八四年到一九八八年，中國國民生產總值年均增長速度達到百分之十五．二，百分之十三．五，百分之八．八，百分之十一．六和百分之十一．三。儘管經濟改革取得了很大的成績，當時改革存在的問題也開始呈現出來。這個問題就是，因爲中共啓動改革的基本路徑就是所謂「讓一部分人先富起來」，它的優點就是可以擺脫舊體制的束縛，快速激發社會潛藏的自主生產力；而缺點就是人爲地拉開了社會不同階層的差距，並導致嚴重的社會不公現象。這種負面因素今天看得就更清楚了，在當時，其表現形式，就是爲人民所詬病的「官倒」現象，也就是腐敗現象。這些負面因素使得人民的不滿開始積聚，社會

動盪的群體心理基礎已經具備。

第二，一九八八年五月三十日，中央政治局召開擴大會議，決定進行價格改革和工資改革的「闖關」。這個改革沒有成功，還引發了高通貨膨脹。一九八八年上半年的物價上漲率是百分之十二·六（上一年是百分之七），八月份達到了百分之二十三·二，九月份是百分之二十五·四，十月份是百分之二十七·一，這一年達到了歷史最高水準百分之十八·五[1]。八月底，在部分城市出現了搶購風潮。隨後，黨內關於改革的意見就出現明顯的分歧。李鵬擔任總理之後，在一九八八年九月中共十三屆三中全會上提出「治理經濟環境，整頓經濟秩序，全面深化改革」的政策調整，把「治理整頓」放在「深化改革」的前面，使得這種分歧公開化。當時以趙紫陽爲代表的改革派，在鄧小平的支持下，主張在深化改革中解決改革出現的問題，力主繼續推進改革；而以李鵬爲代表的保守派，在陳雲的支持下，主張暫時停止改革的深化，而進行治理整頓，實際上就是修正趙紫陽的改革路線，削弱他的權威。這種保守勢力的回潮，使得廣大知識分子和大學生非常擔心，例如嚴家其和溫元凱在一九八九年初的對話中就提出「改革不能停滯」的命題，並在社會上引起很大反響。因此，當時社會上有一種擔憂，這種擔憂成了很多人參加民主運動的動因之一。

第三，從粉碎四人幫開始，從黨內到社會上都有強烈的反思，認爲文革的災難的根源，在於中國的一黨專政的政治制度，要求解放思想，推進民主化，進行政治改革的呼聲一直沒有中斷過，幾乎成爲整個八〇年代的最強音。

---

1 小島朋之著，翁家慧譯，《「中國」現代史》（台北：五南出版公司，二〇〇一），頁六一。

當時與此同時，要求民主的願望也歷經挫折，從提出「四項基本原則」到清除精神污染，再到「反對資產階級自由化」，黨內的保守派反覆阻撓人民對於政治改革的期盼，所謂的政治體制改革，基本上淪爲行政管理體制的變革，包括機構調整，提高工作效率，幹部年輕化爲中心的人事制度改革等等，這與人民的期待相差很遠，使得積蓄十年的要求民主的願望已經到了噴發的邊緣，社會對於政治改革的期待已經到了臨界點。

一九八六年年底各地進行人民代表選舉，民間要求政治參與的聲浪高漲。十二月初，安徽合肥的中國科技大學校園內有人張貼大字報〈致科大選民的一封信〉，信中說「人民代表大會是少數人的橡皮圖章」，號召人民「爲眞正的民主而鬥爭」。四日晚上，科技大學副校長方勵之在校內演講，提出「民主不是從上而下賜予的，而是靠自己爭取的。」科大學生第二天就在合肥市舉行了示威遊行。這波學潮迅速蔓延到上海和北京，震動了全國，也進一步顯示出人民對於民主政治的熱情正在逐漸積聚。但是這樣的訴求再次遭到當局的打擊。十二月三十日，鄧小平召集胡耀邦、趙紫陽、萬里、胡啓立、李鵬、何東昌等，就學生運動發表講話，提出：「對專政手段，不但要講，而且必要時要使用。」隨後，胡耀邦被迫下台，當局發動「反對資產階級自由化運動」，方勵之、王若望、劉賓雁被開除黨籍。這在某種程度上加深了民間對民主的渴望，與黨內保守派的頑固立場之間的對立。中國民間對民主的期待不但沒有被打壓下去，反而更加強烈。

一九八八年上半年開始，以上海的《世界經濟導報》爲中心，知識界發起了關於「球籍」危機的討論，提出只要不進一步深化改革，中國就會被開除球籍，對此全體國民要有危機意識，而這種期待的直接表現，正是一九八九年民主運動迅速得到社會各界支持最主要的原因。

第四，如果說，以上的三個原因都是歷史發展的必然軌跡的話，那麼，第四個原因就純粹是歷史的偶然因素了，那就是胡耀邦的突然去世。儘管社會都有預感到一九八九年會出事情，但是事情出在四月，則完全是因爲胡耀邦的去世導致的。胡耀邦在知識分子心目中一直形象良好，他一九八七年含冤下台，主要原因是沒有積極執行壓制學生運動的政策，這也使得在校的大學生對他也心存同情。因此，他的逝世就具有強烈的象徵意義，象徵人民對黨內改革派的期待，以及對保守派的不滿。這些期待和不滿就借助胡耀邦逝世，悼念胡耀邦的機會抒發出來，於是，一九八九年民主運動就發生了。

總之，改革自身存在的問題導致人民不滿，黨內保守派的動作引發精英階層的擔憂，人民對民主的長久嚮往，以及胡耀邦的逝世，成了發生這場運動的主要原因。

二、八九民運的發展經過

1. 胡耀邦逝世，學潮爆發

四月十五日，中共中央政治局委員，前中共中央總書記胡耀邦，因突發大面積急性心肌梗塞，於早上七時五十三分病逝於北京醫院。下午十三時三十分起，北京大學等校開始出現悼念胡耀邦的大小字報，其中有：「耀邦已死，左派又榮，提醒國人，勿忘抗爭」等。並有對聯說：「小平八十四健在，耀邦七十三先死，問政壇沉浮，何無保命；民主七十未全，中華四十不興，看天下興衰，北大亦哀。」

四月十七日，中國政法大學約六百餘名研究生，青年教師抬著自製花圈，放著哀樂，遊行至天安門廣場。事後，約有六十餘人到胡耀邦家中慰問。下午三時，北大歷史系學生王丹在校內募捐五百三十元買了花圈，組織四十餘人送至天安門廣場，並到胡耀邦家悼念。二十四時起，北大、北師大、北航、政法、清華等北京高校約六千名學生從各校出發，會集並遊行至天安門廣場，向胡耀邦送花圈，並與數萬群衆開始靜坐，並在紀念碑下提出了包括正確評價胡耀邦、懲辦官倒等內容的「七條」要求[2]。當時剛從北大研究生會會長任內卸職的北大法律系博士生李進進，回憶了十七日晚上北大學生集會遊行的過程：

「四月十七日晚飯後，我與其他幾位博士生在我的房間裡閒談，突然聽到一陣一陣的嘈雜聲。是什麼聲音？原來是來自學生宿舍的敲碗聲。這聲音把我們不由自主地吸引到北大二十八號樓前。強烈的敲碗聲夾雜著『遊行去』的喊叫聲，讓人感到震撼。這聲音大約持續了一個多小時。是這樣原始的聲音將上千人聚集到北大三角地，個個熱血沸騰，情緒激昂。在學生們還不知道下一步要如何做的時候，突然從二十八樓樓上降下一個巨幅輓聯：『中國魂——部分北大校友暨師生敬輓』。幾位學生將這幅輓聯托起，並引導學生們繞校園而行。北大的學生們托著輓聯在各個學生樓前轉，目的在號召更

2　這「七條」要求是：一、公正評價胡耀邦的政績，肯定民主自由的寬鬆的政治環境；二、徹底否定「清除精神污染」與「反自由化」運動，並爲這次運動中蒙受不白之冤的人平反；三、要求黨和國家領導人及其子女向全國人民公布其財產狀況；四、允許民辦報紙，開放報禁，制定新聞法；五、增加教育經費，提高知識分子的待遇；六、取消北京人大常委會違反憲法而制定的限制遊行的「十條」；七、對此次活動作出公開的報導，見諸黨政機關報。

多的學生參加遊行。愈來愈多的學生聚集在這幅輓聯的周圍，跟隨它，走出校園，走向大街，一直走向天安門[3]。」

四月十八日清晨，大會堂前的靜坐結束，轉移到新華門前。七時三十分，王丹傳達了李淑嫻「一要堅持，二要把請願書遞交人大常委。」的意見。李淑嫻則在北大貼出題爲「天安門前傳來的電話」的大字報，「希望學生去聲援」。八時，中共中央，國務院辦公廳信訪局的負責同志邀請王丹、郭海峰等學生代表進入人民大會堂，並接受了請願書。王丹從人民大會堂出來後表示：這次對話不能令人滿意，要求全國人大常委以上的官員出來接見。當天晚上廣場上的學生，群衆二千餘人向新華門聚集，要求與李鵬對話，並以「七條」作爲請願要求。周勇軍、吾爾開希等發表演講。

四月十九日凌晨，中共中央政治局常委喬石召集國務院辦公廳、公安部、中宣部、中辦警衛局、中共北京市委、北京市政府、北京市公安局等單位開會，決定以北京市政府的名義發布通告，迅速整頓新華門前的秩序，並要求北京市公安局迅速調集力量執行。到清晨四點三十分，新華門前的學生被驅散。

晚上二十二時許，北京大學的王丹等在校內三角地，召集約上千餘名學生參加「第十六期民主沙龍」，討論建立「團結學生會」問題。會上通過了三點決議：(一)拒絕承認現在這屆學生會，研究生會；(二)成立北大籌委會。由當場集會的同學授權，籌委會負責主持北大同學選舉大家信任的新的學

3 李進進，〈我在一九八九年經歷的兩個歷史事件〉，陳子華等著，《浴火重生：天安門黑手備忘錄》（香港：明鏡出版社，二〇〇四），頁二〇六。

生組織，並負責倡導成立北京市高校統一的學生領導組織或聯絡組織。新學生組織在近期內選舉，在新的學生領導機構成立之前，北大的學生運動由籌委會統一組織，公開領導；(三)中國應當盡快辦起人民自己的，民主的，公正的報紙。北大學生立即辦起自己相應的報紙，任何政黨，政府，組織及個人不得干涉[4]。第一批籌委會成員包括丁小平、楊濤、王丹、楊丹濤、熊炎、封從德和常勁。同時，清華大學數百餘名學生也在校內聚會，然後來到北大與北大學生會集在圖書館東門廣場，討論學生運動應當如何進行。與此同時，上海、西安、合肥等地均有千名學生上街遊行。其中，安徽大學三百餘名學生遊行至省政府前呼喊「要民主，要自由」等口號。

四月二十一日，北大、人大等校貼出由包遵信、北島、蘇曉康等四十七名作家學者簽名的〈致黨中央，國務院，人大常委會的公開信〉，提出：「學生在悼念活動中提出的要求有：一，繼承耀邦遺志，加快中國民主化進程和政治體制改革；二，採取切實有力的措施，清除各級權力機關中日趨嚴重的腐敗現象，解決嚴重的社會不公問題；三，切實解決當前各級政府普遍存在的軟弱低效狀態，實行從中央到地方的各級政府的目標責任制，不能以集體負責等任何藉口推卸個人責任；四，實行憲法規定的言論自由，新聞自由，出版自由，確保大眾傳播媒介的輿論監督功能。」公開信稱「我們認爲，學生的上述要求是積極的，具建設性的，對於解決中國目前面臨的困境，收拾民心，共度難關，是一些根本性的良策。」等等。

4　〈北大籌委會公告〉（一九八九年四月二十日），香港中文大學學生會編輯，《八九中國民運資料冊》（香港：香港中文大學學生會出版，一九九〇），頁一三—一四。

二十時前後，北京近二十所高校四萬餘名學生舉著旗幟、標語，呼喊「打倒官僚」、「打倒腐敗」等口號，先後走出校門。二十四時許，遊行隊伍到達天安門廣場外。此時，廣場約有萬餘名學生，加上圍觀群衆有十萬人。

四月二十二日上午十時起，胡耀邦追悼會在人民大會堂舉行。有關當局與廣場上四萬名學生達成協定，同意他們逗留在廣場上參加追悼會。郭海峰、張智勇、周勇軍等三名學生代表走過士兵封鎖線，走上大會堂台階，在台階頂上跪交請願書，但無人出來接受。追悼會後，由二十一所北京高校代表發起成立了「北京市高等院校學生自治聯合會」，即後來有名的「高自聯」。

這個階段的運動，以「悼念胡耀邦」為主要訴求。

2.「四二六社論」激化了學生情緒

四月二十三日晚上，劉剛召集二十九所高校的三十五名代表在圓明園南門開會，籌備成立北京高校學生自治聯合會。並確立運動的目標是：推動中國的政治體制改革，保證憲法賦予公民的權利和自由，保障經濟體制改革的順利進行。會議中，北大、清華、師大、人大、政法、民族學院以及八個藝術院校的聯合代表，被提議當選爲常委院校，政法大學爲主席院校。周勇軍代表政法大學成爲主席。「高自聯」正式成立。

四月二十五日晚上，新成立的「高自聯」在政法大學開會，有幾十所學校的代表參加。會議開到一半，有人播放了中央人民廣播電台播出的次日的《人民日報》社論，即〈四二六社論〉。社論的調子完全是文革的語言，給學生運動定性爲「這是一場有計畫的陰謀，是一次動亂，其實質是要從根本上否定中國共產黨的領導，否定社會主義制度。」並危言聳聽地說「如果對這次運動姑息縱容，聽之任之，將會出現嚴重的混亂局面……一個很有希望、很有前途的中國，將變爲一個動亂不安的、沒有前途的中國[5]。」這篇社論，完全把學生放到了政府的對立面。現場立刻群情激憤。各校代表當場討論決定，爲了抗議社論，要發起大遊行。

「四二六社論」是整個事件的一個關鍵點。二十五日以前，事態完全沒有失控，在這種情況下，發表這樣一篇措辭極爲嚴厲蠻橫的社論，激怒學生的用心十分明顯。這個時候趙紫陽不在國內，主持社論起草和發表工作的是李鵬。這是李鵬故意激怒鄧小平，然後借鄧小平之口炮製這個社論，使得事態發展更加惡化，從而製造學生與政府之間的對立，最終的目的，是給趙紫陽出難題，以便拉他下台。四二六社論後來成爲整個運動的焦點，學生絕食，提出的兩個要求之一，就是修改這個社論，肯定學生運動的愛國性質。可見，這個社論的影響有多大。後來趙紫陽回國，批評了這個社論的基調，這是鄧小平對趙紫陽開始不滿的關鍵，因爲這個社論根據的是鄧小平內部的一個講話。李鵬這一招可謂「一箭雙鵰」。

鄧小平二十五日的講話，開始在各基層單位進行傳達，鄧小平說：「我們不怕罵娘，我們不怕國際輿論。我們不願流血，但我們不怕流血，我們還有三百萬軍隊。」他還提出：「哪怕打死二十萬人，也要控制住局勢，贏得二十年的寧靜[6]。」

5 《必須旗幟鮮明地反對動亂》（原載一九八九年四月二十六日《人民日報》），林蘊暉主編，《人民共和國春秋實錄》（北京：人民大學出版社，一九九二），頁一四一四。

6 周良霄、顧菊英編著，《忘卻的紀念——八九民運紀實》（香港：新大陸出版社，二〇〇九），頁六一。

四月二十七日，北京五十四所高校約十萬名學生，在百萬名市民支持下遊行到天安門廣場，表達對〈四二六社論〉的抗議，並要求推行民主化。首都新聞界第一次參加了遊行活動。同日，四月二十七日，上海市委決定停止欽本立的《世界經濟導報》總編輯的職務，並派整頓領導小組進駐報社。事情的發生，主要是因爲該報北京辦事處舉辦了一場紀念胡耀邦的座談會，並作了幾個版的會議發言紀錄整理。上海市委認爲座談會內容「有些如公開發表，對穩定當前局勢十分不利，將會造成思想混亂，影響安定團結[7]。」因此要欽本立停止發行這一期報紙，但是欽本立拒絕執行。

四月二十八日晚，北大、清華、北師大等二十多所院校的三十餘名學生代表在政法大學開會，做出以下決議：(一)各高校不與政府單獨對話，對話必須以「高自聯」的名義進行，時間、地點、政府出面人員均須得到學生認可；(二)專業性的藝術院校，外語學院可明天復課，其他院校繼續罷課至五四；(三)撤銷周勇軍的「高自聯」主席職務，由師大代表吾爾開希擔任，以後原則上七天換屆一次；(四)二十九日「高自聯」在師大繼續開會，商討與政府對話內容；(五)是否要遊行，將視政府態度而定；(六)爭取「高自聯」的合法地位[8]。

四月二十九日，受國務院和李鵬總理的委託，國務院發言人袁木和國家教委副主任何東昌、北京市委秘書長袁立本、北京市副市長陸宇澄等，在團中央同北京十六所高校的四十五名學生進行對話。

7 〈市委決定整頓世界經濟導報〉（原載一九八九年四月二十七日《文匯報》），林蘊暉主編，《人民共和國春秋實錄》（北京：人民大學出版社，一九九二），頁一四一六。

8 周良霄、顧菊英編著，《忘卻的紀念——八九民運紀實》（香港：新大陸出版社，二〇〇九），頁八六—八七。

但是由於代表的挑選是由官方的全國學聯和北京市學聯進行的，學生代表的合法性受到質疑。在會談中，學生代表提出了一些爲社會所廣泛關注的問題，如官倒、教育經費、對胡耀邦的評價、新聞自由、四月二十日警察毆打學生事件，學生運動的性質等等。

五月一日，高自聯通過了一份請願書，準備次日遞交，提出對話的條件：一、代表要學生公認，不承認原來的學生會，研究生會的代表；二、政府代表應當是副委員長、副總理、政治局常委以上的幹部；三、必須有中外記者現場採訪，中央電視台、中央人民廣播電台同時轉播；四、時間，地點在政府和學生代表之間協商；五、必須在第二天的各大報紙刊登對話的結果，公布下次對話的時間，地點。請願書要求中央，國務院在五月三日中午十二點以前給予答覆，否則保留五月四日遊行示威的權利。這份請願書被當局明確拒絕。

五月四日，來自六十多所高校，超過十五萬名北京大學生走上街頭要求民主。高自聯發表〈新「五四」宣言〉，提出「我們目前的任務，首先，在學運的發祥地——校園率先實行民主改革，使校園生活民主化，制度化。第二，堅持要求與政府對話，促進政府的民主政治制度改革，反對貪污腐化，促進新聞立法。」宣言指出：「這一次學運的目的只有一個，即高舉民主科學大旗，把人民從封建思想束縛中解放出來，促進自由，人權，法制建設。」宣言最後呼籲：「讓我們的吶喊喚醒年輕的共和國9！」

9　〈新「五四」宣言〉，香港中文大學學生會編輯，《八九中國民運資料冊》（香港：香港中文大學學生會出版，一九九〇），頁一一七。

下午，中共中央總書記趙紫陽，在會見出席亞洲開發銀行第二十二屆年會的代表時發表講話，指出：「遊行隊伍中的絕大多數學生對共產黨和政府的基本態度：又滿意，又不滿意。他們絕對不是要反對我們的根本制度，而是要求我們把工作中的弊病改掉。」「中國不會出現大的動亂，我對此具有充分的信心。」他提出「現在需要的是冷靜、理智、克制、秩序，在民主與法制的軌道上「解決當前的問題」」。

這個階段，學生運動採取的主要方式是上街遊行，並成功地激發了社會各界對民主化主張的熱情。

3. 絕食

儘管「高自聯」在「五四」遊行之後提出全面復課的主張，但是作爲學運中心的北京大學的學生主張繼續罷課，以期取得眞正的成果。爲此，北大籌委會在五月六日就是否繼續罷課，以全校的宿舍爲單位進行了民意調查，結果一千四百七十六個宿舍的投票結果，贊成繼續罷課的九百九十二票，占百分之六十七．二，主張復課的三百五十四票，占百分之二十四；棄權的一百三十票，占百分之八．八。在這種情況下，北京大學籌委會宣布，五月七日起繼續進行有條件罷課[10]。同時，北師大自治會也通過了繼續罷課的決議。

10 〈北大籌委會89050701號公告〉，香港中文大學學生會編輯，《八九中國民運資料冊》（香港：香港中文大學學生會出版，一九九〇），頁一五二。

五月九日，趙紫陽在參加當代社會主義研究問題座談會的時候，提出中國要「過民主關」的主張，他說：「政治體制改革已經落後於經濟改革，這就制約了中國的發展。必須加快步伐，要準備過民主關。」他特別指出：「在中國，民主、自由、人權、群眾參政、權力制約和廉政建設等方面，存在問題很多，都需要加以解決。要用建立民主政治的方法來解決這些問題，而不能採取鎮壓的辦法11。」

五月十一日上午，王丹、吾爾開希、馬少方、程眞、王文、楊朝暉等討論後，決定在十三日發起絕食。

五月十三日，上千名學生到達天安門廣場，開始絕食。〈絕食宣言〉表示，絕食的原因是「第一，抗議政府對北京學生罷課採取的麻木冷淡態度；第二，抗議政府拖延與北京高校對話代表團的對話；第三，抗議政府一直對這次學生民主愛國運動冠以動亂的帽子及一系列歪曲報導。」絕食的要求是「第一，要求政府迅速與北京高校對話代表團進行實質性的，具體的眞正平等的對話；第二，要求政府爲這次學生運動正名，並給予公正評價，肯定這是一場愛國民主的學生運動。」深夜十一點，信訪局派車把對話代表接去中央統戰部，部長閻明復與代表座談對話的事情。知識界代表王軍濤、陳小平、周舵等被邀請在政府和學生之間斡旋。由高自聯、對話團和絕食同學代表一起參加。雙方商談對話的地點，可選在學校或政府的辦公點或其他地方。學生要求一定要電視現場直播，以防事後報紙的歪曲或電視的隨意剪接。北大代表提出約二百人的對話團建議，雙方在這裡產生了很大的分歧，沒有

11　周良霄、顧菊英編著，《忘卻的紀念——八九民運紀實》（香港：新大陸出版社，二〇〇九），頁一一五—一一六。

達成最後結果。

在北京，絕食學生發表的一份〈絕食書〉打動了無數民眾的心。這份發表給全國人民的公開信是這樣開頭的：「在這個陽光燦爛的五月裡，我們絕食了，在這最美好的青春時刻，我們卻不得不把一切生之美好絕然地留在身後了，但我們是多麼的不情願，多麼的不甘心啊！」〈絕食書〉說：「民主是人生最崇高的生存情感，自由是人與生俱來的天賦人權，但這卻需要我們用年輕的生命去換取，這難道是中華民族的自豪嗎？我們以死的氣概，爲了生而戰！」「如果一個人的死或一些人的死，能夠使更多的人活得更好，能夠使祖國繁榮昌盛，我們就沒有權利去偷生。」〈絕食書〉的最後表示：「別了，人民！請允許我們以這樣不得已的方式表忠。我們用生命寫成的誓言，必將晴朗共和國的天空[12]！」這篇動人的文字，激起了社會上對學生廣泛的同情和支持。

五月十四日晚，十二位著名學者：戴晴、劉再復、李澤厚、嚴家其、包遵信、李洪林、于浩成、蘇曉康、溫元凱、蘇煒、李拓、麥天樞等來廣場發表〈我們對今天局勢的緊急呼籲〉，要求中央主要負責人發表公開講話，宣布學運是愛國民主運動，承認學生自治組織，並勸學生一定要掌握好策略，說要向黨和政府的最高層傳話。這一呼籲在五月十五日的《光明日報》上刊登。

五月十五日，三萬名知識分子打著「中國知識分子」的橫幅前往天安門廣場。隊伍以北京大學、清華大學教師爲前導，還包括中國科學院的一些研究所、中國社會科學院、北京師範大學、中國政法

---

12 〈絕食書〉，香港中文大學學生會編輯，《八九中國民運資料冊》（香港：香港中文大學學生會出版，一九九〇），頁五三二—五三三。

大學、作家出版社等六十多個單位。

五月十六日下午五點四十分，閻明復在學生領袖王丹、吾爾開希等陪同下，來到廣場對絕食學生講話並致慰問，他說：「你們沒有權利這樣自我摧殘。未來是你們的，改革要你們進行下去，你們沒有權利這樣用自己的生命來換取你們的要求的達到。爲了祖國，爲了促進改革，促進民主，你們要愛惜自己，你們沒有權利傷害自己。」「你們要愛護自己，等待正義的裁判的這一天就要到來了。我請求你們，我可以和你們一起靜坐，請求你們能夠愛惜自己，要爲國家保存我們這些力量，保存你們自己。不是爲了你們自己，甚至不是爲了你們的家長，而是爲了我們的國家。你們的精神已經感動了全國，贏得了民心、黨心。你們以自己英勇的行爲證明了你們的決心。我相信，包括我們中共中央，包括人大常委會，一定會很快對整個局勢作出全面、公正的判斷。希望同學們在這幾天內，不要用自己的生命作爲代價。我希望同學們，特別是在廣場絕食的同學們，能夠到醫院去，能夠回到學校去。如果同學們對我講的話不相信的話，我願意做你們的人質，與你們一起回到學校去。」他講話時動了感情，聲音哽咽。隨後，王丹、吾爾開希等發表講話，呼籲廣場學生接受閻明復的請求。閻明復到廣場勸說後，「首都高校學生絕食請願團」、「首都高校學生對話代表團」和「首都高校學生自治聯合會」三方召開緊急會議。經一個小時的激烈爭論，「對話團」和「市高聯」代表同意「再給政府一點時間」撤出廣場，並在協議書上簽了字。「絕食團」代表拿出絕食學生民意測驗結果——二六九九名絕食同學反對撤出，占百分之九十五；五十四人同意撤出。於是，「對話團」和「市高聯」的代表服從絕食同學意願，撤出天安門廣場的「議案」被否決。

這一天上午，鄧小平會見戈氏時講：「今晚你還要同中共中央總書記趙紫陽見面，這將標誌著中蘇兩黨關係實現正常化。」晚上，趙紫陽對戈氏講：「你今天上午同鄧小平同志的高級會晤是你中國之行的高潮，我想這樣說，你同他實行了高級會晤，就意味著我們兩黨關係的恢復，我們兩黨關係實現了正常化。所以，我們兩黨實現正常化不是現在，而是上午。」接著趙紫陽又講：「十三屆一中全會有一個正式決定，就是遇到最重要的問題，仍需要鄧小平掌舵。」

同一天，十位大學校長[13]聯名發表公開信，要求「黨和政府的主要負責人盡快與同學們直接見面和對話」。

五月十七日，嚴家其，包遵信領銜發表中國知識界五一七聲明，提出「清王朝已經滅亡七十六年了，但是，中國還有一位沒有皇帝頭銜的皇帝，一位年邁昏庸的獨裁者。」把矛頭直接指向鄧小平。聲明表示「由於獨裁者掌握了無限權力，政府喪失了自己的責任，喪失了人性。」提出「老人政治必須結束，獨裁者必須辭職。」北大中文系副教授曹文軒、溫儒敏帶領博士生董洪利、碩士生楊榮祥共四名中共黨員，發表致中共中央的公開信，提出「鄧(小平)既然不是黨中央主席，卻可以直接向全黨發號施令，這是對黨內民主的蔑視與破壞，是家長制與獨裁的表現。」他們呼籲「真正有黨性與良知的共產黨員都要站起來，支持抵制獨裁，挽救我們的國家與民族[14]。」

同時在北京，繼續有上百萬各界民眾上街遊行，支持學生的要求。官方媒體在主管意識型態工作

---

13 他們是：北師大校長方福康，清華大學校長張孝文，北大副校長陳佳洱，北方交通大學校長萬明坤，北京外國語學院院長王福祥，中國人民大學副校長黃達，北京航空航太大學校長沈士團，中國政法大學校長江平，北京科技大學校長王潤以及北京農業大學校長石元春。

14 周良霄、顧菊英編著，《忘卻的紀念——八九民運紀實》(香港：新大陸出版社，二〇〇九)，頁一七六。

的胡啓立的支持下，打破禁忌，大幅報導學運的情況。根據中新社和新華社的報導：「首次大量出現在街頭的工人聲援隊伍今天引人注目。他們來自首都鋼鐵公司，北京內燃機總廠，北京起重機械廠，國營七九八廠等數十家企業。工人們打的橫幅上寫著：『學生工人同根生，學生絕食我心痛。』今天，中共中央組織部、中共中央統戰部、全國政協、外交部、郵電部、航空航天部、國家檔案局等十多個中共中央，國務院的部委機關部分人員的聲援隊伍，也出現在面前[15]。」《科技日報》的報導描寫了北京示威現場的和平氣氛：「在人群聚集的天安門廣場，東西長安街，不僅人流有序，而且在這裡還可以聽到各種文明語言。儘管在十里長街上，還很難看到交通警察，但無論是遊行的隊伍，還是圍觀群眾，都自覺地聽從學生糾察隊的指揮。人們的火氣好像都比平日小了許多，人群中沒有爭吵聲，沒有辱罵聲，更沒有閒雜人員在搗亂[16]。」這樣的報導，徹底否定了黨內保守派關於在北京發生「動亂」的謊言。

五月十八日，上午十一──十二點，李鵬、李鐵映、李錫銘、陳希同、閻明復等，在人民大會堂會見絕食學生代表吾爾開希、王丹、王超華、程眞、邵江、熊焱、王志新等。李鵬態度強硬，說：「無論是政府，無論是黨中央，從來沒有說過廣大同學是在搞動亂。我們一直肯定大家的愛國熱情。愛國願望是好的。有很多事情是做得對的。」「我沒有想法，把責任推到王丹、吾爾開希身上，我沒這個意見，這是客觀的事實。」「大家提的許多意見，也是我們政府希望解決的問題。你們對於解決

15 周良霄、顧菊英編著，《忘卻的紀念──八九民運紀實》（香港：新大陸出版社，二〇〇九），頁一五六──一五七。

16 周良霄、顧菊英編著，《忘卻的紀念──八九民運紀實》（香港：新大陸出版社，二〇〇九），頁一六三。

這些問題起了一定的推動作用，能幫助政府克服前進路上的困難。但事態的發展不以你們的善良願望爲轉移。事實上北京已出現秩序混亂並且波及全國。幾天來，北京已基本上陷入無政府狀態。政府不能置之不理。現在有一些機關的工作人員、市民、工人上街遊行，表示聲援。有不少人是在那裡鼓動學生繼續絕食。這樣做，我是不贊成的。」會談沒得出結果。臨結束時，李鵬又說一次我沒有說你們在搞動亂。

這一天上午，中共中央政治局召開緊急會議，專題討論天安門前事態的情況。楊尚昆在會上傳達了鄧小平的三點意見：一、政治局要旗幟鮮明、目標一致，不要搞個人得失的意氣鬥爭；二、事態正在惡化，性質已經變了，首都不能再這樣亂下去了，再亂下去，這局面怎麼收？三、要採取實質性措施，維護社會治安，盡快恢復秩序。到會的有十五名政治局委員、一名政治局候補委員、兩名書記處書記、一名候補書記。會上，有十一名政治局委員、一名政治局候補委員、一名書記處書記發言表示支持鄧小平的三點意見。趙紫陽發言表示，對鄧小平的三點意見不理解、難理解。胡啓立發言表示，以政治局名義請小平同志到會作指示，實際上是對鄧的三點意見的不贊同。芮杏文、閻明復發言表示，在事件未明朗前，要保留自己的意見。

下午，鄧小平在政治局擴大會議上，代表中共中央、國務院、中顧委、中央軍委作了總結性講話。鄧小平說：「這是一場演變爲有組織、蓄意製造的政治動亂，已發展到反革命性質的暴亂。前一階段，黨內對事件性質在認識上有分歧，對事情的演變把握得不夠準，措施軟弱，得不到落實。趙紫陽在事件中採取了機會主義後，又公開了黨內分歧，站到支持動亂的立場上，使事態蔓延、惡化。「明日(五月十九日)，中共中央、國務院和北京市委召開會議，宣布實行戒嚴，維護首都社會治安。

「建議會議自即日起，暫停趙紫陽的黨內職務，至下次中央全會作出解決。」

這一天，著名歷史學者金觀濤，劉青峰在香港《明報》發表〈中國的「光榮革命」〉，對學生運動給予高度評價：「無論在數千年古代中國社會，還是近代中國社會的歷史中，雖不乏農民革命，也不乏黨派戰爭，還有紅衛兵的造反行動，但像今天學院這樣以非暴力的理性行為為特徵的和平請願活動，卻是前所未有的。中國人民第一次用理性方式對政治表達自己的眞正意願，並以行動告訴政府，人民有用合法的方式對其投信任或不信任票的權利[17]。」作家叢維熙、鄧友梅、劉心武、馮驥才、李準、李國文、諶容、張抗抗、張賢亮、汪曾祺、宗璞、林斤瀾、梁曉聲等聯合發出緊急呼籲，要求「黨和政府的最高領導人，以民族利益，人民利益為重，在人民面前，採取最明智的抉擇，切不可再延宕時日[18]。」

五月十九日凌晨四點，中共中央總書記趙紫陽到天安門廣場看望絕食學生。趙紫陽對學生說：「我們來得太晚了。對不起同學們。你們說我們，批評我們都是正確的。現在最重要的是希望盡快結束這次絕食。我們的對話渠道還是暢通的。有些問題需要一個過程才能解決。比如你們提到的性質、責任問題，我覺得這些問題終究可以得到解決，終究可以取得一致的看法。但你們應該知道情況是複雜的，需要一個過程。你們還年輕，來日方長。你們不像我們，我們已經老了，無所謂了。你們應健

17 金觀濤、劉青峰，〈中國的「光榮革命」〉，香港中文大學學生會編輯，《八九中國民運資料冊》（香港：香港中文大學學生會出版，一九九〇），頁五五。

18 周良霄、顧菊英編著，《忘卻的紀念——八九民運紀實》（香港：新大陸出版社，二〇〇九），頁一七二—一七三。

康地活著，看到我們中國實現四化的那一天。現在情況非常嚴重。你們都知道黨和政府非常著急，整個社會憂心如焚。這情況發展下去，失去控制，會造成各方面的嚴重影響。請同學們冷靜想一想，早些結束絕食。」語氣甚爲悲涼，還落下了眼淚。

中午，中國經濟體制改革研究所，國務院農研中心發展研究所，中國國際信託公司國際研究所和北京青年經濟學會聯合發表〈關於時局的六點聲明〉，呼籲公開高層的決策內幕和分歧，立即召開全國人民代表大會特別會議。由於這個聲明的聯署單位「三所一會」是體制內機構，這可以看作是來自黨內的，對於戒嚴令的公開反對聲音，因此在社會上引起廣泛關注。

晚上二十二點，中共中央，國務院在解放軍總後勤部禮堂召開中央和北京市黨政軍幹部大會。大會由喬石主持，首都黨政軍幹部大會上，楊尚昆宣讀最後決定：軍隊進駐城裡，北京實行戒嚴！出席大會的人員有李鵬、楊尚昆、胡啓立、喬石、王震、陳希同、錢學森、周谷城、雷潔瓊、胡喬木、康克清、姚依林等。李鵬代表中共中央政治局常委會在會上講話，要求大家緊急行動起來，採取堅決有力的措施，旗幟鮮明地制止動亂。趙紫陽稱病請假三天，未出席。

得知政府宣布戒嚴之後，學生組織作出決定，馬上停止絕食，改爲靜坐請願。絕食團指揮部宣布緊急應變措施：一，外地學生盡力保護正在絕食的本地學生；二，呼籲在場聲援的學生對採取行動的人打不還手，罵不還口；三，要求在場的中小學生立即離開廣場；四，準備召開緊急記者會。

凌晨，原定於零時進入廣場執行清場任務的解放軍，因爲在公主墳受到數以萬計的市民的阻攔而未能及時進入廣場。成千上萬的市民在聽到戒嚴令發布的消息後湧向街頭。中央電視台、中央電台以及在京的中央國家機關已經實行軍管。

4.反對戒嚴，北京市民上街堵軍車

五月二十日凌晨，住在市郊各主要路口附近的居民群眾，自發走到街頭，組成人牆，擋住了進城的部隊！清晨三點，北京第二外語學院學生五百人搭乘卡車四輛到六里橋攔截軍車。當時有一五〇輛軍車在此被截。上午九點半，在六里橋、八角村和豐台，警察用警棍打傷多人。在老山，工人與士兵發生衝突，軍方使用了催淚彈。據消息稱，執行戒嚴任務的解放軍官兵，早在一星期前，就已被命令不准看電視，聽廣播和看報紙，只准看「四二六社論」，因此他們不知道是去執行鎮壓群眾的任務。

上午九點三十分，國務院總理李鵬簽署了國務院關於在北京部分地區實行戒嚴的命令，北京市長陳希同簽署了北京市人民政府一、二、三號令，宣布自一九八九年五月二十日十時起，對東城區、西城區、崇文區、宣武區、石景山區、海淀區、豐台區、朝陽區實行戒嚴，戒嚴期間，嚴禁遊行，請願，罷課，罷工和其他聚眾妨害正常秩序的活動。

這一天，十名知識分子發表誓言，宣誓者包括包遵信、嚴家其、蘇曉康、王軍濤、沈大德、吳廷嘉、閔琦、陳小平、李德偉和謝小慶，他們誓言「絕不背棄愛國學生的生命和熱血所開拓的爭取民主的事業，絕不以任何藉口爲自己的怯懦開拓，絕不再重複以往的屈辱，絕不出賣自己的良知，絕不向專制屈服，絕不向八〇年代中國的末代皇帝稱臣。」

五月二十一日，廣場上聚集了多達一百萬的市民，同學和群眾的情緒都很激憤，口號也更爲升級。許多口號要求停止戒嚴，撤銷軍管，要求李、鄧、楊下台，要求政府辭職。全國人大五十七名常委聯名，要求召開緊急會議。聯名者包括：江平、厲以甯、陶大鏞、胡代光、許嘉璐、胡績偉、秦川、黃順興、霍英東、馬萬祺、劉延東、馬洪、董建華、楚莊、胡克實、葉篤正等。香港報紙報導，王平、葉飛、張愛萍、蕭克、楊得志、陳再道、李聚奎等七位中國軍方元老人物致函鄧小平，呼籲軍隊不要進城，並要求「絕對不要向人民開槍」。街頭上，到處是反對戒嚴的標語和傳單。有一篇打油詩充分表達了民眾對於當局宣布戒嚴，鎮壓學運的不滿：

〈有沒有腦袋都一樣了——北京戒嚴有感〉

菜籃子是您給抓的，
鴿子窩是您關懷的，
悶罐車是您提供的，
就這腦袋是咱自己的。

眼睛您又給矇上了，
耳朵您又給堵上了，
嘴巴您又給封上了，
手腳您又給捆上了。

咱百姓還剩下什麼？
動彈不了啦，一無所有了。

可您還說咱動亂了。

乾脆，這腦袋也給了您吧！

有沒有腦袋都一樣了[19]！

這一天，香港爆發開埠以來最大的遊行，人數達到上百萬，反對中共發布戒嚴令。陳省身、楊振寧、李遠哲、吳健雄、田長霖、吳仙標等三十六名著名在美華裔科學家，學者致函鄧小平，要求軍隊撤出北京，西方各國外交部已經警告公民不要到中國旅遊。

五月二十三日，以知識界人士爲主的上百萬人，包括高校師生、文藝界、新聞界和一些工礦企業的工人，在復興門集合，遊行到東西長安街和天安門廣場。呼喊口號：「撤出軍隊」、「取消戒嚴」、「維護憲法」、「保障人權」。社科院政治學所召開的「民主與新權威主義」討論會，會上決定成立「北京知識界聯合會」，嚴家其，包遵信被公推爲總召集人。

五月二十四日，早上十時，「保衛天安門廣場指揮部」正式成立，十萬名學生參加「誓師大會」。廣場總指揮柴玲帶領大家宣讀誓言：「我宣誓，爲推進祖國的民主化進程，爲了維護憲法的尊嚴，爲了保衛偉大的祖國不被一小撮陰謀家顛覆，爲了十一億同胞不在軍管統治下流血犧牲，爲了中

19 〈有沒有腦袋都一樣了——北京戒嚴有感〉，香港中文大學學生會編輯，《八九中國民運資料冊》（香港：香港中文大學學生會出版，一九九〇），頁五六三。

華民族不淪爲法西斯的專制統治，爲了千千萬萬的兒童享受自由民主的和平生活，我願用我全部的生命和忠誠，誓死保衛天安門，保衛首都北京，保衛共和國，排除萬難，鬥爭到底。」大會主持人王丹發表題爲〈光明與黑暗的最後決鬥〉的宣言。宣言指出：「一九八九年四月，中國歷史進入了一個嶄新的時代。由北京的大學生引發，全國各界人民廣泛參與的偉大愛國運動，是中國歷史上破天荒的第一次。」宣言呼籲：「我們只能背水一戰了。多少年來，在長久的高壓下，我們不少人習慣於明哲保身，習慣於忍讓，但現在，面對瘋狂的反人民的一小撮人，我們不能再抱任何幻想了[20]。」

會議宣布，天安門廣場的各項工作由指揮部統一負責，總指揮向各校學生組織的聯席代表會議負責；成立首都各界愛國維憲聯席會議，由王丹任召集人。

聯席會議的成立，主要有三個目標：開展公民維憲運動，以非暴力抗爭方式向中共高層施加政治壓力，促其分化和妥協；通過與學生並肩站在運動第一線的方式，力爭將學運引向理性化的軌道；如果政府方面有意通過對話，談判的方式解決問題，則爲其準備一個更加成熟和理性的談判對手[21]。

五月二十五日，中國知識界的領軍人物嚴家其，包遵信聯名在香港發表文章，題爲〈在民主與法制的道路上解決當前中國的問題——兼告李鵬書〉。他們在文章中首先高度肯定了學生運動的成績：「現在正在發生的學生運動，已發展爲全國性的全民抗議運動，這是當代中國劃時代的大事，它以不

20 〈光明與黑暗的最後決戰〉，香港中文大學學生會編輯，《八九中國民運資料冊》（香港：香港中文大學學生會出版，一九九〇），頁六二一。

21 陳子華，〈我所知道的「社經所」〉，陳子華等著，《浴火重生：天安門黑手備忘錄》（香港：明鏡出版社，二〇〇四），頁四八六。

可阻擋的力量大大推動了中國民主化的進程。」針對北京當局宣布的戒嚴令，他們提出了解決方案的建議，就是立即召開全國人大常委會緊急會議，廢除五月二十日李鵬簽署的「國務院關於在北京市部分地區實行戒嚴的命令」，並在近期內臨時召開全國人民代表大會。他們建議李鵬辭職，並且提出如果李鵬願意主動辭職，那麼「在李鵬還沒有犯下新的錯誤和罪行的情況下，李鵬對絕食學生的非人性行爲，和五月二十日發布戒嚴令的嚴重錯誤，不予追究[22]。」

五月二十七日，晚上七時，廣場指揮部召開中外記者會，會上，王丹代表「首都各界愛國維憲聯席會議」、「高自聯」、「外省赴京高自聯」、「保衛天安門廣場指揮部」、「知識界聯合會」、「北京工人自治聯合會」、「北京工人糾察隊」、「北京市民敢死隊」等十個組織，建議學生在五月三十日結束靜坐，撤離天安們廣場。王丹號召在五月三十日舉行全市大遊行，並把四月二十七日訂爲公衆節日。後，該建議被廣場指揮部否決。

五月二十八日，香港，一百五十萬人參加「全球華人大遊行」，創下歷史紀錄。台北，上萬名台北大學生和民衆在中正紀念堂集會，聲援大陸學生。這一天，正在美國訪問的北京大學校長丁石孫在接受〈美國之音〉的採訪時公開表達了對學生運動的支持立場，他說：「這次中國學生的民主運動，不僅是在跟現存的權力機構進行抗衡，而且也是在面對數千年遺留下來的獨裁統治制度，」他表示同情示威的學生們，還說「這次示威遊行使他回想到他自己在四十年前參加反貪汙，反通貨膨脹的示威

22　嚴家其、包遵信，〈在民主與法制的道路上解決當前中國的問題〉，香港中文大學學生會編輯，《八九中國民運資料冊》（香港：香港中文大學學生會出版，一九九〇），頁五七三—五七五。

遊行的情景23。」因爲這番言論，「六四」鎭壓之後，丁石孫被迫辭去了北大校長的職務。

五月三十日，由北京八所藝術院校師生共同創作的「民主女神」像，今天凌晨開始豎立在天安門廣場。像高八米，直徑兩米多。底座用石膏製成，塑像用泡沫珍珠岩製成。數以萬計的民衆參加了落成典禮。

三十一日，台灣幾十萬學生舉行「手牽手，心連心」活動，拉成從基隆到高雄長達三百多公里的人鏈，聲援大陸學生。

六月二日晚上七點，劉曉波、侯德健、高新、周舵等「四君子」開始在廣場絕食。這一天的《人民日報》在一版刊登新聞〈「六一」天安門廣場一瞥〉，其中提到：「一些家長告訴記者，她本想帶孩子去中山公園和勞動人民文化宮的，遺憾的是這兩處今天都沒有開放。」這則新聞，暗示了在天安門廣場周圍的這兩處公共設施，其實已經被政府徵用，應當是給從地下通道進入廣場周圍的戒嚴部隊駐紮之用。

5.中共當局血腥鎭壓民運

六月三日晚上八點，集結在總後大院裡的三十八軍一個團奉命出擊，擔負沿復興門外大街、西長安街一線突擊天安門廣場的主攻任務。十點，市民組成人牆橫攔在北蜂窩丁字路口，部隊停止前進，

23 〈北大校長丁石孫論學運〉，香港中文大學學生會編輯，《八九中國民運資料冊》（香港：香港中文大學學生會出版，一九九〇），頁五八〇。

雙方相隔約三十米對峙。對峙持續到十一點正，槍聲突然響了。部隊衝向木樨地橋，前面是為數不多手持木棒的士兵步行前進，市民立刻將密集的碎磚頭投向他們。士兵們招架不住，沒有堅持就退卻了。接著，荷槍實彈的士兵開始步行衝上大橋，邊喊口號邊向市民開槍。只要哪裡有「法西斯」的罵聲冒出來，有石頭、磚塊飛出來，就朝哪個方向射擊。從木樨地橋到燕京飯店一線（大概有半公里路程），兩旁的建築物被打得火星四濺。中共有名的「高幹樓」二十二樓及對面的十一樓等住宅都中了子彈。大規模開槍後，坦克、裝甲車和軍用卡車緊隨其後。從木樨地橋頭開始，槍聲就再也沒有停過。軍車上的士兵不斷地用機槍和衝鋒槍朝空中射擊，但只要有扔石頭和叫罵的，子彈立刻就射向人群。

凌晨一點，南池子路口。戒嚴部隊從勞動人民文化宮牆根到歷史博物館，形成了一條跨長安街的警戒線，不時向聚集在東面長安街上的群眾點射。槍聲平息後，群眾坐在地上繼續喊口號、唱歌。所有人所關心的都是廣場上紀念碑附近的學生，都想衝進廣場將學生們解救出來。當戒嚴部隊感到距離太近時，就會開槍將最前面的人打倒幾個，人群就會往後退一退。就這樣，開槍、後退、搶救傷員、向前逼進、再開槍。三點鐘，最慘烈的一幕出現了。一個身穿白色連衣裙的姑娘大步向戒嚴部隊衝去，人們立即呼嘯著一起向戒嚴部隊衝去。很快，一陣密集的槍聲，人們都趴在了地上並後退，留下大約六、七個中彈者。但是，白衣姑娘卻沒有中彈，也沒有停下，繼續一個人向戒嚴部隊衝去。當距警戒線僅僅幾米的時候，響起一串槍聲，她應聲倒下。後來，她與其他的中彈者一起被醫務人員救下。子彈打中了她的大腿。聽說是個大學生，想給她弟弟報仇。她弟弟也是個大學生，今晚被打死了。

在天安門廣場，四點七分，廣場上的燈突然全滅了！從人民大會堂裡出來了很多頭戴鋼盔，身穿迷彩服，手持自動步槍的士兵。紀念碑前，幾千名學生都擠坐在紀念碑上。四點三十五分，廣場上的燈一下子全亮了。士兵從地上躍起，一部分去砸帳篷，一部分以跪射姿勢在前方十來米處用衝鋒槍瞄著同學們。一個偵察排靠人梯登上了紀念碑最高層，此時右後側又傳來斷續的槍聲。正面的士兵向兩邊撤走，遠處長安街一線，坦克和裝甲車一字排開，緩緩向廣場駛來。裝甲車和坦克在離同學幾十米處分向兩邊，駛到紀念碑東西側的廣場上。在劉曉波，侯德健等人與戒嚴部隊談判之後，學生於清晨撤出廣場。

在撤退的路上，清晨在西長安街六部口，一輛坦克高速衝進剛剛從天安門廣場撤出的學生隊伍。中國青年政治學院青年工作系學生王佩文、黃曉軍當場被輾死，屍骨無存；北京體育學院生物力學系學生方政被輾去雙腿，成了終生殘廢。

根據吳仁華的統計，六月三日晚到六日凌晨，在向天安門廣場武力挺進時，四大主力部隊是陸軍第三十八集團軍、空軍第十五空降軍、陸軍第三十九集團軍、陸軍第五十四集團軍。六月四日凌晨，在天安門廣場清場行動中，加入了陸軍第二十七集團軍、陸軍第四十集團軍、陸軍第六十五集團軍。他指出，「在整個鎮壓行動中，陸軍第三十八集團軍最賣力，殺人最多，其次是空軍第十五空降軍[24]。」

24 吳仁華，〈從六四平暴升官晉級名單看哪支部隊殺人最多〉，紐約：《北京之春》二〇〇七．七，頁三一。

6.「六四」之後全國的白色恐怖

六月九日，鄧小平出面接見首都戒嚴部隊軍以上幹部，以安定軍心民心。在講話中，鄧小平再三強調了中共黨內的元老們在這一次鎮壓行動中的重要意義，他說：「最有利的是，我們有一大批老同志健在。他們是支持對暴亂採取堅決行動的。」「我們有一批老同志健在，包括軍隊，也有一批各個時期參加革命的骨幹還在，因此，事情現在爆發，處理起來比較容易[25]。」間接證明了，在鎮壓問題的決定上，黨內等於是發生政變，名義上的執政團隊被剝奪權力，一些已經退休的元老做出了調動軍隊鎮壓的決定。

六月十三日，公安部向全國發出通緝令，通緝王丹等二十一名參加組織「北京市高校學生自治聯合會」的大學生；十四日，發出對於韓東方等三名「工人自治聯合會」的組織者的通緝令。同時，在內部還有對一些知識分子的通緝令。

當局出動正規軍對民運參與者進行血腥屠殺，真正的死亡數目至今沒有公布，關於死亡數據，官方最終的報導是「三千多名非軍人受傷，二百餘人死亡，包括三十六名大學生[26]。」但外界普遍認爲，死亡人數應當不少於兩千人，傷者無數。這就是震驚中外的「六四事件」。

25　鄧小平在接見首都戒嚴部隊軍以上幹部時的講話（原載一九八九年六月二十七日《人民日報》），林蘊暉，《人民共和國春秋實錄》（北京：人民大學出版社，一九九二），頁一四三八—一四三九。

26　陳希同向七屆人大常委會第八次會議作的關於制止動亂和平息反革命暴亂的情況報告（原載一九八九年七月一日《人民日報》），林蘊暉，《人民共和國春秋實錄》（北京：人民大學出版社，一九九二），頁一四四五。

六四開槍之後，中共在全國實行白色恐怖，通緝學生和知識分子，逮捕運動的積極參與者，在高校進行清查。在《人民日報》，六月十八日原社長錢李仁、總編輯譚文瑞被免職，由高狄、邵華澤接任。之後，前社長錢李仁受到黨內警告處分，前副總編輯陸超祺、范榮康、余煥春被黨紀處分，陸被撤職，降級；范被黨內嚴重警告，兩人都告退休。余被黨內警告，調四川降職兩級。原來七人的編委會，最後只剩一人[27]。

六月四日之後，儘管當局已經控制了天安門廣場和北京主要城區的局勢，但是零星的抗議仍舊持續，這些抗議活動基本上都被戒嚴部隊強力鎮壓，造成的人員傷亡並不亞於六四屠殺當天。同時，當局立即開始追捕八九民運的組織者和主要參與者。在一個月左右的時間內，被當局槍斃、逮捕、監禁、收容審查、清查的人，因此而構成六四屠殺之後的第一批政治受難者。

以下，就是部分第一批政治受難者的名單：

一、六月五日，有民眾在朝陽區和平街北口的公共汽車終點站，用八輛大客車堵住附近路口，六日凌晨三點，二十八人被戒嚴部隊逮捕。這時候，北京市長陳希同還爲此專門打電話給戒嚴部隊某部表示感謝。在石家莊，五日到六日，官方宣稱有數千名民衆衝擊石家莊軍事機關，其中十九人被捕。

二、六月六日，上海市民攔截光新路道口的一台蒸氣機車和北京開往上海的一六一次客車，並在現場與公安幹警發生衝突，因此而焚燒了數輛汽車，造成滬甯、滬杭鐵路一度停駛。當場有十一人被捕。九日，上海市人民檢察院批捕徐國明、彭家民、韋迎春、嚴雪峰等十人。十五日，上海市中級人

27　余煥春，《人民日報風雲錄——中國新聞內幕》（香港：明報出版社，二〇〇〇），頁三三二。

民法院一審判決上海啤酒廠工人徐國明，上海無線電十八廠卞漢武和嚴雪榮死刑。三人不服判決，提出上訴。上海市高級人民法院六月二十日裁定駁回上訴，三人二十一日被槍決。從被捕、審訊、起訴、判決到槍斃，只用了十五天時間。同時，上海市中級人民法院六月二十一日對其他六人做出一審判決：上海建築塗料廠工人彭家民，上海第六帆布廠工人韋迎春判無期徒刑，趙建明、艾啓龍、袁智明、孫滿紅判五年至十二年有期徒刑。上海對參與民運的人士從重，從快鎮壓，爲全國的鎮壓行動樹立了樣板。六月六日下午四時，一批廣州工人在廣州交通要道海珠大橋示威，七日凌晨四時，他們被六百多名武警包圍，六十人被收容審查。

三、六月七日上午，在武漢市，學生與民衆在武昌大東門地區集會，之後遊行到長江大橋南端設置路障。後據武漢市公安局聲稱，已抓獲胡良夫、楊革闖、陳偉、金濤等二十三人。

四、六月十日，新華社宣布，至今僅僅在北京地區，已經抓獲四百多名所謂「參與打砸搶的暴徒」，其中包括高自聯常委兼秘書長郭海峰。這一大，北京市人民檢察院分院批捕了班會傑、路中樞、張文奎、王連喜、欒吉奎、祖建軍、林昭榮、陳堅、王漢武、羅紅軍、龔傳昌、廉振國、孫彥木等十三人。六月十七日，北京市中級人民法院判處北京市回民醫院職工林昭榮，北京市公共汽車總公司售票員羅紅軍，河北省新樂縣農民班會傑以及陳堅、祖建軍、王連喜、王漢斌、張文奎共八人死刑。八人均不服上訴，但都被駁回。六月二十二日上午，遵照北京市高級人民法院院長下達的死刑執行令，林昭榮等八人被槍斃。在上海，警方宣稱，昨天逮捕了陳盛福、王妙根、王虹等九人，理由是他們參與組織了上海「工人自治聯合會」。同時，組織了「中國青年民主黨」的翁正明和三月就開始組織「自由社」的李治國被捕。在南京，公安局逮捕了「工人糾察隊」、「工人自治聯合會」等十多人，其中包括「工人自治聯合會」的常委朱惠明。在武漢，「工人聲援團」部分成員被捕，總計二十八人。在貴陽，凌晨有部分民眾在貴陽人民廣場示威，宣布「行動方案」，並打出「爲民主而來，爲自由而戰」的橫幅，從人民廣場遊行到貴陽汽車站和頭橋一帶，事後二十五人被捕。在蘭州，七日開始在全市範圍大搜捕，到十日爲止，已經有三十二名「市民敢死隊」成員被捕。在大連，晚上從北京逃離的原大連第四橡膠廠供銷科副科長蕭斌被捕，並被指控「造謠惑眾」。

五、六月十一日，上海高自聯負責人姚勇戰在上海虹橋機場被捕。在西安，西安市公安局截至十一日，已逮捕四十八人，其中包括陝西省高自聯，西安市工自聯的馬洪良，劉叢書。十一日晚上，市民敢死隊的劉曉龍、朱琳，于雲剛、李濤、龐小斌、王建軍等在興慶宮公園開會時被捕。

六、六月十二日，在雲南，昆明市公安局上午舉行新聞發布會，宣布抓獲十五名「市民團」的成員。在北京，被指控凌辱戒嚴部隊士兵屍體的張建忠被捕。在湖南，周敏、王長懷、蔡謹璿、李傑等四名「工自聯」的成員「投案自首」。

七、六月十三日，在長沙，已經有「長沙工人自治聯合會」副會長，長沙客運段列車員何朝暉以及高炳坤等三十一人被捕。在甘肅，據《蘭州日報》報導，已經有九名「市民敢死隊」的成員被捕。在山西，被通緝的二十一名學生領袖之一，清華大學學生周鋒鎖於晚上八點二十分，在西安市郊三橋鎮大光明眼鏡店被捕。在河北，首鋼工人，曾經擔任北京「工人自治聯合會」下屬的「工人糾察隊」總指揮，並被全國通緝的劉煥文在石家莊被捕。

八、六月十四日凌晨四點零四分，被通緝的二十一名學生領袖之一，北京大學法律系研究生熊炎在銀川至包頭的一七〇次客車上被發現，在列車行駛到內蒙古豐鎮縣車站時被捕。同日，另一名被通緝的二十一名學生領袖之一，清華大學學生熊焯在瀋陽開往北京的二五四次列車上自首被捕。在廣州，二十一名被通緝的學生領袖之一，北京電影學院學生馬少方在廣州市白雲區白雲山派出所被捕。在山西，北京工人自治聯合會負責人賀力力的聯絡員，工自聯B隊成員賀群印與A隊骨幹尤建齊等二人在西安被捕。

九、六月十五日，在杭州，據該市公安局宣布，截至今天下午，已經有「杭州市高自聯」和「浙江省高校改革促進會」的負責人等十七人「投案」。在四川，在曾經參與六月四日至七日示威的民衆中，截至今天，已經有四十多人被捕。在山東，濟南市公安局召開新聞發布會，宣布取締由「濟南市工人自治聯合會」和「濟南市工人民主聯合會」合併組成的「濟南市各界自治聯合會」。其負責人劉玉濱、車宏年以及骨幹分子張新潮、邵良玉、郝勁光等五人，因爲「拒不登記，拒不自首」而被捕。同時，在北京，市公安局聲稱，近日查獲「工人自治聯合會」的一個地下印刷廠，五人被捕。被指控殺死戒嚴部隊士兵崔國政的湖北省荊州地區農民趙躍堂，崇文區某醫院工人楊世增，無業人員李衛東等三人被捕。另據北京市公安局的消息稱，北京水產公司職工，「北京市民絕食團」的負責人劉子厚等十六人被捕。在內蒙古，凌晨七時半，「北京市工人自治聯合會」負責人之一，被全國通緝的劉強在武川縣被捕。在貴州，十四日，十五日兩天，貴州省工自聯、貴陽市工自聯、貴陽沙龍聯誼會的十九名負責人被捕，另有十二人「投案自首」。

十、六月十六日，二十一名被通緝的學生領袖之一，北京大學歷史系學生，筆者的同班同學楊濤，在蘭州市永登縣吐魯溝旅遊招待所，被永登縣連城林場林業派出所逮捕。在北京，市公安局宣布，已經有一百零九人「投案自首」。其中包括工人自治聯合會的敢死隊隊員李江、平谷個體運輸戶王福順、李美福、楊洪武等。當夜，被指控殺害了另一名戒嚴部隊戰士李國瑞的二十四歲的孟多被捕。

十一、六月十七日，在北京，來自官方的消息說，六十一歲的白信禹、北京科技大學分校礦冶系八十七級學生楊毅軍、北京市第六建築公司工人楊恩森、四十六歲的中科院半導體研究所女實驗師吳讓元等四人被捕。凌晨在西直門立交橋，一輛東風一四〇卡車在駛過時，向橋上的戒嚴部隊士兵開槍襲擊後逃逸，車上的房山縣岳各莊鄉農民荊衛東、孫國忠二人被捕。在湖南，長沙市公安局今天舉行新聞發布會，宣布拘捕長沙市工人自治聯合會負責人李梘、何朝輝、盧摘量、張旭東、周勇、柳星期等六人。

十二、六月十八日下午，浙江美術學院國畫系學生張偉平，因爲被控向美國之音提供謠言——「省政府爲北京死難學生下半旗」而被捕。

十三、六月十九日晚七點，被通緝的二十一名學生領袖之一劉剛在保定市人民公園被捕。

十四、六月二十日晚十一時，外省赴京高校學生聯合會的負責人之一，山東大學外文系學生潘強在濟南山東大學被捕。據官方消息，截至二十日爲止，濟南市公安機關已經收容審查了一百零八人，逮捕了四十人。在浙江，把浙江省政府門前旗桿上的國旗搖下一截的二十六歲的浙江美術學院八十五級工藝美術系學生崔建昌被捕。

十五、六月二十一日，上海官方公布，從六月十五日到二十一日的六天裡，已經有一百二十六名上海高自聯，工自聯的成員「登記」或者「自首」，其中包括三名上海市高自聯的負責人，以及六十多名上海市高自聯的成員和各校高自聯的成員。

十六、六月二十二日，在湖南，長沙市中級人民法院和長沙市東西南北四個區的區人民法院，分別召開宣判大會，宣布對參與長沙「四二二」事件的二十七人的判決結果。湖南省消防器材總廠工人李衛紀被判死緩，其他二十六人分別被判處一至十五年的有期徒刑。在山東濟南，濟南市各界自治聯合會主要成員，二十一歲的濟南交通器材廠工人王長安到濟南市公安局所屬分局「自首」。在青海西寧，市公安局聲稱破獲了一個名爲「中國人民民主反對黨」的組織，負責人，二十七歲的青海省檔案局幹部余振斌已經被捕。

十七、六月三十日，北京市人民檢察院分院向北京市中級人民法院提起公訴，起訴後來被稱之爲「天安門三勇士」的湖南省瀏陽縣達滸鄉灘頭小學教師余志堅、湖南省瀏陽報社美術編輯喻東嶽、湖南省汽車運輸公司瀏陽分公司工人魯得成等三人。

從以上情況可以看出，最爲集中的逮捕行動是在六月，而且幾乎在全國各大城市進行，顯然是集中部署的鎮壓措施。當局每天在官方媒體上密集公布被捕人員，試圖製造恐怖氣氛。僅據以上的統計非常不完整，堪稱「冰山一角」，一般的統計，六月五日至六月三十日幾乎一個月的時間裡，就有一千二百八十一名以上的人被逮捕，收容審查，判刑甚至槍斃。當局有意借助密集的「紅色恐怖」震懾社會，以減少來自人民的反抗。之後的穩定，就是建立在這樣的全國範圍的大規模鎮壓的基礎上的。

六四之後，當局在全國進行思想整肅，很多八〇年代的著名理論家和學者的書籍被禁止銷售。根據一九八九年十二月九日湖南省文化市場管理委員會辦公室編的《查禁出版物目錄》，其中有一份名單，規定「凡下列名單中的個人作品或多人合集作品一律停售」，名單上除了全部二十一名被通緝的學生之外，還包括方勵之、李淑嫻、劉賓雁、包遵信、陳一咨、萬潤南、蘇曉康、王軍濤、陳子明、胡平、徐邦泰、宦國倉、胡安寧、房志遠、馮勝平、楊巍、王炳章、陳軍、劉曉波、鮑彤、金觀濤、戈揚、蘇紹智、張顯揚、李洪林、任畹町、曹思源、戴晴、于浩成、高山、王若望、阮銘等[28]。這裡很多都是八〇年代社會上具有影響力的知識分子。

這樣的鎮壓，在全社會造成高壓氣氛。似乎一夜之間，中國倒退回了「文革」的時代。很多人精神上極為壓抑。廣東的老作家黃秋耘當時的心態就是典型：「黃秋耘性格較為內向，深沉。我從來沒有見過他大聲歡笑或外露悲傷，唯有一次例外。那是十幾年前令我永遠難忘的夏天的一個早上，我去梅花村看望黃秋耘。他剛吃過早餐，和夫人蔡瑩坐在家中客廳沙發上。他倆見我到來，抬起含著淚水的眼睛望我，都默默無語，顯得極其哀傷悲痛。受他們感染，我眼裡也噙著淚水，望了望黃秋耘。他雙唇在顫抖。兩行眼淚順著他的兩頰流下，淚水滴落到地上。我們淚眼相對，在靜默中坐了好幾分鐘。忽然黃秋耘打破沉默，低聲說：『黃偉經，我想死。』我急問：『秋耘，你說什麼？』他大聲說：『我想死啊！』他滿目淚水，連說兩次『我想死』！這是我第一次——也是僅有的一次——見到他陷入大悲大慟中[29]。」

一九八九年六月二十三—二十四日，中共中央召開十三屆四中全會，通過了李鵬代表中央政治局提出的〈關於趙紫陽同志在反黨反社會主義的動亂中所犯的錯誤的報告〉，正式宣告撤銷趙紫陽的中共中央總書記、中央政治局常委、政治局委員、中央委員會委員和中央軍委第一副主席的職務，只保

28 雲飛，〈因人廢書的黑名單〉，紐約，《北京之春》二〇〇七．三，頁九二。

29 《黃偉經回憶黃秋耘》，林賢治、章德甯主編，北京：《記憶》第四輯（北京：工人出版社，二〇〇二）。

留黨籍。六月二十三日，趙紫陽做了題爲〈我的發言〉的講話，拒絕進行檢討。

在這次會議上，正式確認江澤民擔任中共中央總書記，增選江澤民、宋平、李瑞環爲政治局常委，免去胡啓立的政治局常委，政治局委員和書記處書記的職務，以及芮杏文和閻明復的書記處書記的職務。這次會議的公報還強調要「繼續堅決執行黨的十一屆三中全會以來的路線，方針和政策，繼續堅決執行黨的十三大確定的『一個中心，兩個基本點』的基本路線。」表現出鄧小平在經濟改革上希望能延續胡趙時代的立場。

一九八九年十一月九日，中共十三屆五中全會通過了關於同意鄧小平同志辭去中央軍委主席的職務，由江澤民繼任，正式全面接班。但是與此同時，中央軍委繼續由楊尚昆擔任第一副主席，並由楊的弟弟楊白冰擔任軍委秘書長，並進入中央書記處擔任書記，自此，「楊家將」執掌軍委實權，對江澤民也是一種力量上的牽制。

一九九〇年一開始，北京當局採取一系列行動，試圖降低西方國家對中國六四鎮壓所進行的制裁措施，並在春節到來之前緩解國內的緊張氣氛。一月十日，中國政府宣布次日起解除北京部分地區的戒嚴。同一天，中國公安部發言人宣布釋放五七三名被捕的民運人士。第二波鬆動發生在六月。六月七日，又有包括二十一名學生領袖名單中的周封鎖、熊焯，以及知識分子楊魯軍在內的九十七名民運人士被釋放；二十六日，公安部發言人宣布，允許方勵之，李淑嫻夫婦離開美國駐華使館，出國治病。

關於學生運動爲什麼會失敗，外界也有很多的探討。比如曾經到天安門廣場勸說學生撤退的自由派知識分子李洪林在後來的反思中就認爲，是學生的無組織性導致了運動的失敗。他指出：「這場運動來得太突然了。不但官方毫無準備，學生也毫無準備。被指控爲幕後操縱者的黨內外民主派知識分子，所謂『動亂精英』，更是毫無準備。人們都是倉卒上陣，使這次運動一開始就處於無政府狀態。當然，學生也有組織……但是卻不具備應有的權威。」當局一直認定學生運動是「一場有計畫的陰謀，但是李洪林認爲學生的失敗恰恰在於他們沒有計畫，沒有組織，沒有預謀，特別是沒有領導30。」

學生的失敗，還在於指導思想上的欠缺。五月十三日絕食開始之後，原有的學生運動就已經轉化爲全民的民主運動。學生運動與全民民主運動是有很大區別的，前者只要表達訴求，後者是要達到政治目標。但是學生領導層當時並未從指導思想上認識到這樣的轉變，實際上還是用領導學生運動的方式，按照外界對於學生運動的期待，去制定各種有關全民民主運動的決策，結果未能看到作爲政治鬥爭藝術的妥協的重要性，也未能認識到聯合社會其他各種力量的必要性。

三、八九民運的意義

第一個意義，一九八九年民主運動，是一場行動上的啓蒙。我們知道，一九八〇年代的中國，是一個理想主義的年代。當年的很多知識分子爲了推動中國向民主化的方向發展，發起了啓蒙運動，致力於在社會上傳播關於民主的理念。這樣的啓蒙，主要還是書面上的，通過寫文章，發表演講，接受採訪，以及翻譯國外社會科學書籍等方式進行。啓蒙運動（如果針對五四運動，也可以成爲「新啓蒙

30 李洪林，《中國思想運動史（一九四九—一九八九）》（香港：天地圖書有限公司，一九九九），頁三九六。

運動」）到了一九八○年代末期到達高峰，而一九八九年的民主運動，就可以看作是整個啓蒙運動的最高潮。這個最高潮的特點，就是以實際的行動表達對民主的追求，以及用實際行動履行一個現代化社會的公民的職責。一九八九年的民主運動之中，在學生的帶動以及各階層人民的支持下，民主的理念得到極大範圍的傳播並且成爲全民的共同訴求。正是因爲如此，儘管當局最後血腥鎭壓了一九八九年民主運動，但是在之後的統治時期，也要開始打出民主與人權的旗號。在一九八○年代的官方論述中，民主還是西方資產階級的專利，是受到質疑的概念；到了一九九○年代，類似「人權」這樣的辭彙已經寫進了憲法。中國這種被迫的改變，是與一九八九年民主運動展現出的強大民意的壓力有直接關係的。

第二個意義，就是爲未來中國的公民社會發展，以及下一波民主化浪潮準備了人才。一九八九年之前，持不同政見者，在中國還是很難得見到的稱號，很多人雖然對一黨專政的體制不滿，但當時還是無法明確地給自己一個定位。一九八九年的民主運動，使得很多致力於推動民主化的人，開始明確了自己政治反對派的立場，並且把繼承八九精神作爲自己的個人理念了。而持不同政見者的出現，在一九九○年代已經屢見不鮮了。一直到最近幾年風起雲湧的維權運動，很多維權人士都是原來一九八九年民主運動的參與者。可以說，一九八九年的民主運動，培養出了一個新的現代公民的政治力量。在未來中國民主化的道路上，公民社會的形成是極爲重要的基礎性工作，而建設這個公民社會的骨幹力量，就是受到一九八九年民主運動的精神感召的一代人。

第三個意義，就是在政治文化，政治心理的層面上爲中國的民主化奠定了基礎。從傳統上看，中國走向民主化的障礙之一，就是我們的政治文化，過於強調依靠「清明政治」，也就是說，個人過分依賴國家，不是把自己當成國家的主人，而且把一切希望寄託在本來應當是爲個人服務的國家身上，它導致的直接惡果就是，個人與國家之間沒有距離，使得國家的權力太容易侵害到個人，同時，個人與國家之間過於緊密，公民社會的發展也沒有空間可言了。一九八九年的學生走上街頭，某種意義上說，也是傳統政治文化的延續，希望通過類似公車上書的方式，要求國家進行改革。然而，當局對一九八九年民主運動的血腥鎮壓，徹底改變了個人與國家之間的關係，大家極爲震驚地發現，即使是一九八〇年代看上去比較開明的政府，當它感覺受到威脅的時候，爲了維持自己的統治，還是會不管一切。對當局的信心的喪失，導致了一九九〇年代的政治冷漠，並且一直延續到今天。這種現象從某種程度上講，也是政治文明更加成熟的表現。至少，國家已經很難爲了意識型態進行政治動員了，而個人與國家之間的距離也開始慢慢拉大。這就爲未來中國的民主轉型奠定了基礎。因此我認爲，一九八九年的民主運動是中國公民社會開始形成的眞正的起點。

當然，爲了以上的三個意義，中國人民也付出了沉重的代價。中共當局對民主運動的血腥鎮壓，不僅導致民族歷史上又形成一個深深的傷口，而且極大地壓抑了民主反抗極權的勇氣。一九八九年之後，政治改革的呼聲幾乎完全被壓抑，使得中國走上民主化道路的進度大大落後於其他發展中國家。這些都是一九八九年民主運動被鎮壓導致的負面影響。

四、關於「八九民運」和「六四鎮壓」需要澄清的幾個問題

第一，有人說，是當年的學生過於激進，堅持不退讓，才把政府逼到只能開槍的地步。了解事實的人，就會知道，這樣的說法完全是顛倒黑白。當年成千上萬的大學生在天安門廣場靜坐，絕食，他們提出的訴求其實只有兩條。第一就是要求修改《人民日報》的〈四二六社論〉。那篇社論指學生的愛國行動是意圖顛覆社會組織制度，是把中國引向動亂，這是對學生的誣衊，也是激化了學生與政府對立情緒的關鍵。事後，連當時的中共中央總書記趙紫陽都批評這個社會「把事情搞被動了」。我們要求修改那個社論，難道是很激進的政治主張嗎？難道趙紫陽不是中共的代表嗎？我們提出與他意見一致的訴求，怎就是逼迫政府了呢？第二個要求就是與政府對話。這個更不是什麼激進主張了，因爲連中共「十三大」的報告都提出要跟社會各個階層開展協商對話，我們只不過要求政府把十三大精神落實到實際中。當局自己提出的主張，我們要求落實，這怎麼就是把政府逼到絕路上呢？相反，看看東歐和台灣後來的政治抗議活動，提出的訴求都比我們激進得多。中國學生不惜以生命爲代價，提出的就是這樣兩條最溫和的主張，但是政府不但始終拒絕接受，最後甚至還用武力血腥鎮壓。到底是誰激進？到底是誰逼迫了誰呢？大家可以自己作出判斷。

第二，雙方發生衝突，雙方都應當承擔責任。這種說法聽起來好像客觀公正，好像站在中間人的立場上，但是不分是非的所謂公正，就是最大的不公正。

其實要想分辨當初人民與政府方面的行爲的是非曲直，是非常簡單的事情，根本不需要說那麼

多。我們只要看看雙方那時候的態度就可以了。作爲鎭壓的一方，中共當局二十年來都宣稱當初的決定是正確的。問題是，中共當局做了這樣的一個正確的決定，保證了中國沒有進入動亂，這樣的「豐功偉績」你卻從來看不到中共宣揚。是中共自己謙虛嗎？當然不是！一個把「偉大光榮正確」的宣揚辭彙，寫在中南海門口作爲大標語的政黨，不是一個謙虛的，不宣揚自己政績的政黨。可是這個政黨，對於自己一九八九年的那個「正確的決策」，二十年來不到非逼不得已的情況下絕口不提，不僅自己不提，也不許別人提。不要說不許批評這件事情，就是表揚政府鎭壓有理也不行。各位想想，如果當局眞的覺得自己做的是正確的，有可能這樣迴避嗎？只有心虛的人，才會迴避。相反，倒是六四受害者這方面，儘管已經被鎭壓，被剝奪言論自由，甚至儘管已經被當局抹黑壓制，但是二十年來從來沒有放棄發出抗議的聲音。對比雙方的態度，是非曲直就一目了然了，根本不需要說那麼多別的。如果有誰面對當局這樣的態度，在當局自己都不敢提起的前提下，還替當局辯護，那麼顯然，他的判斷就不是建立在事實的基礎上了。

實際上，就連一些中共高級領導人，都已經半公開地承認了「六四」開槍的錯誤。已故的原國家主席，一九八九年擔任中共軍委副主席的楊尚昆，就曾經在一九九八年對來探望他的蔣彥永醫生表示：六四事件是我黨歷史上犯下的最嚴重的錯誤。他表示，現在他已經無力去糾正，但是將來是一定會得到糾正的[31]。

31 蔣彥永，〈要求爲六四正名的上書〉，陳一咨、嚴家其等主編，《趙紫陽與中國改革——紀念趙紫陽（一九一九—二〇〇五）》（香港：明鏡出版社，二〇〇五），頁三六四。

第三，有人說，那麼多市民堵在街頭，導致戒嚴部隊不能到達指定的任務地點，部隊爲了完成清場任務，最後只有用武力的方式，不然學生永遠在廣場上不撤下來怎麼可以？

首先我們必須要說，學生會不會永遠堅持在廣場上，這根本就是一個假設性的問題；換句話說，如果政府接受學生前述那兩個極爲溫和的條件，學生早就撤下來了，爲什麼爲了自己的面子，寧願用暴力殺人也不肯接受學生合情合理的要求呢？其次，即使我們站在當局的角度，是不是必須用開槍的方式才能解決呢？當然不是。一九七六年的四五運動，也是有大批群眾集結在廣場上，在當時的情況下，即使是毛澤東和「四人幫」，都沒有採取調動軍隊開槍的方式，最後也還是驅散了廣場上的民眾。

回到一九八九年的具體情況來看：從事後媒體發表的錄影，我們可以清晰地看到，在戒嚴部隊執行清場任務的時候，大批的士兵並不是從長安街上包圍過來的，而是從人民大會堂衝出來的。事實是，早在六月四日之前，人民大會堂，勞動人民文化宮以及中山公園裡面，就已經駐紮了大批的戒嚴部隊，因爲這三個地點，都有寬闊的地下通道直通北京郊外的西山。否則，在各個路口都被市民堵住的情況下，那些從人民大會堂裡面衝出來的士兵是從哪裡來的呢？問題的關鍵就在這裡了：我們知道，第一，戒嚴的主要目的就是驅散天安門廣場上的示威民眾，就是所謂「清場」；第二，六四屠殺發生的主要地點，不是天安門廣場，而是長安街上。那麼我們的問題就是：明明已經有部隊不需要通過長安街就可以控制天安門廣場了，爲什麼還要在長安街上用機槍坦克進行武力鎮壓？如果武力是必要的，那麼像方政這樣的受害者，被坦克從背後輾過去，又如何解釋呢？他們明明是已經撤出廣場，走在回學校的路上了，還被坦克追上來輾過，這難道也是必要的嗎？到了六月四日的凌晨，也就是當局要清場的時候，整個天安門廣場上留下來的學生不到一萬人了，而戒嚴部隊有幾十萬人之衆，即使幾十個人抬一個人也可以完成清場任務，有什麼理由一定要用開槍的方式呢？顯然，開槍絕對不是迫不得已的，而是當局有意做出的選擇。至於當局爲什麼選擇開槍的方式，而不用和平的手段，這就是另外一個話題了。

第四，談到六四，最常遇到的一個問題，就是：假如八九民運成功，會是怎樣？儘管歷史已經發生，不能假設；但是這樣的問題從來沒有中斷過。

要回答這個問題，首先就要定義什麼是八九民運的「成功」。外界對八九民運最大的誤解之一，就是「如果你們上台，就會比共產黨更好嗎？」這類的質疑。這個冠冕堂皇的質疑，其實完全是一個假設性的問題，因爲八九年的學生從來沒有提出取代共產黨，我們自己上台的主張，而且不管八九民運最後如何發展，也根本不可能出現所謂學生領袖成爲國家領導人這樣的事情。有些人拿這些莫須有的推測作爲現實中的質疑理由，然後站在道德的制高點上評判歷史，這是極大的荒謬。

成功，指的是達到目的。八九民運的政治主張，最早是在一九八九年四月十八日由包括我在內的學生代表，在人民大會堂會見中共中央和國務院信訪局領導的時候提出的所謂「請願七條」，包括正確評價胡耀邦同志的是非功過，徹底否定「清除精神污染」「反對資產階級自由化運動」，爲在運動中蒙受不白之冤的公民平反；公布國家領導人的年薪收入及一切形式的收入；允許民主辦報刊、新聞自由、限期解除報禁、增加教育經費等等。在運動發展過程中，陸續有更多的政治主張出現，但是大致的範圍也與上述「七條」有類似之處。但是我認爲，如果要確認什麼是八九民運的成功，還是應當以五月十三日學生絕食提出的兩個條件作爲權衡標準，因爲絕食導致學生運動轉化爲全民民主運動，之後全國的聲援力量都集中在要求政府接受學生的絕食要求上，因此，假如八九民運成功，那麼就意味著，政府最終接受了絕食學生的兩個要求。

要求是：第一，要求政府迅速與北京高校對話代表團進行實質性的，具體的眞正平等的對話；第二，要求政府爲這次學生運動正名，並給予公正評價，肯定這是一場愛國民主的學生運動。

因此，討論「假如八九民運成功」這個問題，就是要討論，如果政府開始與學生對話，並肯定了學生運動的愛國性質，對於中國未來的發展會有什麼樣的影響。我認爲，最大的影響會是以下三個：

第一，如果八九民運成功，以趙紫陽爲代表的黨內改革派的力量勢必得到鞏固。衆所周知，趙紫陽是中共高層領導中最傾向於市場經濟改革的，也是最具有開放意識的領導人。如果趙紫陽進一步擁有決策權力，在經濟改革上，他應當會引導中國進行更加深刻的市場化改革。這個趨勢，從一九八八年開始推動《破產法》就可以看出端倪。換句話說，如果八九民運成功，中國不僅不會陷入混亂，相反的，會使得經濟改革的步伐更加堅決。

第二，如果八九民運成功，早在一九八八年就開始啓動的政治體制改革，自然會在民意的強烈支持下順利推進，這尤其包括新聞自由的部分。也就是說，經濟改革的推進，就會在一個有良好的輿論監督的環境下進行。今天即使是中共，也承認只有加大輿論監督的力度，才能有效遏制瀰漫全國的腐敗現象；那麼，如果言論自由早在一九八九年就開始拓展，腐敗就不會像今天這樣使得中國的機制病入膏肓。

第三，如果八九民運成功，就開啓了政府與社會對話的先例。事實上，中共十三大的政治報告，在鮑彤的主導下，已經確立了以社會協商對話作爲改革的重點的方向，而學生提出對話，正是呼應這樣的政治體制改革主張。今天的中國，政府與人民同心同德的景象已經一去不復返，人民對政府的信任蕩然無存，這是很多社會矛盾最後都採取激烈的方式呈現的主要原因。在改革進入到政府與社會進行利益博弈的階段，社會穩定的根本保障就是政府與社會能夠有對話的管道，雙方才能齊心合力確保轉型的平穩進行。台灣的經驗就是最好的借鑑。因此，如果八九民運成功，可以想見的是，改革的社會環境會更加穩定。

當然，假如八九民運成功，對中國的政治經濟社會諸多方面的發展，會有更多更加深刻的影響，但那是需要時間來慢慢展示的。至少，以上三點是我們在短期內可以預測的趨勢。簡單講就是，假如八九民運成功，中國會更快地進入市場經濟發展的軌道，而那樣的經濟發展會是在一個政治改革的框架下進行，而民主化的推進，會相應減少今天出現的嚴重的社會不公的問題。這樣的社會發展，也會是在政府與社會不斷對話的過程中進行的，這將有助於一個公民社會的成長壯大。

附錄一

難忘的一夜

王丹

一九八九年五月十九日的晚上，北京天安門廣場上，數千名已經絕食抗爭長達七天的大學生，以及在廣場聲援的幾十萬學生和民眾，在廣播中收聽到了一個令人震驚的消息：中國政府宣布實行戒嚴令，若干集團軍的作戰部隊已經得到命令，向北京挺進。

消息傳來，廣場上群情激昂，絕食指揮部經過討論，決定立即停止絕食，廣場上所有的學生就地坐下，展開無限期反戒嚴靜坐活動。以爲戒嚴部隊即將衝入廣場，這次學生運動已經到了生死存亡的關頭。不僅是指揮部，整個天安門廣場充滿了悲壯的氣氛。當時的我只有一個念頭：北京大學的絕食隊伍是我十三日從北大南門帶出來的，在這個最後的時刻，我必須回到北大隊伍，與同學們站在一起。

北京大學的絕食隊伍在天安門廣場的西北角，如果部隊衝進廣場，我們首當其衝。我到了以後看到大家都已經站了起來，熱烈地討論目前的形勢，大家普遍認爲今天晚上，我們將要面臨被鎮壓的危險。我組織同學們圍成圓圈，女生在最裡面，外面是男生，並再三重申，一旦軍隊衝進廣場，我們要秉持「打不還手，罵不還口」的原則，有秩序地撤退，並保證我會在隊伍的最前面，希望大家要聽從指揮，不要擅自行動。

話音未落，原來在西觀禮台上靜坐聲援的一隊北大教師後援團的成員來到北大營地，向我表示：作爲教師，保護學生是他們的天職，在這個最危險的時刻，要求我無論如何要安排他們坐在學生隊伍的最前面。面對老師的要求我無法拒絕，但是其中有一位女老師，我請她到隊伍最裡面去，可是被她堅決拒絕。她告訴我：今夜，我不是女生，我是教師，我不能讓任何一個學生坐在我的前面。很多同學聽到都哭出了聲來。我只好讓她坐到了隊伍前面。

這時，有人悄悄拉了我一下，我回頭一看，是一個在學校中相當有名氣的學生，他以「浪子」著稱，一向放蕩不羈，叛逆性極強；他最大的愛好，就是在圖書館前面的草坪上彈琴，我萬萬想不到這樣一個玩世不恭的學生也會堅持到現在。他表情沉靜地告訴我，因爲剛才我希望大家不要擅自行動，所以他必須徵得我的同意，那就是，他希望坐到教師的前面，如果有坦克進來，他要用肉體擋住坦克，保護老師和學生。他告訴我，這是他的決定，我只能同意，不能反對，他只是告訴我一聲。說完就自己坐到了最前面。

我的感動還沒有平復，忽然又來了二十幾個市民模樣的年輕人，個個膀大腰圓。為首的找到我說，聽說今天晚上部隊要進城，他們緊急趕到廣場，要來保護學生，並要求我無論如何要讓他們坐在北大隊伍的最前面。他說，你們都是讀書人，是國家未來的希望，我們不能讓你們這樣輕易就犧牲，坦克來，就讓他們先壓過我們；只要我們還有一個人在，就不能讓學生死一個人。說完，也是不由分說就坐到了隊伍的最前面。

就這樣，這一夜的北大隊伍，形成了女同學在最裡面，男同學在外層，再往外是教師，最外面是市民的格局。

附錄二

《國家的囚徒》（《改革歷程》）說出的秘密

——趙紫陽回憶錄讀後感

王丹

趙紫陽回憶錄《改革歷程》出版以後，海內外評論如潮。在我看來，這本歷史資料中有關六四事件的一個要害問題，是本書的最大亮點。這個要害，就是〈四二六社論〉。

趙紫陽在他的回憶錄的第二部分，開宗明義就提出：「〈四二六社論〉激化了矛盾。」這一點外界早有認識，但是，是誰策畫了〈四二六社論〉，是誰背著趙紫陽搞這樣的政治動作，而他們的目的又是什麼呢？過去外界一般把矛頭都指向北京市委李錫銘，陳希同一幫人，但是趙紫陽的回憶告訴我們，在李錫銘，陳希同的背後，更加高級的黑手就是李鵬。趙紫陽回憶說：「(四月十九日)我離開北京的當天晚上，北京市委的李錫銘，陳希同就找萬里，要求召開中央常委會聽取他們的匯報。李鵬眞是快啊，第二天晚上就召開了常委會。」「四月二十五日鄧同李鵬等人的講話，本來是內部講話，但當天夜裡，李鵬就決定把鄧的講話向各級幹部廣泛傳達，四月二十六日又把這個講話改寫成《人民日報》社論發表。」可見，〈四二六社論〉的基調的始作俑者是北京市委這一批人，但是眞正把這個基調上升到《人民日報》社論的高度，通過慫恿鄧小平講話的方式，把這個基調定位對學生運動的政治定性的始作俑者和眞正的決策者，卻是李鵬。也只有作爲代理總書記職務的中共中央政治局常委李鵬，有權力作這樣的政治動作。李鵬強推〈四二六社論〉，就是爲了在政治上綁架鄧小平，讓他在立場上不能後退。

更值得注意的是，趙紫陽的回憶錄，第一次披露出一個以前外界不知道的事，那就是鄧小平對〈四二六社論〉的發表是不滿的。儘管〈四二六社論〉依據的是鄧小平對李鵬，陳希同等人的談話的要點，但是根據趙紫陽的回憶：「鄧對李鵬大範圍傳達他的講話是不滿意的，鄧的孩子對把鄧推到前台也不滿意……五月十七日，在鄧家決定戒嚴的那次會上，鄧對李鵬說：這次不要像上次那樣搞了，這次也不要把我決定戒嚴的事捅出去。李鵬連連說：不會！不會！」顯然，政治經驗豐富的鄧小平，這次也被表面聽話忠實的李鵬擺了一道，眞正是「啞巴吃黃連，有苦難言」，還是要承擔起全部的責任。難怪鄧家的孩子對李鵬一直很不諒解。這裡就可以繼續推理下去：以李鵬的膽識，怎麼可能居然不經鄧小平的同意，擅自擴大傳達鄧的講話呢？他難道不怕鄧追究他嗎？是什麼使得他有恃無恐，居然敢擺鄧小平一道呢？這些，都是值得深思的問題。一九八九年的時候，在中南海工作的原中共中央辦公廳幹部吳稼祥若干年前就曾經寫過文章指出，是中共內部的保守派推李鵬出面，用〈四二六社論〉作爲激化事態的手段，目的就是給趙紫陽製造麻煩，以便推翻他的總書記職務，最終目的是停止改革。換言之，當時的中共內部有一些人，顯然想利用這次學生運動達到他們的政治目的。而他們的目的達到了，學生果然一下子就被激怒了，四月二十七日就發生了建國以來最大的學生遊行。學生與政府完全站到了對立的立場上。這時候偷笑的，應當就是李鵬和黨內的保守派了。他們通過〈四二六社論〉，既挑動了學生的情緒，又挾持鄧小平站到強硬的立場，是成功的「一石二鳥」之計。

可以說，六四事件本來就是一場由李鵬等人發動的，有組織，有預謀的，而最後以血腥作爲代價取得成功的政變，而〈四二六社論〉就是這場政變的信號彈。

第十三講 經濟與文化

一、越劇

1. 中共看上了越劇

越劇是中國影響最大的地方戲之一，二十世紀初開始在浙江東部農村流行，也稱「紹興戲」。其特色是才子佳人，纏綿悱惻，人物刻畫細膩。五〇年代末、六〇年代初，越劇成爲藝術與政治結合的一個典型。周恩來特別欣賞越劇，《打金枝》成爲每次外國領導人來訪必然邀請觀看的曲目。在政府的帶動下，越劇一度流行全國，成爲拍攝戲曲電影最早，最多的劇種。越劇電影《紅樓夢》迄今都是中國拷貝數目和觀眾數目最多的電影[1]。越劇一九三〇年代在上海成長，那時的明星是姚水娟。而為這個劇種帶來巨大影響的，則是推動越劇改革的袁雪芬。比起京劇等傳統戲劇，越劇經過改革之後更加舞台化，電影化，也就是更加眞實，更為新時代所能夠接受。

而擅長統一戰線和宣傳工作的中共早就開始對越劇下功夫。一九四六年，周恩來在上海進行國共談判，曾經看過一次越劇。第二天就把于伶找去，交代要很好地注意袁雪芬的劇團，因為這個劇團有觀眾，這就是力量。他還布置于伶他們要接近和幫助他們，讓他們走上革命的道路。離開上海的時候，周恩來仍舊沒有忘記這件事，又叫地下黨派人到地方劇團中去。當時有「四小名導」之稱的黨的外圍組織的吳琛，就進了徐玉蘭的劇團主持劇務部，沒多久，地下黨錢英郁也進去了[2]。解放後，周恩來對越劇的政治價值更加充分利用。全國政協第一次會議，戲劇界有四名代表，除了袁雪芬之外，其他三人（周信芳、梅蘭芳、程硯秋）都是京劇的代表[3]。

2.用越劇對外宣傳

有一次周恩來請與越劇有關的人到家閒談，大家問為什麼每次外賓來都看《打金枝》，總理自己也陪著看了好幾百遍。周恩來解釋說，其實「是想教育他們，當時很多國際友人都是亞非拉的，我們借這齣戲告訴他們，我們國家自古就有開明的皇帝，你們做國家元首的也要開明。」毛澤東也曾經做

1 王愷，〈越劇：情感和人性的勝利〉，北京：《三聯生活周刊》二〇〇九．二五，頁三四。
2 王愷，〈重訪「舞台姐妹」〉，北京：《三聯生活周刊》二〇〇九．二五，頁四八。
3 王愷，〈一代宗師袁雪芬〉，北京：《三聯生活周刊》二〇一一．九，頁一一三。

過類似的表述，他在全國匯演的劇目中看上了《梁祝》，覺得這是一部愛情主題的電影，又是民間傳說，如果拍成功可以用於對外宣傳，可以反駁當時攻擊中國好戰的國際輿論[4]。一九六〇年正值三年自然災害時期，國際上對於中國的饑饉災荒傳言很多，秋天，周恩來決定派越劇團去香港演出，目的就是去「粉碎謠言」。到了廣州，用了半個月的時間休養，「主要的內容就是吃喝加培訓」，專門請了廣州師傅做菜，吃得大家臉色都紅潤起來。十二月二十九日到了香港，就聽到有人議論「誰說大陸沒飯吃？你看他們不是很健康，很精神嗎[5]？」後來一九六三年徐玉蘭見到劉少奇，劉對他說：「你們一九六〇年去香港演出，是做統戰工作，很出色，很成功[6]。」

在中共上層的支持下，雖然才子佳人的主題與時代的階級鬥爭氣氛不太相稱，但是越劇還是得以登上全國舞台。代表作就是徐玉蘭，王文娟主演的戲劇電影《紅樓夢》，一九六二年上演，當時在全國引起轟動，其中「葬花、焚稿、哭靈」等幾場抒情大戲可以說是家喻戶曉。

4　王愷，〈重訪「舞台姐妹」〉，北京：《三聯生活周刊》二〇〇九．二五，頁五三。
5　王愷，〈越劇〈紅樓夢〉的誕生〉，北京：《三聯生活周刊》二〇〇九．二五，頁五七。
6　王愷，〈越劇〈紅樓夢〉的誕生〉，北京：《三聯生活周刊》二〇〇九．二五，頁六二。

二、春節晚會

1.曾經是一個時代的象徵

春節是中國人一年中最大的傳統節日，春晚在一九八〇年代，已經成了春節最重要的內容。一九八三年開始，春晚開始直播，舞台與觀眾之間沒有距離，沒有一個嚴格的舞台，晚會並設立主持人，節目內容也大幅減少政治化的成分，以相聲，小品和歌舞為主，因此一舉成功。按照後人的評價：「它是讓所有參與的人體驗快樂的過程。它自然，輕鬆，歡快，並充滿喜劇色彩[7]。」真正是春晚在當代中國人的文化生活中曾經扮演過重要角色的原因之一。

一九八三年的晚會上，一直被批評是「靡靡之音」的李谷一的《鄉戀》登上中央電視台的舞台，而王景愚的小品《吃雞》則是最早的純娛樂性作品，沒有任何政治符號在內。這些都使得春晚成為中國文化生活的風向標。一八八四年的春晚，開始引進港台藝人，台灣的黃阿原、陳思思、香港的奚秀蘭、張明敏入選，使得收視率衝上新高。出現了全國同時看同一個節目的現象，春晚的影響力達到巔峰，並深刻地影響到了八〇年代娛樂文化的特點。一九八六年以後，廣播電影電視部下令，禁止各地方台在除夕播製同類的文藝晚會，春晚遂具有了壟斷性的地位。

7 王小峰，〈春晚：事先張揚的自娛自樂〉，北京：《三聯生活周刊》二〇一一．八，頁四一。

2. 現在變成了政府的喉舌

春晚能有巨大的社會影響力，是因爲它代表了時代氣息，與民意有所呼應。很多相聲、小品，諷刺的都是當時社會上關注的熱點問題，對於人性化的文藝作品的需求，也支撐了春晚的收視率，形式上，也更像是一個大型的聯歡會，對觀眾來說比較有親和力。近來春晚的影響力下降，並且飽受詬病，是因爲春晚已經承擔過重的宣傳功能，成爲政府的傳聲筒，換句話說，就是要表達政府引導的主流文化，甚至去承擔展示國家形象的功能。用行話講，就是一定要「主題先行」。

這個轉折的代表就是一首歌，一九九五年春晚上的〈今兒眞高興〉。有評論者指出：「近於官則高調，春晚爲觀眾增添喜慶氣氛的原始義務，替代爲代表觀眾表揚快樂的權利，由權力表演出的快樂必定高調而空洞，〈今兒眞高興〉就是這樣的歌[8]。」現在，每一年的春晚都要照顧到過去的一年，中國的幾個重大事件。例如，二〇一一年的春晚，在事先規劃的時候，就要考慮以下內容：建黨九十周年，亞運會，送別「十一五」迎來「十二五」，百姓抗擊玉樹地震，汶川三年重建提前完成，感動中國式的人物或者道德楷模等等。於是，「創作者猜測導演的意圖，導演猜測領導的反應；領導猜測人民可能會有的意見[9]，」一台文藝晚會，成了國家進行政策宣傳的平台。用《三聯生活周刊》主筆王小峰的話說，「中央電視台春節聯歡晚會是這樣的一個東西：它用了二十多年的努力，達到了和中

8　志余，〈如何爲人民娛樂〉，北京：《三聯生活周刊》二〇〇九．五，頁三六。
9　李鴻谷，〈別鬧了，春晚〉，北京：《三聯生活周刊》二〇一一．八，頁三九。

國足球一樣的境界——主要是供老百姓罵的[10]。」

春晚從爲人民提供娛樂變成了試圖領導人民進行娛樂，有人說，春晚變得愈來愈霸道，這是它失敗的主要原因。另一方面，形式上也愈來愈固定化，從聯歡的性質變成大型舞台表演，與觀眾的距離拉大了。春晚的衰落，實際上表現出的，是中國的輿論控制，是在倒退的。民謠說：「以前春晚，是晚會裡插播廣告；後來春晚，是廣告裡插播晚會；現在的春晚，是廣告裡插播廣告。」不僅形式上固定，甚至連參加表演的演員也有固定的班底，有媒體統計過：「小品節目裡的熟臉最多，從趙本山到黃宏、蔡明，每年都會出現；相聲界的馮鞏年年都有；歌手裡宋祖英和呂繼宏也是一年不落。」從二○○○年到二○一一年的春晚，「出現九次以上的小品演員和歌手有七人……從二○○三年起你看到的武術表演節目，都來自河南的同一家武校[11]。」這也是觀眾逐漸失去對春晚的熱情的原因之一。

最後一句形象地揭示出了春晚的同一張面孔：龐大的壟斷利潤。現在的春晚，已經成爲一個能夠製造巨大利潤的產業。二○一○年的春晚，僅僅事後「我最喜歡的春晚節目」冠名權，就由郎酒集團以一·一億人民幣的價格標下。而每年春晚現場，坐在接近前台的圓桌區域的，都是這些大手筆買廣告的客戶。甚至連相聲演員段子裡的銀行卡名稱，小品節目拎上舞台的白酒包裝袋，都拿來招標獲取收入[12]。

---

10 王小峰，〈從活生生的娛樂到乾巴巴的標本〉，北京：《三聯生活周刊》二○一○·九，頁五六。

11 吳琪，〈春晚的譜系〉，北京：《三聯生活周刊》二○一一·八，頁四八。

12 陳曉，〈春晚市場份的壟斷與反壟斷之戰〉，北京：《三聯生活周刊》二○一○·九，頁四一

3.畢竟有一些美好的記憶

春晚的意義，一是爲那個時代提供了一些文化的Icon，標誌性的人物，比如李谷一、費翔、趙本山、姜昆等等，豐富了社會的文化生活；王菲，那英一九九八年的一曲〈相約九八〉就此奠定了二人的地位。二是傳遞了時代資訊。比如一九八八年的春晚姜昆的相聲，說天安門廣場變成了農貿市場。這裡就傳遞了二個資訊：第一，是經濟的開放，農貿市場就是代表；第二是輿論的寬鬆，可以開天安門廣場的玩笑。後來一九八九年學生運動爆發，在天安門廣場絕食靜坐，還有人說一語成讖。三是已經成了一種大眾記憶的載體。

北京的《三聯生活周刊》在二〇〇九年第五期上列舉了二十六年來春晚的十個經典節目。我們不妨回顧一下，作爲一些美好的記憶：

一、一九八三年王景愚的小品《吃雞》（使得小片這種文藝形式開始流行）

二、一九八三年李谷一的歌曲〈鄉戀〉（傳達了一個資訊——文藝逐步走向開放。當時是禁歌，但是觀眾的點播不斷湧入，只好播出，從此解禁。這樣的開放，今天也不可能。）

三、一九八四年馬季的相聲《宇宙牌香菸》（被認爲是水平最高的相聲作品）

四、一九八四年陳佩斯，朱時茂的小片《吃麵條》（陳佩斯後來堅決抵制春晚）

五、一九八四年張明敏的〈我的中國心〉（港台地區演員第一次出現在春晚的舞台上，而在中英進入香港回歸的實質性談判的背景下，這首歌更有時代意義）

六、一九八四年李谷一的〈難忘今宵〉（每屆春晚的結束曲）

七、一九八七年費翔的〈冬天裡的一把火〉(第一次見識到偶像魅力,中國由此進入追星時代)

八、一九八九年韋唯的〈愛的奉獻〉

九、一九八九年雷恪生、宋丹丹等的小品〈懶漢相親〉(宋丹丹一舉成名)

十、一九九〇年趙本山的小品〈相親〉(趙本山一舉成名,從此與春晚相依爲命)

三、中國經濟發展的幾個關鍵事件

1. 鄧小平「南巡講話」

一九八九年六四事件之後,黨內保守派全面回潮,不僅在政治領域重新提倡階級鬥爭,而且在經濟領域對於以前的市場經濟改革也提出質疑。一九九〇年二月二十二日,《北京日報》發表文章,提出「是推行資本主義的改革,還是推行社會主義的改革?」「掀起了改革要問問姓社姓資」的理論爭論[13]。甚至還有人提出:「市場經濟,就是取消公有制,這就是說要否定共產黨的領導,否定社會主義制度,搞資本主義[14]。」主持中央工作的江澤民,對於保守派的主張不僅不制止,而且予以呼

13 陳錦華,〈回顧中國社會主義市場經濟制度的確立〉,陳一然編著,《親歷共和國六十年——歷史進程中的重大事件與決策》(北京:人民出版社,二〇〇九),頁二七〇。

14 陳錦華,〈回顧中國社會主義市場經濟制度的確立〉,陳一然編著,《親歷共和國六十年——歷史進程中的重大事件與決策》(北京:人民出版社,二〇〇九),頁二七九。

應。一九八九年九月二十九日，江澤民在慶祝中華人民共和國建國四十周年的大會上講話，就改變了「十三大」提出的「國家調控市場，市場引導企業」的主張，而是提出「我們的社會主義經濟，是公有制基礎上的有計畫的商品經濟。這種商品經濟，同私有制基礎上的基本自由市場自發調節的資本主義經濟，有著本質的區別。在總體上自覺實行有計畫，按比例地發展國民經濟，是社會主義經濟的一個基本特徵……如果是一味削弱乃至全盤否定計畫經濟，企圖完全實行市場經濟，在中國是行不通的，必將導致經濟生活和整個社會生活的混亂[15]。」

在這樣的指導思想下，一九九〇年和一九九一年，中國經濟發展出現了嚴重的衰退現象。一九八八年，國營預算內工業企業的虧損面是百分之十二，一九八九年前三季度虧損面是百分之十九，一九九〇年的前三季度虧損面一下子飆高到了百分之三十五，一九九一年前三季度虧損面達到百分之三十六。從百元銷售收入實現利稅的數字看，一九八八年為十九·五元，一九八九，一九九〇，一九九一年前三個季度分別為十七·六元，十三·九五元和十三·一三元，可以說是一路下滑[16]。

表面上退出領導核心的鄧小平，深感這樣的發展，結果就是否定他開闢的改革開放的路線，這是他不能容忍的，於是決定採取大動作表達自己的態度。一九九一年一—二月，鄧小平去上海視察，就提出「膽子更大一點，步子更快一點」。上海市委機關報《解放日報》揣摩鄧小平的意思，連續組織

15　〈一九九二年鄧小平的南方之行與蘇東劇變〉，林蘊暉，《國史劄記．事件篇》（上海：東方出版社，二〇〇八），頁三六〇—三六一。

16　楊擁中，〈改革以來的經濟增長與經濟改革〉，閔琦等著，《轉型期的中國：社會變遷》（台北：時報文化公司，一九九五），頁三三七。

了〈改革開放要有新的思維〉等幾篇評論文章，以「皇甫平」的名義發表。但是，黨內保守勢力並沒有覺察到鄧小平內心的不滿，皇甫平的文章也受到一些當權者的批評。在這種情況下，鄧小平決定以大動作迫使中國回到改革開放的軌道上來。

一九九二年一月到二月，他分別到武昌、深圳、珠海和上海考察工作，沿途發表講話，要求深化改革，並反擊左派的保守言論，這被稱爲「鄧小平南巡」。在深圳，針對一些人對於經濟特區的質疑，他表示：「有的人認爲，多一分外資，就多一分資本主義，『三資企業』多了，就是資本主義的東西多了，就是發展了資本主義。這些人連基本常識都沒有[17]。」在珠海，鄧小平在講話中還提出：「現在，有右的東西影響我們，也有『左』的東西影響我們，但根深柢固的還是『左』的東西。有些理論家、政治家，拿大帽子嚇唬人，不是右，而是『左』。右可以葬送社會主義，『左』也可以葬送社會主義。」一月二十五日，鄧小平對當地幹部講：「三中全會以來的路線，方針，政策的正確性，誰也改變不了。誰反對改革開放誰就垮台[18]。」這等於是向黨內的保守勢力提出嚴重警告。

鄧小平的反擊，迅速扭轉了政治局勢。一九九二年二月二十八日，中央政治局通過決定，將鄧小平視察南方的講話，以中共中央一九九二年二號文件的名義向全黨下發和傳達。至此，中國國內的政治氣氛開始發生變化。

17 湯應武，《一九七六年以來的中國》（北京：經濟日報出版社，一九九七），頁三五三。
18 湯應武，《一九七六年以來的中國》（北京：經濟日報出版社，一九九七），頁三五五。

2.「市場經濟」體制的確立

一九九二年初鄧小平南巡之後，各省對於加快經濟改革的腳步的呼聲明顯提高。早在中央考慮在圍繞市場與計畫的理論問題上取得突破之前，地方已經積極地發出了自己的聲音。一九九二年四月十五日，當時的國家經濟體制改革委員會主任陳錦華召集廣東、江蘇、山東、遼寧和四川五個經濟發展比較快的省分的體改委主任座談，討論下一步的改革設想，結果會上五個省的與會者一致提出，今後應當明確提出「建立和發展社會主義市場經濟」[19]。鄧小平的壓力，地方上的逼宮，迫使本來是保守取向的江澤民的態度發生重大變化。

六月九日，江澤民在中央黨校省部級幹部進修班上發表〈深刻領會和全面落實鄧小平同志的重要談話精神〉，明確表示：我個人的看法，比較傾向於使用「社會主義市場經濟」這個提法[20]。一九九二年十月中共的十四大在理論上進行重大突破，正式確認中國的經濟體制改革的目標，就是建立社會主義市場經濟體制。

19 陳錦華，〈回顧中國社會主義市場經濟體制的確立〉，陳一然編著，《親歷共和國六十年——歷史進程中的重大事件與決策》（北京：人民出版社，二〇〇九），頁二六七。

20 陳錦華，〈回顧中國社會主義市場經濟制度的確立〉，陳一然編著，《親歷共和國六十年——歷史進程中的重大事件與決策》（北京：人民出版社，二〇〇九），頁二八〇。

3. 加入WTO

二〇〇一年十二月十一日，中國正式加入WTO（世界貿易組織）

加入WTO，既有經濟上的考慮，也有政治上的考慮。從經濟的角度看，加入WTO可以獲得穩定的多邊的優惠待遇，而且作爲發展中國家，中國還可以獲得關稅保護程序，繼續實行普惠制，過渡期等等更加優惠的條件，有利於中國擴大對外貿易，從而拉動經濟增長。

另一方面，加入WTO，也是中國政府在國際關係上的砝碼。根據中國方面主持加入WTO談判的首席代表龍永圖的回憶，一九八六年申請加入WTO以後，到了一九八九年，因爲中共血腥鎭壓民主運動，西方國家中斷了與中國就加入WTO問題的談判，一直到一九九一年下半年才恢復，「那個時候，中國不僅僅把恢復關貿總協定地位，看作是一場恢復國際外交和經濟地位的談判，更看作是打破當時西方對中國圍堵和制裁的重要政治舉措[21]。」

當一九九九年中美就加入WTO的談判陷入僵局的時刻，中國領導人的政治思考也成了關鍵的決策因素之一。按照龍永圖的說法，「當時我們確實也想達成協議。中央主要從中美關係大局來看，五月我駐南使館被炸事件後，中美關係很困難，雙方都需要轉機。中美關係對雙方來講，畢竟太重要了。我理解，江主席和中央其他領導同志，就是想用中美協議使中美關係從最困難的局面中走出

21 龍永圖，〈「入世」談判是這樣完成的〉，陳一然編著，《親歷共和國六十年》（北京：人民出版社，二〇〇九），頁三〇二。

來。」正是基於這樣的考量，當美方以退出談判爲要挾，提出最後七項要求的時候，當時的國務院總理朱鎔基親自出馬，對其中二項作出了讓步，才換得協議的完成[22]。

4. 國企改革何去何從？

二〇〇四年八月九日，香港中文大學教授郎咸平在復旦大學發表〈柯林格爾：在國進民退的盛宴中狂歡〉的演講，對於國有企業改革提出批評，認爲現在社會最大的威脅是國有資產流失，現在的產權改革，無法使國企走上正路，成了國企瓜分國資的一場盛宴。他建議政府用行政命令停止管理層收購，停止國有企業的產權改革[23]。這篇演講引起經濟學界和公眾熱烈的討論，被稱爲「郎咸平旋風」著名的經濟學家吳敬璉，北大教授張維迎等都公開表示不同意見。張維迎認爲，國有企業改革本身也是創造財富的過程，只有通過所有制的進一步改革，才能創造出一個企業家階層。九月，以經濟學家程恩富爲首的十位學者在新浪網和《社會科學報》上發表〈關於郎咸平質疑流行產權理論和侵吞國有資產問題的學術聲明〉，支持郎咸平的觀點。

「郎咸平旋風」揭示出中國經濟改革的核心問題——國有企業改革的問題——仍然是中國未來發展的關鍵，因爲它不僅僅是一個經濟問題，也是如何協調經濟與社會平衡發展的社會問題。二〇〇四年九月四日，新浪財經，《外灘畫報》社，《新遠見》雜誌在北京聯合召開「改革路徑的新選擇與

---

22 龍永圖，〈「入世」談判是這樣完成的〉，陳一然編著，《親歷共和國六十年》（北京：人民出版社，二〇〇九），頁三〇六—三〇八。

23 王炳林等著，《抉擇：共和國重大思想決策論爭紀實》（北京：人民出版社，二〇一〇），頁三四七。

學者良知」研討會，清華大學社會學系教授孫立平，對於有關討論背後的涵義進行分析，指出：這個命題一直激起這麼大的反響，可以說是觸到了中國痛處的問題。一是以相對公正的程序和規則實現國有企業體制的改革。改革的市場化方向應當是堅定不移的。在這種情況下，在推進這種改革的同時，有一個重造改革標準的問題；二是承認利益社會分化和利益多元化的現實，承認利益表達的正當性，並且在制度上設立利益表達和不同群體利益的安排；三是利益的合作不僅僅是競爭，而且是合作，特別是在中國目前的情況下，在勞資上形成合作主義的安排，這可能是合作主義體制當中的重要內容[24]。這樣的討論，實際上已經若隱若現地提出了政治改革的問題，而後者，其實才是所有討論似乎迴避，但是其實無法迴避的問題。

5.「三農」問題

二〇〇〇年，湖北省監利縣棋盤鄉黨委書記李昌平給當時的國務院總理朱鎔基寫了一封信，題目是〈我向總理說實話〉，在信中他提出「現在農民眞苦，農村眞窮，農業眞危險。」之後，「三農」問題成爲從決策者到民間熱烈討論的話題。所謂「三農」問題，包括農民負擔過重，農民負擔的增長率，超過農民人均純收入的增長率；以及農村群體性事件增加，農地拋荒，糧食生產不足需求等等問題。

24 王炳林等著，《抉擇：共和國重大思想決策論爭紀實》（北京：人民出版社，二〇一〇），頁三四八—三四九。

之所以出現這些問題，二〇〇〇年，中國社科院農村所所長張曉山發表於《中國改革》雜誌上的文章〈三農問題根源在扭曲的國民收入分配格局〉，被認爲基本概括了研究者的共識，即：一是財政支農政策仍存在問題：九〇年代以來財政支農的比重一直呈下降趨勢；二是分稅制對鄉鎮財政的影響：中央與地方以及地方各級之間的收支範圍和權限是靠相互交涉而決定的，而且不斷改變的鄉鎮政府是最基層的政權組織，所以在各級地方政府的交易中必定處於最爲不利的談判地位；三是財權和事權不對稱：在連基本工資都不能保障的情況下，許多鄉鎮政府幾乎完全喪失了爲本地區農民提供社會公共產品的能力；四是信貸政策不利農業和農村經濟發展：從中國金融年鑑的數據可以看出，農業和鄉鎮企業從國家銀行系統獲得貸款額度最高年分也沒有達到百分之十七，而且從一九九五年以來一直下滑[25]。

如何解決「三農」問題，政府只要採取減少稅收的方式。二〇〇五年十二月二十九日，十屆全國人大常委會第十九次會議通過決定，自二〇〇六年一月一日起廢止〈農業稅條例〉。取消農業稅，某種程度上減輕了農民負擔，但是並未能解決農業生產和農村發展的問題。近年來，農村地區的主要矛盾，已經表現爲政府和開發商徵地，而與基層農民發生衝突的問題。清華大學教授秦暉，中國社會科學院學者於建嶸等，都已經建議全面實行農村土地的私有制，但目前顯然還無法獲得當局的採納。

25　李鴻谷，〈中國思想力的生產模式〉，北京：《三聯生活周刊》二〇一〇・一〇，頁四一。

第十四講
公民社會的成長

一、獨立製片運動

1.始終在體制外

在官方的媒體壟斷下，很多社會眞相是通過獨立製片運動的成果在民間小範圍內流傳的。這個運動又稱爲「地下電影」。被視爲開創者的，是曾經在體制內擔任過製作人的吳文光。他在一九八八至一九九〇年拍攝的《流浪北京》，紀錄五名流浪北京的藝術家的生活，是「獨立紀錄片的先鋒之作[1]。」說它是先鋒，是因爲這部紀錄片先後參加了香港國際電影節、倫敦國際電影節、美國國際

1 林淵，〈獨立拍片的自由之風〉，香港：《開放》二〇一〇・八，頁三六。

夏威夷電影節，而他其後拍攝的《一九六六，我的紅衛兵時代》，獲得一九九三年日本山形國際電影節的小川紳介紹獎。這確立了獨立製片運動的基本模式：選擇敏感題材，國內拍片，海外播放，獲獎之後申請海外資金支持，繼續回國拍攝，同時在國內組織小規模放映。

一九九一年六月，一批獨立紀錄片的製片人，包括段錦川、郝智強、張元、蔣樾，時間、王子軍等，在北京成立了「結構・浪潮・青年・電影小組」，並在高校內舉辦「北京新紀錄片作品研討會」[2]，獨立製片成爲一種文化運動，並具備一定的政治反抗內涵。例如後來在中央電視台工作的時間，拍攝了一部地下紀錄片《我畢業了》，採訪一九八九年那一屆大學生畢業時的心情。表面上雖然反映的是同窗惜別的情誼，但是通過那種特殊的悲傷，鮮明地點出了背後的時代背景——一九八九年的學生運動，以及之後學校內低沉的氣氛。在一九九〇年代初嚴酷的政治環境下，這部紀錄片大膽挑戰禁忌，使得中國的獨立製片運動一開始就具有對抗體制的特色。這樣的特色，當然會遭到當局的嚴厲鎮壓，基本方式就是，第一，對於獨立製片的製作人予以處罰，甚至壓迫他們的生存空間。時間本人後來就被調離中央電視台；第二，就是向國際影展施壓，阻撓獨立製作的電影，紀錄片的播放。在包括金馬獎這樣的台灣電影節，因爲不希望被中國當局杯葛導致無法引入大陸電影，一般都會非常在意中國當局的反應。因爲代表中國參加電影節的電影，都要得到中國有關電影管理機構的批准。

2 林淵，〈獨立拍片的自由之風〉，香港：《開放》二〇一〇・八，頁三六。

2. 中國的獨立製片運動

二〇一〇年五月一—七日，在北京的宋莊舉辦了第七屆中國紀錄片交流周，薈萃了近年來中國獨立製片運動的優秀之作，也可以看作是整個運動的一個縮影。從送映的諸多獨立紀錄片中，我們可以歸納出中國獨立紀錄片運動著重反映的幾類主要題材：

第一類是關注底層社會。中國經濟突飛猛進，世人眼光多注目在繁榮都市和膚淺的社會表象上，而作為中國社會基礎的底層卻鮮為人知。一些導演就致力於把中國社會底層的眞實面目呈現出來，具備強烈的「草根意識」。他們尤其關注弱勢群體的處境。

劉蘅的《回到達縣》就用攝影機記錄了四川達縣火車站鐵路中學初中一年級的一個班級中，那些孩子們的日常生活。片子以班上的紀律委員劉婷婷為主角，寫孩子們的成長。用導演的話說，就是要紀錄下「孩子們的青春」。季丹的《哈爾濱旋轉樓梯》描寫了兩個家庭的生活：住在高樓上的一個母親與她面臨高考的女兒相依為命；樓下大雜院裡面，一對夫妻為他們沉迷網咖的兒子煩惱不已。高考、網咖、大雜院與旁邊的居民樓的對比，這些底層的瑣碎生活，是中國更加眞實的一面。

羅麗梅的《藍靛廠》從另一個角度紀錄中國的底層社會。一九五八年為了響應毛澤東「盲人要做到殘而不廢」的號召，各地都成立了一些專門為殘疾人設立的印染工廠——藍靛廠。導演拍攝了其中一家的現狀。這家工廠曾經發展到三百多戶，但是隨著時代變遷，此地拆遷，成為繁華的商業區。原址只留下兩幢破舊的職工宿舍和二十多戶盲人。在現代化和商業化浪潮的衝擊下，正常人尚且要艱難調整，這些盲人面對變局，會有如何的心酸和煎熬，又是怎樣承擔每天的生活？《藍靛廠》從殘疾人這個角度，讓觀眾看到的是底層中國很少被注意到的一個角落。

此外，本身在銀行工作，同時也是畫家和詩人的林鑫，二〇〇〇年以來開始堅持用自己的攝影機拍攝社會底層弱勢群體的生活。他父親在煤礦工作，使得他深知煤礦工人的艱辛生活，他拍攝的《三里洞》採訪了山西銅川煤礦三百個工人，為他們的生活留下影像紀錄，獲得澳洲齊氏文化基金會頒發的推動進步獎。他的另一部紀錄片《同學》也曾經在台灣龍應台基金會討論中國現狀的文化沙龍上，作為反映中國社會階級分化和貧富對立的素材播映。

第二類呈現的是在現代化和城市化的過程中，人們的精神迷惘與探尋。

薛鑑羌導演拍攝的《火星么綜合症》，從片名上就透露出後現代主義的審美取向。該片通過追蹤一個青年在北京的「北漂」（特指來北京尋找工作或者發展機會的外地人）生活，來刻畫一些心靈上錯綜複雜的成分。其綜合症的組成，用導演的話說，包括了「私人世界、情感、自虐、同性戀、暴力、絕望、混亂、電影、強迫者、英雄、孤獨主義」等等。如此繽紛的內心世界，正是外在的現實內射出的投影。

張贊波的《戀曲》講的是一個再普通不過的故事：一個在KTV工作的女服務生與一個客人的感情糾葛。通過雙方關係發展過程中的謊言、慾望、浮躁、放縱、迷茫與痛楚，導演的目的是「希望借女孩的個人故事，帶出人性的某種複雜性和普遍性，尤其是當代城市人普遍的情感困境。」試圖從個體中挖掘出一些普遍性，是這一類型獨立紀錄片的中心思想。

第三類應當說，更具有社會關懷，也帶有更多思考的成分，因為他們的鏡頭追蹤和呈現的，是社會轉型中普遍存在的一些社會問題。

比較有代表性的，是郭熙志的《喉舌》。影片在兩個平行的空間裡展開：一個是深圳的一個電視新聞節目〈第一現場〉。在這樣的單位裡，人們扮演著中國社會主義制度下特有的黨和政府的「喉舌」的角色；另一個空間中，還是這些「喉舌」們，下班後回到社會中，作為一個「非喉舌」目睹城市中種種的問題和生活百態。這部長達三小時十七分鐘的紀錄片，用導演的話說，表現的重點是「國家機構」，而我們都知道，國家機構本身，就是中國存在的社會問題之一。

導演郭熙志在中國獨立製片人中算是先鋒人物。他曾經領先拍攝了以國企倒閉，城鎮拆遷為題材的《渡口》，《遷鎮》，並以鮮明的立場表示「要用紀錄片這把刀直捅社會的心臟」，甚至針對獨立紀錄片的前途，喊出頗為激進的「反動(作者註：即反抗現行體制)是唯一的出路」的口號。這一類導演具有鮮明的社會介入的意識，他們的鏡頭已經不是在記錄，而是通過紀錄來表態。他們的表態，已經構成中國公民社會百花齊放的龐雜光譜中的一部分。正是在這個意義上講，我們說，中國的獨立紀錄片的拍攝，放映和流傳，已經構成了一種社會文化運動。

當然，也有一些對社會問題的關注，把目光投向比較具有前瞻性的社會問題，比如同志議題。這方面比較活躍的紀錄片導演是范坡坡。他是「中國酷兒獨立影像小組」的協調人之一，曾經組織過同志題材紀錄片的巡迴播映活動。這個小組的成立本身，就說明同志議題已經成為獨立紀錄片運動的主打項目，這也反映另一類的介入社會的角度。本次交流周，范坡坡帶來的是《櫃族》，其中採訪了國內十幾位出櫃的同志，其中同志母親吳幼堅的人物刻畫，在同志議題的發展中也是一個重要的指標。

中國的獨立紀錄片運動比較關注的第四類話題，就是對於重大社會事件的側面紀錄。例如楊戈樞的《路上》講的是幾個卡車司機，從江蘇南通出發，運貨到貴州，結果遇到了二〇〇八年初那場大雪災。雖然片子本身刻畫的是「不斷出現的難題，煎熬的等待，以及男人之間的友誼的牢固與脆弱。」試圖呈現「非常態下的非常生活」，但是故事的背景決定了它也是一個紀錄，讓曾經發生的社會事件在歷史上留下「非常態」的紀錄。

類似的創作還有黃眉的《長川村小》。這部紀錄片是以汶川大地震爲背景的，也試圖從更加深入的角度來紀錄那場災難。鏡頭拍攝下的，是地震災區，甘肅安定地區長川村的小學在汶川地震之後的生活。眞是的紀錄讓我們看到很多其他媒介沒有觸及到的偏僻角落。這個小學，這些小學生本身也是汶川地震的受害者，但是由於地處偏遠，卻不爲人所知。其中一位代課老師的陳述聽起來令人心情沉重：「我們住在這裡，卻沒有人知道。」導演黃眉說，她就是聽到這句話才決定把這部片子做出來的。

除上述四類紀錄片運動關注的主題外，還有兩類我要特別提到。這兩類因爲過於敏感，即使是在宋莊舉行的交流周上也無法公開放映，但是作爲一股地下潮流，在中國的獨立紀錄片運動中也是不可忽視的。

第五類是歷史鉤沉性質的。最具有代表性的，是獨立紀錄片運動的主力人物胡傑的成名作《尋找林昭的靈魂》。這部紀錄片不僅把一個塵封了數十年的歷史人物重新挖掘出來，而且引發了現實中關於林昭精神的種種思考，充分體現了紀錄片運動的現實意義。其他的題材，還有反右運動，一九五〇年代初的農村土地改革，以及慰安婦等等。第六類是直接觸及最爲敏感的政治問題的紀錄片。早期的包括一九九二年拍攝放映的《我畢業了》，處理的是六四事件，通過紀錄參加過八九學運的學生在畢業時的集體悲傷和壓抑，來爲那場被鎭壓了的理想主義運動做一次祭奠。比較近的例如《我們》，導演探訪了一些在國內的維權人士，讓他們面對鏡頭發表自己的政治見解，並紀錄他們在當局迫害下的心態和處境。這樣的題材，不難想像是最危險的，但是也因此是最具有吸引力的。

以上勾勒的，是今天的中國獨立紀錄片運動一個大致的輪廓。比較需要提到的是，以往在宋莊舉辦的中國紀錄片交流周，主要的資金來源還是國際文化機構的基金會，比如阿姆斯特丹國際電影節一九九八年創立的Jan Vrijman Fund；但是二〇一〇年的第七屆紀錄片交流周，贊助單位中已經出現了國內的企業，例如設計師丁勇創立的成衣公司達衣巖公司。從資源投入的角度看，這是一個突破，它表示中國的獨立紀錄片運動，在獲取資金支持的模式方面，已經從國際化轉為在國內直接獲取資源。這同時也是一個訊號，代表中國的公民社會正在也許緩慢，但是逐漸發展的過程中。從獨立紀錄片運動中，我們其實更應當得到啓發的，是中國公民社會的壯大。

3.代表人物和代表作品

在獨立製片運動中，有三個人的作品具有代表性。第一是張元。他關注城市青年的心靈狀態和生存狀態，最早挑戰同志議題，第二是艾曉明。她的重點是維權運動，她自己帶學生親自到維權地區拍攝採訪，是一種公民記者的實踐，例如《太石村》記錄了二〇〇五年廣東番禺的太石村事件（罷免村官運動）。二〇〇六年到二〇〇七年，她又製作完成了《中原紀事》和《關愛》兩部紀錄片，分別記錄了河南及河北省感染愛滋病的村民的生活。第三是胡傑。他二〇〇四年拍攝的《尋找林昭的靈魂》，觸及重大歷史敏感題材，對於重建眞相做出了重大貢獻。現在，艾未未以《老媽蹄花》等一系列新紀錄片正在營造第四波高潮，目標是公民參與。其中，何楊拍攝的《應急避難場所》，講述了維權律師倪玉蘭受迫害的故事，這個紀錄片通過網絡傳播之後，在推特，微博上成千上萬的人轉發，倪玉蘭的故事才被廣泛關注[3]。

北京地下紀錄片運動的主要推手之一朱日坤，二〇〇九年曾經推薦了十部具有代表性的獨立製作作品：一、《老媽蹄花》，二、《上訪》，三、《麥收》，四、《春風沉醉的晚上》；五、《尋找林昭的靈魂》；六、《牯嶺街少年殺人事件》，七、《誌同志》，八、《好貓》，九、《算命》，十、《克拉瑪依》（根據現象網網友點擊「關注此影片」的次數排名）[4]。

二、媒體空間的開拓努力

1. 體制內媒體的空間何在？

儘管中共對於輿論控制極爲重視，對於媒體有層層的管制措施，但是即使是在體制內，新聞界人士還是利用管理制度的空隙，努力撐開言論的空間。杜耀明的研究就指出，儘管中共體制內的輿論監督，不允許批評黨和政府的上級機構，但是媒體通過兩種方式發揮輿論監督功能。一是積極監督下級單位，比如中央電視台的〈焦點訪談〉節目；二是異地監督，比如《南方都市報》。同時，在報導內

3 藤彪，〈攝錄機打破官方壟斷〉，香港：《開放》二〇一〇．八，頁三九。

4 朱日坤，〈中國的獨立紀錄片概貌〉，香港：《開放》二〇一〇．八，頁四四。

容上，採取三種手段：一是選擇那些屬於敏感項目，但沒有牴觸任何禁令，而事涉公共利益，卻不會衝擊中央政府威信的；二是運用親政府的報導策略和話語來論述。媒體從業人員對於職業良知的認同，是他們開拓言論空間的主要動力之一。《南方周末》宣示媒體的社會功能就是「給弱者以關懷，讓無力者有力，讓悲觀者前行。」中央人民廣播電台新聞評論部〈新聞縱橫〉節目的社會調查報告，提出要體現他們「對社會的人道立場，正義新聞原則和人文關懷的責任。」等，都是這種基於職業良知的認知的體現[5]。這方面比較著名的例子有原《中國青年報》《冰點周刊》的主編李大同；原《財經》雜誌總編胡舒立等。

此外，從新聞管制的角度說，當局也不可能完全做到全面掌控。這裡有幾個原因：第一，隨著媒體總量，尤其是網路媒體數量的快速增加，管制成本逐漸提高，管制難度也逐漸加大，面對管制的反彈力道也不斷上升。例如強行安裝「綠壩—花季護航」軟件的企圖，就因爲受到國內外的巨大壓力而被迫取消。第二，中央政府與地方政府之間的利益劃分，也給予媒體報導一定的空間。有時候中央政府也會默認媒體對於地方政府的一些批評，作爲中央與地方的權利博弈的一種手段；例如南方報系對於薄熙來在重慶「打黑」進行的一些批評，背後就有黨內意見分歧的政治性因素作爲支撐；第三，對於言論管制的力度，各級主管官員也有不同的意見分歧，這些差異也給言論空間的開拓，提供了一定的機會。

5　杜耀明，〈媒體監察時弊的博弈空間〉，香港：《二十一世紀》二〇一〇・六，頁七—九。

2. 網路將改變中國？

更加凸顯公民社會的成形意義的，就是互聯網上言論空間的擴大。二〇〇九年，網民規模較二〇〇八年底增長八六〇〇萬人，年增長率爲百分之二十八・九。中國的網民規模，年增長率和增長人數都達到世界第一[6]。二〇一一年一月十九日中國互聯網絡資訊中心發布的〈第二十七次中國互聯網絡發展狀況統計報告〉顯示，截至二〇一〇年十二月爲止，中國網民規模達到四・五七億人，普及率超過全球平均水平。這一年，中國手機用戶突破八億，移動互聯網用戶突破三億[7]。互聯網已經成爲新的公共空間和社會不滿得以表達與凝聚的新平台。尤其是在青年族群中，「QQ」，「人人網」，「開心網」和「51.com」等已經成爲日常生活中必不可少的社會網路。

典型的案例就是二〇〇九年的草泥馬事件。二〇〇九年一月五日，國家發起「整治互聯網低俗之風專項行動」，但是其主要目標還是政治性言論，一月九日「牛博網」被關閉就是證明。然而，這樣的言論審查最終難以掌握區分政治網站，與網民日常生活所需網絡世界的區隔，使得當局的言論管制，最終會不可避免地與並不具有政治反抗性質的網民發生利益上的衝突。在反低俗行動中遭到整肅的九批網站名單中，就有極大一部分是網民主要的日常網站，特別是提供動畫，漫畫和遊戲類內容服務的網站，於是引起網民反彈。百度百科中開始出現關於「十大神獸」的帖子。草泥馬，又稱羊駝，

6 王洪喆，〈互聯網的內容審查與網絡亞文化〉，香港：《二十一世紀》二〇一〇・六，頁一八。

7 胡泳，〈中國的互聯網與社會動員〉，香港：《二十一世紀》二〇一一・六，頁七。

是南美洲一種動物，因爲諧音被用來作爲對於網絡管制的反諷而流行開來，並開發出一系列相關產品，如故事、漫畫、視頻、玩具、T恤、造字等等。

看草泥馬事件的社會意義，它首先反映了政治管制的窘境和風險系數的提高。網絡世界的高度關聯性，使得政治管制很容易侵害到一般民眾的需求，不當管制會因此而產生當局意料之外的社會不滿，催發新生的反抗人群。草泥馬等諸「神獸」的名稱，就來自於第九城市旗下運營的網絡遊戲「魔獸世界」中眾多敏感詞遭到遮罩之後的一種諧音替代。草泥馬這一神獸最早就是來自於百度「神獸世界」貼吧的內部語言，而那裡正是「十大神獸」最早出現的論壇[8]。成千上萬的青少年沉迷於網絡遊戲，例如著名的「魔獸世界」，因爲有可能從這樣的途徑感受到政治壓制對於社會的負面干擾，從未增加政府的管制風險。其次，草泥馬的開展，展現了新的政治反抗的可能。這種新的形式，包括了網絡與現實世界兩種公民社會的公共空間的互動與合作。以崔衛平爲代表的公共知識分子相應，聲援網絡反抗，並將之引入新的公共論述之中，代表了這種新的社會力的發展趨向。用北京大學新聞與傳播學院副教授胡泳的話說，「(一直到)互聯網的興起，結社自由才得以部分實現，抗議文化才開始復甦[9]。」

在談論中國社會發展的未來的時候，恐怕誰也不能否認網絡所產生的巨大作用。胡泳認爲：「就支持性角色而言，互聯網的作用主要體現在表達和組織兩個方面：通過相對無障礙的表達改變集體認

8　王洪喆，〈互聯網的內容審查與網絡亞文化〉，香港：《二十一世紀》二〇一〇・六，頁一八。

9　胡泳，〈中國的互聯網與社會動員〉，香港：《二十一世紀》二〇一一・六，頁七。

知，構建集體行動框架。缺乏這些認知和框架，社會運動就很難產生；與此同時，互聯網也可以激發社會輿論的共振，爲社會運動造勢和贏得支持。更加重要的是，由於中國尚缺完整的公民社會，正式社會組織難以起到動員的作用。互聯網恰好可以消解這個障礙，以一種『無組織的組織力量』幫助民眾展開理性有效的行動，並部分規避中國社會存在的群體行動特殊困境，即安全性困境10。」

從現實的角度看，互聯網將會在哪些方面改變中國呢？我們來做一個梳理：

第一，網絡是一個啓蒙的平台。今天阻礙中國走向民主的，不僅僅是一黨專政的利益集團，也有人民在對於民主的想像上的認知錯誤。比如，民主會帶來社會不穩定，就是很多人都有的想像，這種想像使得人民對於民主化的未來心存疑慮。我們知道，這種想像其實是錯誤的，但是這種錯誤影響深遠。因此，發展民主，啓蒙工作還是很重要的，這就需要把一些似是而非的說法一一釐清。網絡不僅提供很多資訊有助於啓蒙，而且也是一個進行討論的公共空間，爲啓蒙提供了新的可能性。

第二，網絡可以凝聚關鍵少數。今天的中國，人民的不滿，對政府的不信任其實是廣泛存在的，之所以沒有出現大規模的反抗，除了政府的鎮壓之外，也是因爲缺少兩個關鍵：關鍵時刻和關鍵少數。如果有關鍵的少數能夠在關鍵時刻挺身而出，這樣的示範一定會帶動人民的反抗熱情。中國老話說「牆倒眾人推」，就是未來中國局勢的寫照。關鍵時刻很難預測，我們只能等待，但是關鍵少數是通過人爲的努力去形成的。而網絡克服了地理區域的障礙，使得少數人可以集結在一起行動，這就爲社會變革的出現提供了更大的可能。

10 胡泳，〈中國的互聯網與社會動員〉，香港：《二十一世紀》二〇一一．六，頁一一。

第三，網絡可以在一定程度上消除恐懼。極權主義維持統治的主要手法，就是通過國家暴力在人民心中種植恐懼的種子，讓人民即使沒有面對打壓，也會進行自我管制。然而，國王的新衣一旦被揭穿，人民就看到了他的威風的虛偽性。如果人民心中沒有了恐懼，極權的基礎就搖搖欲墜了。網絡可以減少乃至消除人民心中的恐懼。這不僅是因爲很多人的發言因爲有網名的保護而更加大膽。它也是因爲，極權本來試圖通過孤立個人，使得每個個人都因爲這樣的孤立處境而感到恐懼；但是網絡可以使得更多的同道者集結在一起，彼此之間可以相互鼓勵和交流，這會使得個人克服孤獨感，從而減少內心的恐懼。

第四，網絡會成爲國家與社會之間新的衝突點。在傳統的衝突點，例如城市裡的拆遷或者農村地區的徵地矛盾之外，政府管制可能造成的新的矛盾，愈來愈集中到網路上，對於年輕世代來說尤其如此。當局不管一切也要逮捕艾未未，說明當局對於網絡的擔憂已經日益加深，而網絡管制也會愈來愈嚴格；這樣的管制自然會嚴重影響到民眾，尤其是年輕民眾的切身利益。如果說九〇後的一代因爲不了解歷史，對當局本來有一定的好感的話，當局的網絡管制會逐漸使得這種好感變成敵意，成爲他們反抗意識覺醒的觸媒。換句話說，一旦不能上網，他們就只有上街。

第五，網路不僅是公民社會建設的平台，也是新的反對力量得以成形的平台，如果我們說，網絡必將改變中國，這絕對不是盲目樂觀的看法，

附錄：主要神獸大全名單[11]

朵貓貓：一種人工繁育的變異類貓科動物，性兇猛，多用於監獄等地的守衛工作。（「躲貓貓」，獄警打死人案）

打漿鼬：一種草原鼬鼠，以無所事事著稱。（「打醬油」，香港女明星艷照事件）

伏臥蟶：一種海生蟶子，能做規律性起伏的動作，並能噴射乳白色液體自衛。（「俯臥撐」，甕安事件）

公務猿：生活在河蟹聚居地的一種猴子，高級進化後可變異爲⿺辶盈猿。

⿺辶盈猿：公務猿的高級變種，可製造並使用工具，常用工具有鉦斧，井叉等。

獾狸猿：一種受制於河蟹的生物。

央虱：蝨子的一種，習慣性把其他生物都當作黨黨，喜歡自焚。（「央視」，CCTV大樓起火）

---

11 王洪喆，〈互聯網的內容審查與網絡亞文化〉，香港：《二十一世紀》二〇一〇・六，頁二三。

三、維權運動

1.花樣翻新的形式

中國的維權運動最開始的表現形式，是大規模的群體事件：

二〇〇八年六月二十八日下午到二十九日凌晨，貴州數萬名甕安縣民眾，因爲對一名名叫李樹芬的女學生的死因鑑定不滿，而在甕安縣政府和縣公安局門口聚集，並與公安鎮暴部隊發生衝突，導致縣委和縣政府大樓，以及數十輛車輛被燒毀。

二〇〇九年六月十七日到二十一日，湖北石首市發生一名廚師非正常死亡事件，數萬民眾因此上街，圍堵道路，要求討還公道。湖北省調集上千名武警，公安到石首彈壓，結果多輛消防車和警車被砸。湖北省委書記羅清泉，省長李鴻忠被迫親自到現場處理，才慢慢平息事態。

二〇〇九年七月二十四日，吉林通鋼集團通化鋼鐵股份公司數千名職工，因爲不滿企業重組過程中個人權益無法得到保障，並反對河北建龍集團對通鋼集團進行的增資擴股，而進行集體上訪，一度造成廠內七個高爐停產。到場說明的建龍集團駐通化鋼鐵股份公司總經理陳國軍，被憤怒的工人打死。

二〇一〇年十一月十五日，上海靜安區餘姚膠州路一棟正在進行外立面牆壁施工的二十多層住宅樓的腳手架突然失火，導致五十八人遇難。十一月二十一日，在中國傳統殯葬習俗的「頭七」之日，約十萬上海民眾自發前往事故現場獻花。

除了大規模群體事件之外，最近幾年，借助與互聯網的作用，陸續又出現了幾種新的公民維權活動方式：

一、「飯醉」：聚會吃飯的方式，比如二〇〇九年藝術家艾未未在杭州號召二百多名網友吃飯，席開二十桌，當場散發艾未未的維權光碟；二〇一〇年八月，北京的網友爲了歡迎福建因言入獄的游精佑出獄吃飯，包括原體制內的杜光，以及異議人士胡石根、莫之許等四、五十人；有評論者特別指出，原俄羅斯文學大師索爾仁尼琴在《紅輪》中曾經介紹過歷史上同類現象：「此時，俄國各地像生了傳染病一樣，流行起舉行大型宴會的風氣來了，人們不論有沒有錢，都在一起吃喝，借機發表即席演說，號召限制沙皇權力，實行憲政。」這跟今天中國的「飯醉」活動如出一轍。

二、「獻花」：Google中國爲了抗議網絡審查，宣布停止大陸地區搜索引擎服務的消息傳出來之後，就有一些年輕網友到Google北京總部門前獻花，委婉表達對言論自由死亡的哀悼。

三、「納涼」：二〇〇九年夏天，河南維權人士劉沙沙爲了聲援Google，就號召網民到搜狐大廈舉辦「納涼晚會」；隨後，原北京大學法律系博士滕彪，爲了聲援被迫無家可歸而住在皇城根公園的帳篷裡面的維權律師倪玉蘭，在端午節發起在公園的「納涼晚會」，導致警察只好將倪帶走，參加晚會的網友們還追到公安局門口交涉。

四、「圍觀」：這種方式主要是在網絡上，尤其是推特和微博上，發起號召網友前往現場集中關注某起事件。例如毒奶受害者家屬趙連海被當局審判，開庭當天就有很多網友前來法院門口，說是

「圍觀」，其實是聲援[12]。各種維權方式的多元化，表現出公民社會的力量正在逐漸成熟和活躍。

2.維權運動的兩個主要群體：律師和公共知識分子

維權運動中比較突出的一個群體就是維權律師。他們掌握法律工具，積極參與弱勢群體和政治反對運動的司法案件，按照其代表人物莫少平律師的話說，就是「政治問題法律化，法律問題專業化。」並保持「低調、專業」的原則，因此能夠開闢自己的活動空間。但是，近年來，當局對維權律師的打壓也愈來愈嚴厲，根據莫律師引用的材料，「二〇〇二年，至少有五百名律師被濫抓、濫捕、濫訴、濫判，絕大部分又宣判無罪。目前，中國百分之七十以上事關被告人生死的刑事案件無律師介入。北京律師人均辦理刑事案件的數量，已經從十年前的二・六四件下降到〇・七八件。自一九九七年新〈刑法〉頒布以來，以其第三百零六條『律師僞證罪』之名受到刑事追訴的律師超過一百名，至今還有增無減[13]。」

另外一個群體就是公共知識分子。根據波斯納的分析，公共知識分子就是指：越出其專業領域，經常在公共媒體或論壇上就社會公眾關心的熱點問題，發表自己的分析和評論的知識分子。

中國大陸的第一代公共知識分子，出生在社會大變局之下的二十世紀初期，在他們開始吸收知識

---

12 公孫豪，〈醉翁之意不在飯〉，香港：《開放》二〇一〇・九，頁八—九。

13 謝雨，〈莫少平：敏感案件敏感律師〉，香港：《開放》二〇一〇・一〇，頁五四。

的階段，就受到「新文化」運動和「五四運動」的薰陶。他們的成長階段，中國正面臨生死存亡的民族危機，軍閥混戰，外敵入侵，在在使得他們無法不直接面對社會問題，所謂「華北之大，安不下一張安靜的書桌。」就是最好的寫照。從知識分子變成公共知識分子，是那一代學人不得不的集體選擇，因此也鍛造出了中國歷史上迄今爲止最優秀的一代知識分子。他們之中，包括了胡適、陳獨秀、殷海光、李大釗、魯迅、陳寅恪、傅斯年、梁漱溟、胡風、丁玲、羅隆基等等。

這一代公共知識分子最大的特點，誠如李澤厚先生早在八〇年代就指出的，處在民族救亡和思想啓蒙的雙重使命的壓力之下，因此很快就出現分歧，一部分人如李大釗、陳獨秀等急劇左傾化，發起了最終也吞噬了自己的社會主義革命；另一部分如胡適、傅斯年、殷海光等堅持自由主義，最後被迫離開大陸。這一代公共知識分子在一九五七年的反右運動中被毛澤東和中共一網打盡，使得「公共知識分子」在中國大陸銷聲匿跡二十年之久。

一九七六年中國結束了「文革」的社會災難，開始重建的工作，第二代公共知識分子得以逐漸成形。他們可以說是反思之後的一代，對於狂熱的革命熱情和烏托邦幻想已經有了相當的警惕，但是又依舊延續了五四一代的理想主義熱情。這一代公共知識分子鑑於過去三十年的經歷，因而，對於民主自由的普世價值的訴求，成爲他們的精神歷程的主旋律。而「啓蒙」就成了集結他們在一起介入社會的統一旗幟。這一代公共知識分子的代表，包括了在整個八〇年代鼓動風潮的李澤厚，包遵信、王若水、郭羅基、方勵之、劉賓雁、王若望、許良英、戈揚、王軍濤、陳子明、蘇曉康等人，包括深受他們的影響，發起了一九八九年學生運動的「八九一代」大學生群體，以及九〇年代初期的一些零星代表，如李慎之、劉軍寧等。這一代公共知識分子是中國大陸社會轉型的主要推動者，他們介入社會的努力，在天安門民主運動中達到巔峰，但是也受到中共當局全面的清洗與打擊，之後又是幾乎二十年出現了公共知識分子的斷層。

中國大陸第三代公共知識分子，目前正處於成形的階段。在今天中國，比較有代表性的公共知識分子有厲以甯、吳敬鏈、張曙光、茅於軾、汪丁丁、張維迎、樊綱、梁小民、盛洪、張宇燕、溫鐵軍、鄭也夫、李強、王銘銘、李銀河、黃平、賀衛方、梁治平、馮象、季衛東、汪暉、秦暉、徐有漁、雷頤、甘陽、許紀霖、葛劍雄、朱學勤、張汝倫、錢理群、王炎、王曉明、韓少功、劉小楓、劉軍甯、陳平原等等。隨著社會結構的多元化發展，以及介入社會的手段(即網絡)的進步，愈來愈多的知識分子開始致力於公民社會的建設。劉曉波等〇八憲章群體，許志永等維權律師群體，艾未未等民間思想者群體，李銳等黨內民主派群體，韓寒等「八〇後」一代群體就是他們的代表。他們的努力，可以看作是國家與社會角力的象徵，也是觀察未來中國大陸社會變局的主要因素之一。

從民族救亡，到思想啓蒙，到公民社會的建設，中國大陸一百多年以來的三代公共知識分子，爲了重建中國的政治秩序與生活秩序，走過了一條漫長而艱辛的道路。

第十五講

六十年的回顧

一、改革開放三十周年的回顧與展望

1.是「改革」還是「開放」？

回顧中國改革開放三十年的歷程，我們首先必須釐清兩個概念：

第一，我們在回顧的時候，談論的到底是「改革」還是「經濟改革」？如果其實我們講的僅僅是「經濟改革」，那麼我們必須承認中國三十年的經濟發展是快速的，人民生活水平有了明顯提高，國家基礎建設有了長足發展，在「經濟改革」這個領域，成就是不容低估的。但是，如果我們是以「改革」爲討論的內容，我們就必須了解，「改革」是綜合性的社會機制調整，經濟領域僅僅是社會的一部分，而「經濟改革」也僅僅是「改革」的一部分，當我們討論「改革」的時候，就必須把政治改革、社會改革、文化改革乃至於教育制度的改革等等，統一起來做綜合的判斷，而不能以經濟改革的成就，作爲整個三十年中國改革的單一評估標準。

第二，當我們討論到「改革開放」的時候，我們必須注意到，「改革」與「開放」也是兩個不同的部分。中國三十年來走過的道路，到底是開放的程度更多，還是「改革」的程度更多，直接關係到我們對三十年改革開放總成績的評估。在我看來，中國三十年來，基本上是以「開放」作爲「改革」的基本模式，對內，無論是家庭聯產責任制，還是股票市場的設立，大多是以政策開放，刺激生產力爲主要目標；對外，無論是引進外資，還是加入WTO，則主要以向外開放中國的市場爲主要目標。但是眞正觸及舊制度核心的改革卻乏善可陳，這也是三十年來，國有經濟部分增長不足，全靠外資以及民營經濟帶動經濟增長的發展模式的原因之一。舊制度不動，企圖依靠開拓新領域來拉動國民經濟增長，這導致了一邊是高速的經濟增長，另一邊是舊的矛盾沒有解決，新的矛盾不斷出現的狀況。因此，開放多，改革少，也是中國三十年改革開放的特點之一。

2. 中國改革開放的幾個特點

在釐清這樣兩個概念之後，我認爲回顧中國三十年改革開放的結果，以下幾個特點是不應忽視的：

第一個特點，中國改革取得了巨大成就，特別是在經濟領域。但這些成就很難完全歸功於中共政權。社會本身積蓄了極大的能量，在政府開放的領域噴發出來，是中國經濟高速增長的重要動因。國際資本尋找市場以獲取利潤，也是支撐中國經濟增長的重要因素。如果說徹底否認這個政權在經濟方面的正面意義，有點偏激的話，那麼我們至少可以說中國當局在經濟發展上，有很大的程度，本身也有需要克服的障礙。這種障礙尤其明顯地表現在縱容權貴集團瓜分國有資產，從而一步步加劇社會不公的程度。隨著改革的停頓、政府腐敗程度的加重，其障礙作用現在愈來愈明顯。

同時需要注意的是，一方面，政府的權力範圍在縮小，權力的有效性、集中程度在下降，這是指在愈來愈多的領域、地區，比如鄉村，比如工廠，比如在各種社會福利中，連黑奴工這樣的事情都會堂而皇之地出現，而且地方、部門的利益在強化、固化。但另一方面，政府的權力受到的限制也在縮小，動員能力在加強，甚至權力的集中程度也在提高。比如，各個地方都是一把手專政，這是在改革前的時代也見不到的，由於手裡有了大量的財富，它的行動能力也得到了大大強化。同樣，一方面在法制的建設上，的確有了很大的進步，無論是立法還是司法，程序的重要性得到了重視，但同時，政府肆意妄爲的程度也在大大加強，事實上，可以這樣說，在日常的事情上，政府變得愈來愈講規矩，而在它認爲特殊的時刻，它可以更加肆無忌憚地突破、終止法律的行使。這些表面上看起來矛盾的現象同時存在，表現了中國社會轉型的複雜程度，遠遠不是經濟繁榮和人民生活水平提高可以掩蓋的。

第二個特點是，在評估中國經濟增長的成就的同時，我們必須看到，這樣的經濟增長實際上是依靠一黨專政的政治制度來推行的，使得改革成本大爲降低，這就是中國經濟增長的秘密。但是，這樣的增長，是建立在社會弱勢全體的利益受到剝削的基礎上的，是一種不公義的增長。它的代價其實是巨大的，只是當社會矛盾被經濟增長速度掩蓋的時候，我們不可能看到這樣的代價是多麼巨大。這樣的經濟增長，它的意義僅僅是增長而已，並不是眞正的社會發展。因此，也是一種畸形的增長。

由於在政治領域的壓制，對公共生活的打壓，使得中國人的公共生活，無論是政治生活還是娛樂生活都極爲扭曲，也許更爲可怕的是人們已經逐漸熟悉了、習慣了這種扭曲。從這個意義上說，這是一個奴役人的政權，它主要的作用在於奴役人的精神，準確地說是奴役人在公共生活中的精神。在私人領域，人們獲得了自由，但是，很顯然沒有公共生活的經歷，這種自由常常表現得很脆弱，也很醜陋。

中國改革開放三十年後的今天，中國面臨的最大的危機，就是民族精神的匱乏和道德與倫理的全面沉淪。人民對於民族精神的渴求，表現在對國家統一的捍衛，以及對以奧運會爲代表的民族自尊心的高需求上，但是在扭曲的社會環境下，這樣萌芽的民族精神被逐漸引導到與民主，人權等人類基本價值對立的方向上，產生了具備暴力性質的民族主義狂熱，這是未來十年最令人憂心的社會動向。

但另一方面，我們也要看到，隨著個人獲得了自由，個人的精神也在成長，人們知道了自己權利的重要性，懂得了只有自己才能保衛自己的利益。應該說，最近這些年來，高調的理想主義的政治訴求在減少、降溫，但現實主義的，對自己權利、利益的捍衛卻在不斷升溫。

第三個特點是出現貧富差距，社會不公愈來愈嚴重的問題。這是中國三十年改革開放的路徑選擇導致的。中國改革開放從一開始，就選擇了一條鼓勵少數人利用制度落差先富起來的方式，但是這樣的思路存在兩個問題：第一，由誰來決定是哪些人可以先富起來？在市場經濟還沒有完善的時候，顯然不是市場做這個決定，於是就變成是政治權力來決定財富的重新分配，在沒有民主制度作爲監督機制的條件下，這很自然地就會導致社會不公的出現，那些與權力沒有關係的弱勢群體成爲犧牲品，某種程度上也成了利益集團獲取暴利的墊腳石，他們的不滿正在積累之中，早晚會爆發出來。第二，當市場經濟逐漸完善，各項制度準備成形的時候，原先那些新富階層爲了保有自己的利益，勢必會反對新的改革，他們，也就是權貴集團，因此而成爲未來改革的最大阻力。這從某種程度上推翻了現代化利潤的重要觀點，就是致富了的中產階級會自發產生民主化的衝動。

北京清華大學社會學教授孫立平曾經指出：八〇年代末期和九〇年代初期開始出現，與八〇年代的財富及資源擴散走向截然相反的財富及資源聚斂過程。這是由多種因素造成的，如引起市場機制提供的機會，巨大的收入差距，貪污受賄，大規模瓜分國有資產，都使得收入和財富愈來愈集中在少數人手裡；儘管城鄉之間壁壘森嚴，但通過稅收，儲蓄以及其他途徑，大量來自農村的資源源源不斷地流入城市社會；一九九四年的稅制改革使政府的稅收迅速增加，而政府則將這些收入集中投向特大城市或其他大城市；證券市場的發展，企業間的重組和兼併，也把愈來愈多的資金，技術，設備集中到愈來愈少的企業之中。所有這一切都從根本上改變著中國的資源配置格局[1]。目前，「國強民弱」的格局已經形成，寄託在國家資源身上額度龐大的權貴集團，已經與弱勢群體或者說一般民眾，形成了階層之間的對立。這樣的結果，本身就是畸形的經濟發展路徑導致的。

第一，「中產階級」能夠推動民主嗎？

按照一般的社會發展理論，中產階級的興起必將帶動民主化訴求的產生，這不僅是西方對中國前景的普遍預測，也是國內很多不願面對政治變革的人的自我心理安慰。但是這樣的觀點並非放之四海而皆準，在中國的特殊環境下，這樣的理論可以說既正確又不正確。

1　孫立平，〈九〇年代中期以來中國社會結構演變的新趨勢〉，羅崗主編，《思想文選二〇〇四》（桂林：廣西師範大學出版社，二〇〇四），頁一七四。

說它不正確，是因為相對於西方現代化理論中的市民階層的定義，中國所謂的中產階級並非完全獨立於政治權力和國家機器之外。相反，他們在很大程度上其實是國家力量的一部分，至少是周邊部分。他們與政府的關係可以說是唇齒相依，一榮俱榮，一損俱損。讓這樣的中產階級支持以分割國家權力為重點的社會和政治變革，完全是與虎謀皮。事實上，政治改革威脅到的不僅是當權者的利益，也是這些中產階級的利益。因此，他們不僅不可能成為民主化的鼓吹者，實際上反而會成為民主化的阻擋力量。

說它正確，是因為中產階級的崛起，會導致民主化的理論真的要在中國變為現實，前提條件是中國要出現真正的中產階級。這樣的中產階級，不再依賴與國家權力的關係致富，面對政府充分獨立。他們背靠的是社會而不是國家，他們的利益與社會結合在一起。這樣的中產階級，才有可能提出社會變革的訴求，他們的捐贈才有可能流向民間社會，而不是政府機構或者單純的慈善事業。當獨立的非政府組織，敢於講話的媒體，甚至是政治反對運動，開始得到這樣的中產階級的經濟支持的時候，中國的民主化才有可能真正啓動。這樣的中產階級，作為公民社會的一部分，實際上正在出現。這是我們對中國的未來充滿希望的原因。新興的真正的中產階級，肩負著推動民主化的歷史使命，我們應當對他們充滿期待。

最後我們還要看到，目前來說，儘管存在大規模的社會不公，但中國並不存在不同社會階層之間的階層鬥爭的跡象，而官民之間的矛盾才是根本的矛盾。也就是說，政治問題，會愈來愈成為中國的核心問題。這有兩個發展的方向：一個是民眾對自己利益的捍衛，使得他們痛恨政府的肆意欺凌。第二個是利益集團之間的衝突，他們都有駕馭政治的慾望和手段，他們之間的爭鬥也要求他們建立規矩。第三個是經濟和社會精英對專制權力的痛恨，他們迫切地希望限制權力，如果不是駕馭權力的話。這三個方向如何發展、演化，將決定中國未來的政治走向。

第二，國家與社會的「黃金交叉點」：

總的來看，我建議用「國家—社會關係」的模式來看中國三十年的改革開放。也就是說，總體來看，中國要改變，必須調整國家與社會之間的關係。在過去的六十年中，國家制度的設計，其目的是用來改造社會，改造人，而不是用於自我調整以適應社會環境的變化。在國家—社會的關係中，雙方是不平等的，國家的力量遠遠大於社會的力量。這樣的態勢至今沒有決定性的改變。而大量的社會矛盾，實際上就是國家—社會關係失衡的表現。因此，未來的十年，觀察中國的重要指標之一，就是看國家力量與社會力量之間的此消彼長。當有一天，公民社會充分發展，使得社會力量開始超越國家力量的時候，就是「黃金交叉點」的出現，那時就是中國眞正實現政治轉型的起點。

這樣的「黃金交叉點」會不會出現呢？我是比較樂觀的。我認爲改革開放三十年的一個成果——這個成果既不是政府有意引導產生的，也不是政府樂於看到的——就是公民社會的逐漸成長。隨著計畫體制的不斷萎縮和國家權力從若干社會領域內有限地撤出，由國家壟斷幾乎所有社會資源的局面逐漸改變了。首先在農村，然後在城市，人們開始有了更多的選擇，更大的空間。社會流動性增加了，生活的多樣性也日益明顯。在此過程中，國家開始失去對意識型態的壟斷。過去數十年裡行之有效的思想控制難以爲繼，正統意識型態不但面臨各種新思潮的挑戰，而且爲舊事物的復甦所困擾。目睹宗族、寺廟、教堂和傳統禮俗在全國範圍內的重現，人們不無驚異地發現，舊的風俗、習慣、信仰和行爲方式竟是如此根深柢固，以至能在長期嚴酷的思想改造運動之後，又在一夜之間復甦。自然，這一時期隨著社會空間擴展而出現的，並不只是舊的社會組織和行爲方式，而且有許多更具現代意味的社會組織形式：各種仲介性社會組織，包括各種學會、協會、研究會、職業團體，以及與日常生活有更密切聯繫的大大小小的結社。這些社會組織既不同於舊式的社會組織如宗族，也不同於一九五〇年代以後建立的各種所謂「人民團體」或「群眾組織」，後者雖被冠以「人民」、「群眾」之名，實際只是官方組織的延伸。在一些研究者看來，正是這類仲介性社會組織的出現和發展，構成中國當代公民社會的核心。

公民社會的力量體現之一，就是打破中共輿論壟斷的前景，已經顯得清晰和樂觀起來。目前，比較有效的資訊傳播方式，除電子信箱外，還可借助於動網通、自由之門、無界瀏覽等軟體直接登陸境外中文時政網站，借助這些軟體，網民可隨意瀏覽大量境外電子媒體的資訊，並與這些媒體的相關節目形成互動，因此，這些軟體將成爲中國社會資訊自由傳播的中轉站和加速器。我們相信，隨著能夠登陸境外時政網站的中國網民的增加，網路異議社區的壯大將以幾何級數迅速增長，那時候，中共所面對的政治壓力將大大加重，這將迫使他們在政治鎮壓上有所顧忌，而民主變革的步伐，也將因自由資訊的傳播而加快。中國社會多年累積的政治難題，已經不允許這種變革無限拖延下去。而這種網路異議社區的壯大，也使得全中國的異議人士更容易溝通和交流，使異議者的行動更加成熟，並且形成協作與配合，勾畫未來民主社會的雛形。

可以預期，隨著這些公民社會成分的進一步增長，國家權力掌控社會的程度會進一步受到削弱。

二、風雨蒼黃的中華人民共和國

1. 風雨蒼黃的共和國歷史

曾經有網友用三句話總結中共歷史：一、以革命的名義殺人；二、以改革的名義分贓；三、以和諧的名義封口。也有網友把中共建黨九十年的歷史分爲三個階段：前三十年，奪命：中共既殺敵人，也殺自己人；中間三十年，奪魂：是掏空人們的靈魂；後三十年，奪錢：建立了人類歷史上和世界上最不公平的國家之一[2]。對此，早期參加中共革命，晚年致力於自由主義宣傳的著名學者李慎之曾經有過在中國廣爲流傳的反思。

一九九九年中共以盛大閱兵式慶祝建國五十周年的時候，李慎之在網絡上發表了後來廣爲流傳的一篇文章，題目是〈風雨蒼黃五十年〉。在這篇文章中，李慎之檢討了共和國的歷史，在質疑「爲什麼會出現革命吃掉自己的兒女」之後，他總結說：

「到一九七六年爲止，共和國三十年的歷史都可以說是腥風血雨的歷史。毛主席一生的轉捩點就是勝利，就是建國，就是作爲新中國的建國大綱和建國方略的《論人民民主專政》。從一九四〇年開始就宣傳了十年的『新民主主義』，從來就沒有實行過，毛主席後來說社會主義從建國就開始了。當

2　何頻，〈「唱紅走黑」煽動革命，變天帳錄下官商罪證〉，香港：《明鏡》月刊二〇一一．八，頁二。

然物質建設總是有進步的，幾千年前埃及的法老還造了金字塔，秦始皇還築了萬里長城呢，何況人類的技術發展已到了二十世紀，中國的現代化也已經搞了一百多年。

由一九七九年開始的鄧小平時代，靠著前三十年在毛澤東的高壓統治下積聚起來的反彈力，總算把這種高壓衝開了一個缺口，冤假錯案平反了，經濟活躍了，生活水平提高了，私人言論也確實自由了許多……但是體制實質上並沒有變化，意識型態也沒有變化。還是毛的體制，還是毛的意識型態。中國人在被「解放」幾十年以後，不但歷史上傳統的精神奴役的創傷遠未治癒，而且繼續處在被奴役的狀態中[3]。」

這篇總結，可以看作是很多知識分子，包括黨內人士，對於過去六十年的經歷，充滿了沉痛心情的代表性回顧。

在建國的早期，中共還算是理想主義的政黨，很多參加共產黨的青年，都是抱持理想主義和「五四」精神，從愛國主義出發走上革命的道路的。但是經歷了幾十年的武裝鬥爭和各種內部的政治角力，中共逐漸轉變成了強調紀律而不是理想的政黨。這個黨的性質的轉變，早在延安整風運動中就已經展現，到了中共建國之後逐漸完成，而最終的確立，就是一九五四年憲法制定以後，一黨專政體制的徹底成形。

對於這樣的轉變，也許一位外國人的觀察更爲犀利和深刻。一九七三年中美開始恢復交往之後，一些美國的漢學家被邀請到中國訪問，其中包括當時在普林斯頓大學讀書的林培瑞(Perry Link)。據

3 李慎之，〈風雨蒼黃五十年〉，http://beijingspring.com/bj2/2000/240/2003820193618.htm（二〇一一・七・五）

林培瑞自己說，受他的父親——一位很激進的左派教授和毛澤東的崇拜者——的影響，他自己當時也是反戰學生運動的積極分子，是典型的美國「左派」，「對社會主義中國抱有極大的希望」。這次中國之旅，卻使得他開始懷疑並最終拋棄了對社會主義中國的那種崇拜。都是一些生活中的小事：有一次官方安排他們去唐山煤礦參觀，「我們一行乘坐電梯到地下的礦井，然後又乘坐地下小火車在隧道裡轉悠。」林培瑞注意到一個現象，那就是坑道裡各種各樣的路標，例如「慢行」，「鳴笛」等，都是用繁體字寫的，而且「周圍看不到一句革命口號」。在「文革」還在轟轟烈烈進行之中的一九七三年來說，全國各地的生產單位裡，都是到處張貼革命口號和標語的，爲什麼煤礦下卻沒有呢？林培瑞直接問導遊「地下那些礦工們，他們工作的地方怎麼沒有毛主席的口號呢？」結果導遊不假思索地回答：「因爲那個地方太髒了。」

這個回答使得嚮往社會主義的林培瑞內心震撼，他的第一個反應就是在心中想：「骯髒的煤礦，工人們可以在下面做工，但是卻不適合張貼偉大領袖的口號[4]！」正如林培瑞自己所說：「在六〇年代後期我崇拜毛，因爲嚮往的是和平、自由、公正、眞理，包括弱勢群體在內，人人機會均等的社會。」結果他來到中國，在生活中的小事中可以看到，「平等」，這個毛式社會主義最能打動人心的主張，其實在現實中完全不存在，那個口口聲聲主張人民領袖是人民公僕的社會，製造的是最大的不平等。

爲什麼會有這樣的轉變？歷史學者章立凡曾經有過這樣的總結：

4　林培瑞，〈母親的禮物：掃帚和絲綢〉，香港：《開放》二〇一一．五，頁八三。

一、在政治的大眾參與方面，中國缺乏西方式的民主傳統，自古以來「國家對人民有權利而無義務，人民對國家有義務而無權利。」（梁啓超語），中國人奉行「義務本位」的政治哲學，沒有「天賦人權」的觀念。

二、和歷代的農民起義一樣，中共靠武裝鬥爭奪取政權，不同於由民選產生的政府，故習慣於將國家名器視為戰利品。

三、中國的政治傳統趨向於統一和中央集權，而高速度地推行工業化，也需要一個高度集權的政府。

四、中共不是一個嚴格的現代意義上的政黨，其會黨式的家長統治和排他性的活動方式，不但難於實現黨內民主，也不利於國家的民主與法制建設。

馬克思，列寧無產階級學說的遺訓及蘇聯極權體制的示範[5]。

除此之外，還有一點可以補充的是，正如李澤厚在八〇年代末期提出的命題所指出的那樣，鴉片戰爭以後，中國處於西方列強的不斷干預中，這使得國內的精英階層對於民族危亡的緊迫感非常嚴重，導致出現「救亡壓倒啓蒙」的歷史現象，在這樣的廣泛共識下，主流民意是贊成為了救亡而放棄一些啓蒙主義主張的自由權利的。因此，只要有人取得了救亡圖存的代言權，他就基本上取得了剝奪人民自由的合法性。而不幸的是，這個人就是毛澤東。

5　章立凡，〈畸形發展與逆流〉，閔琦等著，《轉型期的中國：社會變遷》（台北：時報文化公司，一九九五），頁一一三—一一四。

2. 政治運動的意義

建國之後的三十年，政治上運動不斷，尤其是一九五〇年代。長期在外交系統工作的老幹部何方，幾十年後在他的回憶錄中回顧這些運動的時候說：「最近我同一些老同志聊天，發現誰也說不清、記不全上世紀五〇年代下半期一共經歷了多少運動，更不用說歷次運動的名稱了[6]。」連當事人都記不清，可見這些運動是多麼五花八門，多麼頻繁了。

政治運動的功能很多，其中重要的一個，就是培養幹部。因為只有在運動中才能甄別幹部的忠誠度。這是毛澤東和中共不斷發動政治運動的主要原因之一。但是，也正因為如此，各級幹部在政治運動中就拚命表現左的一面，這導致左傾勢力在中共內部力量愈來愈大。今天中共的狀況，正是歷史形成的。另外一方面，政治運動也增強了國家的社會動員能力，使得國家與社會之間的權利平衡愈來愈向國家一方傾斜。但是同時也造成了社會能量萎縮，個人自主性和積極性受到國家權力壓抑的問題。美國政治學者鄒讜就指出，這樣的運動阻礙了一個國家的現代化進程，因為一連串的政治運動在一九五六年後產生了不可預料的後果，那時，中共面臨的任務變成促進經濟的穩定增長與政治的平穩發展——這樣的任務要求有穩定的預期，要求個人與團體有一定程度的自由和自主，來發展他們的創造性，要求有能夠刺激努力工作的激勵機制。這樣，群眾運動阻礙了建設現代工業社會所需要的這些前

6　何方，《從延安一路走來的反思》（香港：明報出版社，二〇〇七），頁二八三。

提的發展[7]。

不斷的政治運動，對於中國現代化進程最大的負面影響，應當還是在民族的精神層面上。專門研究建國以後中國知識分子境遇的學者謝泳指出：「政治運動超越日常生活的一個重要後果是，這個社會當中充滿階級對立而極少人情，個人在這樣的環境中生存，身心都極其脆弱[8]。」

在政治運動的陰影籠罩下，人與人之間的正常關係受到極大的破壞，人民的群體心理產生歧變。這表現在：第一，不斷的政治運動，隨時可能降臨的被批鬥的厄運，使得很多人長時期生活在恐懼中。持久的恐懼心理逐漸形成群體性的「信任缺失」，而沒有基本信任的社會，是很難建立現代化社會的基礎的；第二，在政治運動中人與人之間彼此的攻擊和揭發，嚴重破壞了人際關係，進而在很長的時間內會影響到社會共識的形成，和社會利益妥協的可能性。第三，連續不斷的政治運動，使得中國人習慣於把自己的道德判斷依附於集體或者某種認同，而無法形成獨立人格，無法進行獨立的思想判斷。這些負面影響，也是中國走向現代化的重大障礙。

3. 中國的轉型正義問題

回顧六十年的教訓，我們把所有的責任都推給毛澤東和四人幫，這是不正確的。這不是說他們沒有責任，他們當然要承擔最大的責任，甚至是罪行。但是，那些在文革前後被批鬥的老幹部們，能夠

7 鄒讜，《中國革命再闡釋》（香港：牛津大學出版社，二〇〇二），頁二〇。

8 謝泳，《中國現代知識分子的困境》（台北：秀威資訊科技，二〇〇八），頁四九。

因爲他們曾經受過衝擊，就洗刷掉對於前三十年執政的責任嗎？

以劉少奇爲例，因爲被迫害而慘死，得到黨內外，國內民眾的廣大同情，但是如果實事求是地追求黨內對毛澤東個人崇拜的風氣，劉少奇正是主要的推動者。他不僅是「毛澤東思想」這個提法的倡議者，也是個人崇拜的積極鼓吹者。一直到了一九五八年的廬山會議，在面對彭德懷，張聞天等中共元老被毛澤東無情打擊的現實，劉少奇仍然堅決支持對毛澤東的個人崇拜。在批鬥彭德懷的大會上，他就公開講，說他就是搞個人崇拜的，還提出不但要繼續搞毛主席的個人崇拜，還要搞林彪同志的，鄧小平同志的個人崇拜，並說，連印度都在搞尼赫魯的個人崇拜，我們這麼大的國家不搞毛主席的個人崇拜怎麼行呢[9]？儘管最後他本人成了對毛澤東的個人崇拜的最大犧牲者，但是這並不應當抹殺一個歷史事實，那就是他本人就是這種個人崇拜的始作俑者。如果沒有劉少奇，周恩來，鄧小平等的鼎力支持，毛澤東一個人不可能把中國帶入文化大革命的浩劫之中。今天，如果只反訴毛澤東的責任，而忽略劉少奇、周恩來、鄧小平等人的責任，這樣的歷史就不是眞實的歷史，這樣的虛假的歷史也不可能提供任何有益的經驗教訓。

對於這樣的反思，經濟學家何清漣曾經提出一個概念——中共政治的「替罪羊」機制——進行分析。她指出，在中共的歷史上：「每一次政治鬥爭過後，新接任的領導人爲了賦予自己統治的合法性，總是習慣性地將造成以往錯誤的責任，推到某一個或幾個失勢的政治人物頭上。」她梳理了類似的歷史：「著名的中共十次『錯誤路線』，每一次都是一個中國共產黨的高層領導下台，包括創始人

9　何方，《從延安一路走來的反思》（香港：明報出版社，二〇〇七），頁三一六。

陳獨秀在內；一九五八年『大躍進』時期毛澤東對彭德懷的懲罰批判；『文化大革命』當中，原國家主席劉少奇更是被毛當作『十七年錯誤路線』的代表和『叛徒、內奸、工賊』，悲慘地死於獄中；『文化大革命』結束後，中共當局爲了不動搖中共統治的合法性，讓所謂『四人幫』承擔罪責，而『文化大革命』的元兇首惡毛澤東卻仍然被視爲『偉大領袖』；一九八三年到一九八六年，在『清除精神污染』運動拋出中共總書記胡耀邦做『替罪羊』，使胡抑鬱而終；一九八九年『六四事件』，接任胡耀邦任中共總書記的趙紫陽又成了『替罪羊』，至今還被軟禁。」何清漣總結說：「可以說，『替罪羊』機制成了共產黨清洗自己的污水桶，每一次將罪錯推到『替罪羊』頭上後，共產黨又照樣『光榮偉大正確』下去。這種習慣性的宣傳，讓中國人形成了一種思維定勢，所有的國家罪錯只是政治領袖個人造成，而專制政治體制卻永遠被讚揚歌頌[10]。」何清漣的評論點出了一個重要的概念，就是「國家罪錯」。國家濫用暴力之後，國家卻不用承擔責任，這是國家暴力得到庇護的主要原因。

4.有進步，但是也有退步

今天的中國，某些方面甚至比一九五〇年代還要倒退。例如黃逸峰事件。一九五一年十二月三日，《人民日報》「讀者來信」專欄發表了一篇題爲〈上海華東交通專科學校存在混亂現象〉的文章，批評校方花大錢蓋禮堂鋪張浪費。該校校長看到報導後不虛心接受批評，反而追查作者，最後查

10 何清漣，〈序言〉，何清漣主編，《二十世紀後半葉歷史解密》(Sunnyvale, CA, USA: 博大出版社，二〇〇四)，頁九—一〇。

出是本校學生薛承鳳，於是施加壓力，逼令他退學。薛投書《人民日報》告狀。《人民日報》將投訴轉交中共中央華東局辦公廳處理，經過調查要求黃校長做檢討。這位黃逸峰校長是一九二五年入黨的老革命，抗日戰爭期間就擔任過地委書記，軍分區司令員等；解放後任華東軍政委員會交通部長兼黨委書記，這個校長的位子也是兼任。他倚仗自己的革命資歷，拒絕檢討，態度傲慢。華東局處理不了，之後上報中央，毛澤東看到材料，批示「壓制批評，輕則開出黨籍，重則交人民公審。」一九五三年一月，黃逸峰被開除黨籍，並撤銷一切行政職務。一月二十三日的《人民日報》就此發表社論，叫做〈壓制批評的人是黨的死敵〉[11]。

這樣的社論放到今天，想想因為發表文章就被判重刑的劉曉波、劉賢斌，以及關閉令官方不滿的網站，禁止採訪敏感地區，暴力對待記者等等官方行為，是非常諷刺的，也證明在接納輿論監督上，今天的中國其實是倒退的。

一九五〇年代的中國領導人，某種程度上講，在新聞開放方面也遠比今天的中共領導人開明。一九五六年的初夏，劉少奇曾經就新聞工作向新華社發出指示，其中特別強調了講眞話的問題。劉少奇說：「比如說，美國政府首腦人物罵了我們，這樣一則新聞，我看可以登……周恩來總理罵了美國，有的國家的資產階級報紙就刊登出來。為什麼資產階級報紙敢於把我們罵他們的東西登載在報紙上，而我們的報紙卻不敢發表人家罵我們的東西呢？這是我們的弱點，不是我們的優點[12]。」這樣的言論

11　林蘊暉，〈驚動了毛澤東的「黃逸峰事件」〉，《國史劄記・事件篇》（北京：東方出版中心，二〇〇八），頁四〇—四一。

12　羅德里克・麥克法誇爾，《文化大革命的起源》（第一卷）（石家莊：河北人民出版社，一九九一），頁一一九。

放在今天，是標準的「資產階級自由化」的言論，中共黨政負責人很少有敢於公開發表這種看法的。這表明，儘管經歷了五十年，但是沒有證據說明，中共的領導人在政治自信方面有進步，相反，還是有所退步的。因此就不難理解爲什麼，時隔半個世紀之後，根據二〇〇九年無國界記者組織的紀錄，在一七五個國家的新聞自由排名榜中，中國還是名列倒數第八，還不如盧旺達、索馬利亞和越南[13]。

到了八〇年代無論是胡耀邦還是趙紫陽，都是中共黨內少有的對於執政方式具有開明思路的領導人。根據媒體人李大同的回憶，在一九八〇年代中期，他曾經聽過胡耀邦，趙紫陽意見的傳達，大意是：「我們要學會在中小型動亂的局面下執政，」「要適應在人民群眾遊行示威的條件下執政。」對此，另一位媒體人胡泳評價說：「這是中共第二代領袖最重要的觀念轉變之一，即將人民抗議視作社會常態[14]。」但是後來我們看到，胡趙之後的第三代中共領導集體，在民主化方面的立場與第二代相比，可以說是大幅度倒退。長期以來，一些觀察家認爲，隨著中國經濟的快速發展，在政府的社會控制比較穩定的前提下，民主化會逐步被提上日程。但是回顧過去三十年中國的發展，這樣的觀察顯然是一廂情願的。

在政治的某些領域，中國比起五十年前都是退步的，這一點必須強調，是因爲我們對於今天的中國，一直注重變化的部分，忽視沒有變化的部分，幾乎是無視倒退的部分。但是這三個部分是共同存在的，如果只從一個部分看中國，或者離開過去六十年的歷史看中國，就不可能全面客觀。

13 杜耀明，〈媒體監察時弊的博弈空間〉，香港：《二十一世紀》二〇一〇．六，頁四。

14 胡泳，〈中國的互聯網與社會動員〉，香港：《二十一世紀》二〇一一．六，頁六。

5.革命——貫穿始終的紅線

鴉片戰爭以後，中國歷史的一條貫穿始終的紅線，或者說，這兩百年來中國的主題，就是「革命」。我們看一九四九年以後的共和國歷史，也應當從這條紅線的脈絡上去思考，因爲一九四九年之後發生的很多事情，實際上與其說是新生事物，不如說是過去一百多年中國革命的延續。

對此美國中國學專家保羅・科恩(Paul Cohen)曾經有過詳細的探討，他指出：「一九四九年以後，中國經歷的不是單一的革命，而是不同革命的混合，有些革命相互重疊，有些革命相互衝突[15]。」這些革命，很多在五四時期，在新文化運動中，在三〇年代的鄉村改造，甚至是在延安時期，就已經啓動了。

在中共建國之前，「革命」就已經成爲全社會的某種圖騰，似乎只要是爲了革命，所有的代價都是值得的。這種異化現象影響了很多知識分子的心態。「五四」時期的著名作家李初梨就曾說過，誰要不是爲了革命，爲了群體利益，「他如果爲保持自己的文學地位，或者抱了個爲發達中國文學的宏願而來，那麼，不客氣，請他開倒車[16]。」作爲一個文學家，李初梨甚至把革命放到了自己的本業之上。革命在全社會具有的影響力可見一斑。而毛澤東和中共正是看到了革命在社會中的意義，於是把

15 Paul Cohen, "*Reflections on A Watershed Date—The 1949 Divide in Chinese History*," Jeffery N. Wasserstrom edited, Twentieth Century China: New Approached, London: Routledge, 2003, p30.

16 張景超，《文化批判的背反與人格：中國當代知識分子研究》（哈爾濱：黑龍江人民出版社，二〇〇一），頁二九九。

自己形塑成革命的化身，從而取得了時代的發言權，也因而對於國人來說充滿魅力。

到了建國之後，在毛澤東一再強調階級鬥爭的情況下，革命話語比戰爭時期還更頻繁地使用在社會生活中。革命，已經成爲人民日常生活的行爲規範。甚至連養豬這樣的事情，也被冠以「革命」的名義。一位飼養員在一九六六年「文革」開始以後投書報社，表示「要用革命精神養豬」，他說：「以前，我把餵豬和革命分割開來，不是爲革命而養豬，所以，對待工作就不是極端負責，豬飼料不足，就向領導伸手要，自己不願意動腦筋想辦法，動手解決問題。學習了毛主席著作，提高了思想覺悟，明確了一切工作都是爲了革命，養豬也是革命工作的一部分，必須用革命精神來對待。飼料不足，就決心自力更生，發揮自己的主觀能動性。這樣，飼料不足的問題解決了，精神變成了物質。通過這件事，培養了自己敢於鬥爭，敢於勝利的思想品質和硬骨頭作風，物質又變成了精神[17]。」作爲一位飼養員，我們很難相信這樣的提高到哲學高度的思考是他可以勝任的，這顯然是經過有關宣傳部門潤色的結果。也就是說，「養豬也是革命工作的一部分」這樣的論述，已經成爲社會政治生活和精神生活中的官方主流論述，經由不斷地向人民灌輸，勢必形成一定的思維定式。儘管「文革」到今天已經結束三十多年了，但是在所謂「重慶模式」的「唱紅歌」運動中，我們還是可以看到這種「精神變成物質，物質變成精神」的革命話語的論述，可見這一套論述對中國社會的影響是極爲深入的。

在談到「文化大革命」初期爲什麼會有那麼多人飽含熱情地投入的時候，學者陳家琪將其歸因於

17 〈讀者致報社書信（一九五〇—一九六六）〉，韓少功、蔣子丹主編，《民間檔案：民間語文卷》（昆明：雲南人民出版社，二〇〇三），頁一八二。

民眾對於運動合法性的認同，他說，「『文革』的可怕，就在於我們自認爲動機無比純正，所以可以爲所欲爲，而且以比賽的方式向毛澤東表忠心。要知道，人類的苦難大多是在動機純正的藉口下幹出來的[18]。」而參與「文革」的人的動機，無非就是響應毛澤東的號召，參加「無產階級專政下的繼續革命」。毛澤東的這個號召之所以能激勵人心，很大程度上，關鍵還是在於「革命」兩字。從鴉片戰爭以來，百年中國歷史的主軸——「革命」，在一九四九年依舊餘波蕩漾。陳家琪指出的那種「動機純正就可以爲所欲爲」的心態，就是在「革命」的神聖性掩護下潛滋暗長，然後滲透到國民性之中的。這樣的「革命」話語的破壞性，因爲制度和文化等種種因素，至今仍然主導著中國人的思維模式。中共進行「六四」鎮壓，爲自己辯護的理由就是鎮壓「有利於社會穩定，有利於經濟發展」，這是典型的「動機純正就可以爲所欲爲」（我們暫且不去討論動機是否純正的問題）的思維，但是還是爲很多中國人所接受，可見這種思維是多麼根深柢固。

只有重新去審視革命在中國以前一百多年來的社會發展中的重要意義，我們才能夠眞正理解一九四九年之後這六十年的歷史。

6. 建政六十年，中共應當向人民道歉

中共慶祝建國六十周年的時候，台灣作家龍應台就隔空對胡錦濤喊話，希望中共在國慶的時候，

18 〈陳家琪：抵制遺忘〉，李宗陶，《思慮中國：當代三十六位知識人訪談錄》（北京：新星出版社，二〇〇九），頁七九。

能夠向國人道歉。這是一個正義的呼聲，因此，也是一個注定不會被中共採納的意見。但是，龍應台的呼籲對我們國人自己也是一個啓發，那就是，在中共慶祝他們建立政權的今天，我們國人也應當給他們算一筆總帳，看看他們到底欠人民多少以及怎樣的道歉。

中共首先應當向國人道歉的，就是他們爲了奪取政權，向全體中國人撒下的彌天大謊。

在一九四〇年代，當中共看到國民黨的腐敗與專制，使得他們有了奪取政權的機會之後，遂啓動統一戰線和宣傳兩大「法寶」，不遺餘力地向國人保證一旦他們執政，將在全中國推行憲政民主，聯合各黨派組成聯合政府。翻看當時中共的發言，充斥了對西方式民主的高度推崇和對一黨專政的嚴厲批判。持久的宣傳加上人民對國民黨的不滿，使得中共成功地爭取了很多國人，尤其是大部分知識分子的支持，這也是國民黨失去政權的主要原因之一。

然而，對比中共建國以後的表現，我們都看到，這是一個彌天大謊。中共不但沒有推行憲政民主，相反，推行的卻是比國民黨更爲反動的極權統治。一直到六十年後的今天，中共還在宣布憲政民主「是西方資產階級的一套，我們絕不採納。」而所謂聯合政府的承諾，變成民主黨派被一網打盡。今天不要說聯合政府，只要人民有不同的政治見解，都會面臨判刑以及流放的命運。很多當年相信了中共的欺騙而投身延安的老人，現在都後悔莫及。六十年來，國家以及無數國人爲中共的謊言付出了沉重的代價。這樣一個人類歷史上最大的謊言，作爲撒謊者，難道中共不應當爲之道歉嗎？

中共應當向國人做出的第二個道歉，就是他們濫用國家暴力造成的巨大的生命財產損失。

一九四九年，新政權建立伊始，就著手全面清洗舊的社會結構。在農村，從抗日戰爭開始，就在中共統治區域進行的土改運動擴張到了全國，中國封建時代作爲農村基層的社會控制基礎的地主階級，被強制剝奪財產權甚至生命權；在城市，名為「鎮壓反革命運動」的政治暴力席捲全國，大規模的集體槍斃隨處可見；而對外方面爆發了「抗美援朝」戰爭，幾十萬中國軍隊被調往朝鮮與以美國為首的聯合國軍隊展開另一場殘酷的戰爭。

而各種政治運動自一九四九年之後幾乎從來沒有停止過。從土改到鎮反，從思想改造到三反五反，從肅反到反右，每次政治運動，帶來的都是殘酷的鎮壓以及社會恐懼心理的滋長。歷史可以看到，恐懼的陰雲逐漸積累，一直發展到了狂風暴雨的頂峰——文化大革命。之後，又延續到一九八九年中共對學生和市民的血腥鎮壓。可以說，一部中華人民共和國的政治發展史，就是一部國家暴力與社會恐懼相互交織的歷史。這樣的國家暴力，據有關專家的不完全統計，造成的死亡數字，達到八千萬之多，遠遠超過日本侵略造成的人員傷亡。

中共統治中國六十年，從來沒有放棄使用國家暴力作為基本工具，這樣的施政，造成的不僅是國人的巨大傷亡，而且是民族心理的趨向暴戾，造成的是國人的恐懼導致的道德淪喪。這樣的施政，難道中共不應當向人民道歉嗎？

中共第三個應當道歉的，就是建政六十年以來對農民和農村的剝削與迫害。

中共得以建立政權，是從農村包圍城市開始的，農民做出的貢獻最大。然而，中共一旦進入城市，完全仿效史達林模式的經濟發展策略，一切讓位給重工業的發展，為此用統購統銷等方式製造價差，把農村的財富轉移到城市，並且以人民公社的模式，剝奪農民千百年以來私人擁有的土地，一夕之間把土地財富轉移到國家，其實也就是統治集團手中。在改革開放的初始階段，農村再次扮演了推進改革的角色，家庭聯產承包制有效地帶動了國民經濟的發展，然而，隨著改革逐漸變成權貴資本主義掠奪國有財產的過程，農民也再次成爲犧牲品，城市部門通過現行土地制度的漏洞，大量轉移農民的土地財富。

在這樣的農業政策下，中國城鄉收入差距持續擴大。據農業部統計，二〇〇八年中國城鄉居民收入差距達一萬一千一百元。城鄉居民的收入比爲三・三六比一，比二〇〇七年的三・三三比一更高，是中國施行改革開放政策三十年以來的最高值。一直到今天，中國政府仍然沒有爲農民建立社會保障制度，無論養老、看病還是子女教育，農民全都要靠自己，一旦遭逢天災人禍，很可能就會傾家蕩產。

中共依靠農民得到政權，但是最對不起的也是農民，他們難道不欠農民一個道歉嗎？

中共應當道的第四個歉，就是對國人的人權的肆意剝奪。

六十年前，當中共得到政權的時候，在憲法中明文規定人民擁有言論，結社，集會，遷徙等等自由。按照聯合國的人權公約的規定，這些自由，都是天賦人權的範疇，都是不能因爲任何特定背景而被剝奪的。然而，六十年來，在中國，憲法的條文形同白紙，當局有法不依。不要說文革那樣的特殊時期，就是號稱已經開放的今天，對政府的批評，對歷史的回顧與反思，都在公開的媒體上被嚴格禁止，哪裡有什麼言論自由可言？民主運動人士要求組織中國民主黨，申請的人大部分被處以重刑，結社自由又何在呢？二十年前流亡海外的異議人士至今不得返回故土，所謂遷徙自由體現在哪裡？六四這個歷史上的重大事件，全世界都知道，也都可以討論，唯獨在時間發生的所在地——中國——卻提都不可以提，作爲人民，連知道自己國家歷史的權利都沒有。這些本來都是人民應當享有的權利，中共六十年來都任意剝奪，他們難道不應當道歉嗎？

細數六十年來的歷史，我們不能說中共做的每一件事都是應當受到批判的，但是我們有理由說，中共的六十年統治，對人民犯下的罪行是罄竹難書的。中共欠人民的道歉又豈止是以上的四條呢？我們舉出這些例子，只是希望中共明白，要慶祝自己的六十年統治，又不希望人們提起那些黑暗的歷史，這在邏輯上是矛盾的，只要回顧歷史，就不可能迴避這些黑暗。

三、中國向何處去？

二〇〇七年第二期《炎黃春秋》刊發了原中國人民大學副校長謝韜的文章〈民主社會主義與中國前途〉。文章提出，馬克思，恩格斯晚年實際上變成了民主社會主義者，而民主社會主義才是馬克思主義的正統。謝韜最後提出：「只有民主社會主義才能救中國。」這樣的主張代表中共內部一批民主派新的主張。這一派別是從「救黨」的角度出發，希望恢復人道主義，以民主為取向的馬克思主義。他們呼籲民主，希望尊重人民意志，現任的中共總理溫家寶實際上就比較傾向這樣的主張。關於中國的前途，這樣的理論流派實際上是「民本主義」，而非嚴格意義上的民主主義，因為他們關注的是權力者以何種方式治理國家，而不是治理國家的程序和制度問題。

這批主張民主社會主義的黨內老幹部，在北京固定舉行聚會，形成一定的政治勢力。最早是二〇〇九年十二月二十七日由原國防大學《當代中國》編輯室主任辛子陵發起，參與的人還包括中央黨校科研部原主任杜光、中國地質大學圖書館原館長陶世龍、原人民出版社副社長莊浦明、前駐瑞典哥德堡總領事高峰、中國藝術研究院建築藝術研究所原所長蕭默、軍隊離休高幹張純良、原國務院農業研究中心研究員姚監復、江蘇省社會科學院歷史研究所原所長王家典等。他們自稱其政治立場是「補台」而不是「拆台」[19]。

與他們的立場幾乎是針鋒相對的，是被稱爲「新左派」的一批人。代表人物主要是一些中文系出身的學院派知識分子和一些退休官員，例如汪暉、韓毓海、黃紀蘇、崔之元、孔慶東、甘陽、李成瑞等，「烏有之鄉」是最具有代表性的網站。新左派在九〇年代開始成形，他們提出要破除市場神話，主張建立強有力的宏觀調控體系，以制約過度市場化帶來的貧富分化問題。這方面的代表作是王紹光的〈建立一個強有力的民主國家〉。一九九七—二〇〇三年之間，汪暉發表〈當代中國的思想狀況與現代性問題〉，「新左派」的觀點得到進一步的發展[20]。「新左派」普遍具有「文革」情結，認爲現在的經濟成就，是大躍進和「文革」時期的建設打下的基礎，他們以國家主義爲依歸，目前大力支持重慶市委書記薄熙來的新「文革」路線。

對於中國未來的前途，比較官方的說法，表面上還是傳統的社會主義加人民民主專政的轉筒提法，但是對於未來發展路徑，比較有代表性的，是經由西方人的論述總結的所謂「北京共識」或者稱「中國模式」。二〇〇四年五月，美國《時代》雜誌前任編輯，美國高盛公司政治經濟問題資深顧問，中國清華大學兼職教授喬舒亞·庫珀，發表了題爲〈中國已經發現自己的經濟共識〉的論文，首次提出「北京共識」的概念。根據他的解釋，「北京共識」的內容包括：以社會主義爲取向，以和諧

19 江迅，〈謝韜追思會被國安干擾〉，香港：《亞洲週刊》二〇一〇・三・一〇，頁四八。

20 清峻，〈「新左派」及其責任承擔〉，北京：《傳記文學》二〇一一・七，頁二七—二八。

發展爲目標，以改革創新爲動力，以人本務實爲理念的具有中國特色的發展模式[21]。但是同爲清華大學教授的中國學者秦暉對於「中國模式」提出了自己的解釋，就是「高增長，低人權」。這個解釋指出了所謂「北京共識」迴避了的關鍵問題，即人權狀況的惡劣，其實眞是中國經濟能夠維持增長的秘密之一。但是當經濟增長速度一旦放緩，前者導致的社會矛盾就會爆發出來。對於這樣的前景，官方目前是拒絕承認，當然也談不上進行制度調整以預先因應的。

但是民間，尤其是公民社會的成分，對於中國的人權問題，以及這個問題對於中國未來的發展，正在進行積極的討論。比較突出的，就是關於普世價値的討論。二〇〇八年西藏發生「三一四」事件後，《南方都市報》著名評論員長平發表了〈西藏：眞相與民族主義情緒〉一文，主張以普世價値的觀點來處理未來中國面對的各種矛盾，引起激烈論戰。六月六日，《北京晚報》發表署名「東方明亮」的文章〈普世價値不得亂套〉，點名批評《南方周末》；九月十日，《人民日報》發表馮虞章的文章〈怎樣認識所謂「普世價値」〉，更是把主張普世價値說成是全面否定四項基本原則和全盤西化。但是國務院總理溫家寶多次在公開場合提到「普世價値」，甚至連總書記胡錦濤在一次公開講話中，都提到「爲進一步理解和追求國際社會公認的基本和普遍價値進行緊密合作」[22]，可見，關於這個主張，不僅在民間，就是在黨內都引起廣泛的討論。

顯然，展望中國的未來，政治的轉型將是關鍵中的關鍵。這個轉型，將以「繁榮、穩定、自由、

21　王炳林等著，《抉擇：共和國重大思想決策論爭紀實》（北京：人民出版社，二〇一〇），頁三七五。
22　王炳林等著，《抉擇：共和國重大思想決策論爭紀實》（北京：人民出版社，二〇一〇），頁三七〇。

公正」爲目標，以憲政民主爲制度框架，以蓬勃發展的公民社會爲基礎，以日益普及的網路社群爲發動平台。這個轉型是否能夠平穩完成，將取決於當局是否與社會分享政治權力。

參考書目

專著

薄一波，《若干重大決策與事件的回顧》（上下）（北京：中共黨史出版社，二〇〇八）。

陳先義、陳瑞躍主編，《往事——一九五〇—一九五三寫眞（之一）》（南昌：百花洲文藝出版社，二〇〇〇）。

陳曉農編著，《陳伯達最後口述回憶》（香港：陽光環球出版香港有限公司，二〇〇五）。

陳一然編著，《親歷共和國六十年——歷史進程中的重大事件與決策》（北京：人民出版社，二〇〇九）。

陳一咨、嚴家其等主編，《趙紫陽與中國改革——紀念趙紫陽（一九一九—二〇〇五）》（香港：明鏡出版社，二〇〇五）

陳子華等著，《浴火重生：天安門黑手備忘錄》（香港：明鏡出版社，二〇〇四）。

鄧力群，《十二個春秋：鄧力群自述》（香港：大風出版社，二〇〇六）。

傅國湧、樊百華等，《脊梁：中國三代自由知識分子評傳》（香港：開放出版社，二〇〇一）。

高華，《在歷史的「風陵渡口」》（香港：時代出版公司，二〇〇八）。

高華，《革命年代》（廣州：廣東人民出版社，二〇一〇）。

高文謙，《晚年周恩來》（香港：明鏡出版社，二〇〇三）。

韓少功、蔣子丹主編，《民間檔案：民間語文卷》（昆明：雲南人民出版社，二〇〇三）。

何方，《從延安一路走來的反思》（香港：明報出版社，二〇〇七）。

何清漣主編，《二十世紀後半葉歷史解密》（Sunnyvale, CA, USA：博大出版社，二〇〇四）。

胡平，《禪機：一九五七苦難的祭壇》（廣州：廣東旅遊出版社，二〇〇四）。

華東師範大學中國當代史研究中心編，《中國當代史研究》（第一輯）（北京：九州出版社，二〇〇九）。

《建國以來毛澤東文稿》（北京：中央文獻出版社）。

李洪林，《中國思想運動史》（香港：天地圖書有限公司，一九九九）。

李立志，《變遷與重建：一九四九—一九五六年的中國社會》（南昌：江西人民出版社，二〇〇二）。

李良玉主編，《思想，制度與社會轉軌——中國當代史新論》（合肥：合肥工業大學出版社，二〇〇七）。

李銳，《廬山會議實錄》（台北：新銳出版社，一九九四）。

李宗陶，《思慮中國：當代三十六位知識人訪談錄》（北京：新星出版社，二〇〇九）。
林希，《白色花劫——「胡風反革命集團」冤案大紀實》（武漢：長江文藝出版社，二〇〇三）。
林蘊暉等編，《人民共和國春秋實錄》（北京：中國人民大學出版社，一九九二）。
林蘊暉，《國史箚記・事件篇》（北京：東方出版中心，二〇〇八）。
林蘊暉，《向社會主義過渡——中國經濟與社會的轉型（一九五三—一九五五）》（《中華人民共和國史》第二卷）（香港：中文大學出版社，二〇〇九）。
羅崗主編，《思想文選二〇〇四》（桂林：廣西師範大學出版社，二〇〇四）。
馬立誠，《交鋒三十年：改革開放四次大爭論親歷記》（南京：江蘇人民出版社，二〇〇八）。
（美）R・麥克法誇爾、費正清編，《康橋中華人民共和國史：革命的中國的興起(1948-1965)》，（北京：中國社會科學出版社，一九九五）。
《毛澤東選集》（北京：人民出版社）
閔琦等著，《轉型期的中國：社會變遷》（台北：時報文化公司，一九九五）。
牛漢、鄧九平主編，《枝蔓叢叢的回憶》（北京：十月文藝出版社，二〇〇一）。
錢理群，《我的精神自傳——以北京大學爲背景》（台北：《台灣社會研究雜誌》，二〇〇八）。
權延赤，《衛士長談毛澤東》（台北：李敖出版社，一九九〇）。
史景遷，《追尋現代中國：從共產主義到市場經濟》（台北：時報文化公司，二〇〇一）。
宋連生，《總路線，大躍進，人民公社化運動始末》（昆明：雲南人民出版社，二〇〇二）。
蘇紹智，《十年風雨：文革後的大陸理論界》（台北：時報文化公司，一九九六）。

湯應武，《抉擇：一九七八年以來中國改革的歷程》（北京：經濟日報出版社，一九九八）。

陶涵，《蔣介石與現代中國的奮鬥》（台北：時報文化公司，二〇一〇）。

萬同林，《殉道者——胡風及其同仁們》（濟南：山東畫報出版社，一九九八）。

王炳林等著，《抉擇——共和國重大思想決策論爭紀實》（北京：人民出版社，二〇一〇）。

魏承思，《中國知識分子的沉浮》（香港：牛津大學出版社，二〇〇四）。

吳德，《十年風雨紀事——我在北京市工作的一些經歷》（北京：當代中國出版社，二〇〇四）。

吳稼祥，《中南海日記——中共兩代王儲的隕落》（香港：明鏡出版社，二〇〇二）。

吳冷西，《十年論戰（一九五六—一九六六）——中蘇關係回憶錄》（北京：中央文獻出版社，一九九九）。

席宣、金春明，《文革大革命簡史》（北京：中共黨史出版社，一九九六）。

蕭克等著，《我親歷的政治運動》（北京：中央編譯出版社，一九九八）。

（日）小島朋之著、翁家慧譯：《「中國」現代史》（台北：五南出版公司，二〇〇一）。

謝泳，《中國現代知識分子的困境》（台北：秀威資訊科技，二〇〇八）。

新華社國內資料室，《十年改革大事記（一九六七—一九七八）》（北京：新華出版社，一九八八）。

許良英，《科學．民主．理性——許良英文集（一九七七—一九九九）》（香港：明鏡出版社，二〇〇一）。

香港中文大學學生會編輯，《八九中國民運資料冊》（香港：香港中文大學學生會出版，一九九〇）。

許行，《改革期的中國政府》（香港：開拓出版社，一九八六）。

楊繼繩，《鄧小平時代：中國改革開放二十年紀實》（上卷）（北京：中央編譯出版社，一九九八）。

楊奎松，《中華人民共和國建國史研究》⑴（南昌：江西人民出版社，二〇〇九）。

楊天石主編，《改革風雲》（上海：世紀出版集團，上海辭書出版社，二〇〇五）。

于光遠等著，《改變中國命運的四十一天——中央工作會議，十一屆三中全會親歷記》（深圳：海天出版社，二〇〇三）

于光遠，《我眼中的他們》（香港：時代國際出版有限公司，二〇〇五）。

余煥春，《人民日報風雨錄——中國新聞內幕》（香港：明報出版社，二〇〇〇）。

張海榮著，《點擊一九七八年以來重大事件與決策：巨帆出海（一九七八—一九八九）》（長沙：湖南人民出版社，二〇〇九）。

張嘉中，《權力鬥爭與軍人的政治角色——一九四九—一九七三年的中國》（台北：揚智出版社，二〇〇八）。

張景超，《文化批判的背反與人格：中國當代知識分子研究》（哈爾濱：黑龍江人民出版社，二〇〇一）。

中共中央書記處研究室綜合組編，《黨的十一屆三中全會以來大事記（一九七八—一九八五）》（北京：紅旗出版社，一九八七）。

中央新聞紀錄電影製片廠影視資料部編，《新聞簡報中國：百姓（一九六一—一九七九）》（上海：上海科學技術文獻出版社，二〇〇九）。

《中國當代史研究》（第一輯）（北京：九州出版社，二〇〇九）。

《周恩來年譜》（北京：中央文獻出版社，一九九七）。

周良霄、顧菊英編著，《忘卻的紀念——八九民運紀實》（香港：新大陸出版社，二〇〇九）。

朱正，《一九五七年的夏季》（鄭州：河南人民出版社，一九九八）。

鄒讜，《中國革命再闡釋》（香港：牛津大學出版社，二〇〇二）。

Jeffery N. Wasserstrom edited, *Twentieth Century China: New Approached*, London: Routledge, 2003

期刊

《百年潮》（北京）

《北京之春》（紐約）

《二十一世紀》（香港）

《當代中國研究》（美國）

《動向》（香港）

《湖北文史》（武漢）

《記憶》（北京）

《開放》（香港）

《明報月刊》（香港）

《明鏡月刊》（香港）

《人民大學復印報刊資料》（北京）
《三聯生活周刊》（北京）
《萬象》（瀋陽）
《溫故》（桂林）
《新華文摘》（北京）
《亞洲周刊》（香港）
《炎黃春秋》（北京）
《爭鳴》（香港）

歷史大講堂

中華人民共和國史十五講

2012年1月初版 定價：新臺幣350元
2015年7月初版第十刷
2016年6月二版
2019年5月二版三刷

著者	王丹
叢書主編	沙淑芬
校對	楊蕙苓
封面設計	蔡婕岑

出版者	聯經出版事業股份有限公司
地址	新北市汐止區大同路一段369號1樓
編輯部地址	新北市汐止區大同路一段369號1樓
叢書主編電話	(02)86925588轉5310
台北聯經書房	台北市新生南路三段94號
電話	(02)23620308
台中分公司	台中市北區崇德路一段198號
暨門市電話	(04)22312023
郵政劃撥帳戶第	0100559-3號
郵撥電話	(02)23620308
印刷者	世和印製企業有限公司
總經銷	聯合發行股份有限公司
發行所	新北市新店區寶橋路235巷6弄6號2F
電話	(02)29178022

總編輯	胡金倫
總經理	陳芝宇
社長	羅國俊
發行人	林載爵

行政院新聞局出版事業登記證局版臺業字第0130號

本書如有缺頁，破損，倒裝請寄回台北聯經書房更換。 ISBN 978-957-08-4769-7 (平裝)
聯經網址 http://www.linkingbooks.com.tw
電子信箱 e-mail:linking@udngroup.com

國家圖書館出版品預行編目資料

中華人民共和國史十五講/王丹著．
二版．新北市．聯經．2016年6月．
408面．14.8×21公分（歷史大講堂）
ISBN 978-957-08-4769-7（平裝）
[2019年5月二版三刷]

1.中國史 2.現代史 3.言論集

628.707 105010174